Das Süßwasser-Aquarium

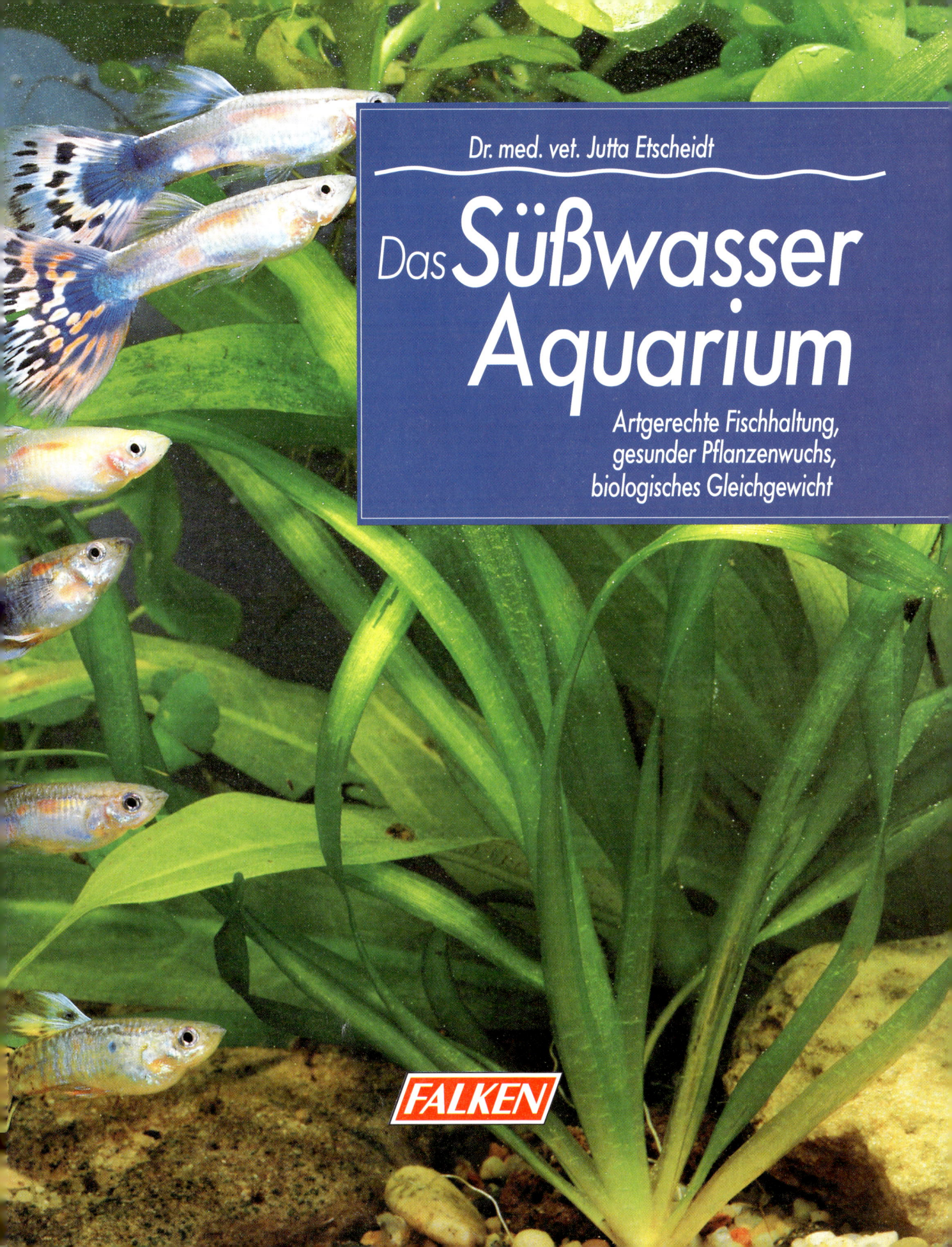

Dr. med. vet. Jutta Etscheidt

Das Süßwasser Aquarium

Artgerechte Fischhaltung,
gesunder Pflanzenwuchs,
biologisches Gleichgewicht

FALKEN

INHALT

Vorwort

Warum ein neues Aquarienbuch?

Die Aquaristik ist ein recht altes Hobby. Bereits im vorigen Jahrhundert wurden regelmäßig Fische für die Haltung in Aquarien importiert, wenn auch noch nicht in der heutigen Menge und Vielfalt. Entsprechend viel Literatur wird auf dem Markt angeboten.

Ich selbst betreibe das Hobby von Kindesbeinen an, und schon ziemlich früh mußte ich feststellen, daß sich manche Probleme im Aquarium trotz guter Ratschläge von befreundeten Aquarianern, von Zoohändlern und auch in Büchern nicht lösen ließen, zumal vor allem in der Literatur sowohl „Diagnosen" als auch „Therapievorschläge" sehr oft unterschiedlich oder sogar widersprüchlich waren – eine sehr unbefriedigende Angelegenheit.

Nach meinem Studium der Tiermedizin bekam ich im Rahmen einer Doktorarbeit die Möglichkeit, über 100 Aquarien in Privathand genauestens zu untersuchen, nach Fehlern und Zusammenhängen zu forschen, Probleme zu beseitigen und die gewonnenen Erkenntnisse mit der bisherigen Literatur zu vergleichen. (Für Interessenten: Meine Doktorarbeit, die die Fülle aller bei dieser Untersuchung gewonnenen Daten enthält, ist über mich zu beziehen. Wenden Sie sich dazu bitte an den FALKEN Verlag.)

Es zeigte sich, daß in erschreckendem Maße beim Betreiben eines Aquariums Fehler begangen werden, die nicht nur den Besitzern selbst, sondern vor allem den Fischen das Leben schwermachen; entsprechend hoch sind auch die Verluste. Die auf dem Markt befindliche Aquarienliteratur erwies sich in vielen Fällen als veraltet, lückenhaft oder schlichtweg falsch und vermochte den Aquarianer in seinem Bemühen um ein schönes, im Gleichgewicht befindliches Becken nicht genügend zu unterstützen.

Durch den intensiven Kontakt zu den Besitzern der untersuchten Becken konnte ich ermitteln, welche biologischen und chemischen Kreisläufe im Aquarium nicht verstanden werden und welche Fehler daraus resultieren, wo die Hauptproblemfelder liegen, welche Fragen immer wieder auftauchen und warum immer noch jedes Jahr so viele Aquarianer ihr Hobby frustriert aufgeben.

Das vorliegende Buch stellt die Quintessenz dar aus über viele Jahre hinweg gesammelten eigenen Erfahrungen mit Süßwasseraquarien, dem intensiven Studium der internationalen und nationalen Fachliteratur und den Erkenntnissen, die ich aus der Untersuchung der zahlreichen Becken gewonnen habe. Es orientiert sich 100prozentig an der Praxis, geht auf alle das Aquarium betreffenden Themen ein und zeigt in leichtverständlicher Form Zusammenhänge auf, die sowohl dem Anfänger als auch dem langjährigen Aquarianer ein kompaktes Wissen über seine Unterwasserwelt vermitteln. Dabei wird das besondere Schwergewicht auf die tierschutzgerechte Unterbringung und Pflege von Fischen gelegt, weil die übrige Literatur diesen Aspekt sehr oft überhaupt nicht, zu ungenau oder nicht ausführlich genug behandelt. Auch die erfolgreiche Pflege von Aquarienpflanzen wird eingehend besprochen, wobei diese hier zum erstenmal nicht, wie sonst üblich nach Größe oder Alphabet geordnet sind, sondern nach ihren Pflegeansprüchen.

In einer Zeit zunehmender Umweltzerstörung und Verstädterung kann ein richtig betreutes Aquarium ein Stück intakte Natur in unser Wohnzimmer bringen und Besitzer wie Besucher mit einem Hauch von Exotik verzaubern. Dieses Buch möchte Ihnen dabei als Leitfaden für das Errichten und Erhalten einer biologisch stabilen, faszinierenden Unterwasserwelt dienen, die eine echte Lebensgrundlage für ihre Bewohner darstellt.

Einleitung

Das Aquarium – eine Wissenschaft für sich?

Die Aquaristik ist ein anspruchsvolles Hobby. Wer meint, ein Aquarium sei nicht viel mehr als ein Becken mit Wasser, der wird spätestens bei den ersten Fischverlusten, bei kümmerndem Pflanzenwuchs oder einer Algenplage eines Besseren belehrt.

In der „Pfütze Aquarium" laufen dieselben Naturgesetze ab wie in den riesigen Wassermassen des Amazonas oder des Viktoriasees. Schon allein hieran ist zu erkennen, daß die Aquaristik wesentlich tiefere Einblicke in biologische und chemische Kreisläufe verlangt als die übrige Heimtierhaltung, die sich ganz oder zumindest größtenteils an der Luft abspielt, einem Medium also, das uns viel vertrauter ist als Wasser mit seinen eigenen Gesetzen.

Betreibt jemand ein Aquarium ohne das Wissen um diese natürlichen Zusammenhänge, so kann das aufgrund der geringen Wassermenge stets sehr labile biologische Gefüge leicht aus dem Gleichgewicht geraten. Als Folge davon gehen Tiere und Pflanzen zugrunde, und der Aquarianer ist mehr und mehr frustriert, was letztendlich zur Aufgabe des Hobbys führen kann.

Niemand erwartet von Hobbyaquarianern, daß sie Berufschemiker oder -biologen werden. Aber über Grundkenntnisse müssen sie verfügen; und wer sich einmal mit der Thematik befaßt hat, kann sich der Faszination nicht entziehen, die von dem so sinnvollen und perfekten Zusammenspiel der einzelnen Komponenten ausgeht. Keine andere Beschäftigung mit Tieren führt uns die biologischen und chemischen Kreisläufe, die unseren Planeten (noch) zusammenhalten, so genau vor Augen wie die Aquaristik.

Das Wissen um die biologischen und chemischen Kreisläufe ist wichtig für das richtige Betreiben eines Aquariums

Aquaristik und Tierschutz

Das Tierschutzgesetz verlangt von jedem, der ein Tier hält oder betreut, daß er es seiner Art und seinen Bedürfnissen entsprechend ernährt, pflegt

Ob ein Aquarium so (linkes Bild) oder so (rechtes Bild) aussieht, hängt allein vom Wissensstand des Besitzers ab

Artgerechte Fischhaltung ist nur möglich, wenn man die Ansprüche der Fische kennt und über die Gegebenheiten und Vorgänge im Aquarium Bescheid weiß

Fische mit sehr unterschiedlichen Ansprüchen an das Wasser (Lebendgebärende: hartes, alkalisches Wasser; Salmler und Skalare: weiches, saures Wasser), können nicht zusammen in einem Becken gehalten werden

und unterbringt (§ 2 Tierschutzgesetz). Dies gilt natürlich auch für Zierfische! Um dieser Forderung nachkommen zu können, muß der Zierfischhalter sowohl über die Ansprüche seiner Pfleglinge als auch über die Gegebenheiten und Vorgänge in seinem Becken ausreichend Bescheid wissen. Hier liegt jedoch vieles im argen. Dieses Buch hat sich der Problematik angenommen und die artgerechte Zierfischhaltung zu seinem Hauptthema gemacht. Dabei geht es nicht in erster Linie um das exakte Kopieren der Herkunftsbiotope, denn das ist in der „Pfütze Aquarium" gar nicht möglich, sondern darum, daß man Fische auch im Gesellschaftsaquarium artgerecht pflegen kann.

WICHTIG: Um Fische im Aquarium artgerecht zu halten, muß man unbedingt die Faktoren Wasserzusammensetzung, Temperatur, Besatzdichte, Artenvielfalt, Sozialstrukturen (z. B. Schwarmfisch oder Einzelgänger) sowie eventuelle Ansprüche der einzelnen Arten an die Dekoration beachten.

Aquarien im biologischen Gleichgewicht

Sie kommen der Forderung nach artgerechter Fischhaltung am nächsten. Deshalb stellt das Erreichen eines solch stabilen Zustandes das zweite Hauptthema des Buches dar.

Ein schönes Aquarium mit einem harmonischen Fischbesatz

Der Begriff „biologisches Gleichgewicht" sollte hier im Sinne des aquaristisch Machbaren gewertet werden. Es steht vollkommen außer Frage, daß sich das perfekte biologische Gleichgewicht der Natur im begrenzten Lebensraum eines Aquariums nicht 100prozentig nachvollziehen läßt, schon allein deshalb nicht, weil wir durch unsere Pflegemaßnahmen (füttern, düngen, Wasserwechsel usw.) gezwungen sind, ständig einzugreifen. Hier werden daher unter diesem Begriff Becken zusammengefaßt, die gute Wasserverhältnisse, einen prächtigen Pflanzenwuchs sowie einen ihrer Größe angepaßten, gesunden Fischbestand haben und in denen keine Algenprobleme auftreten, kurzum Aquarien, die nur Freude machen und keine Probleme bereiten.

Voraussetzungen für die erfolgreiche Pflege eines Aquariums

1. Ideale Wasserzusammensetzung

Die Qualität des Aquarienwassers hängt in großem Maße vom Ausgangswasser ab (meist Leitungswasser), kann aber durch Pflanzen und Fische, den Bodengrund, eingebrachtes Futter, Dünger und vor allem durch technische Geräte stark beeinflußt werden. Welche Parameter für die Aquaristik von Bedeutung sind und wie sie sich verändern lassen, zeigt das Kapitel „Das Aquarienwasser" (Seite 14 ff.).

2. Optimales Licht

Die Maxime „viel hilft viel" mancher Beleuchtungsfetischisten hat sich mittlerweile als falsch erwiesen. Aquarienleuchten haben einen großen Einfluß auf den Wasserchemismus sowie auf das Wachstum von Pflanzen und Algen und sollten deshalb der Art des Beckens und der vorhandenen restlichen Technik angepaßt sein. Mit den unterschiedlichen Beleuchtungsarten, der Lichtfarbe, -dauer und -intensität und den jeweiligen Auswirkungen auf das gesamte Aquarium befaßt sich das Kapitel „Aquarienbeleuchtung" (Seite 49 ff.).

3. Angepaßte Filterung

Es hat sich herausgestellt, daß die meisten Aquarien überfiltert werden, was für den Pflanzenbestand und damit für das gesamte Becken negative Folgen hat. Die Art der Filterung beeinflußt entscheidend die Wasserzusammensetzung und kann für das Auftreten von Algen verantwortlich sein. Über die verschiedenen Arten von Filtern, ihre Arbeitsweise und ihr jeweils benötigtes Leistungsvermögen gibt das Kapitel „Aquarienfilter" (Seite 63 ff.) Auskunft.

4. Integrierter Bodengrund

Die Bedeutung des Bodengrundes für das Aquarium ist jahrzehntelang unterschätzt worden. Er dient keineswegs nur der Dekoration oder der Ver-ankerung von Pflanzen, sondern ist integrierter Bestandteil des komplexen ökologischen Systems eines Beckens. Dabei kommt seiner Gestaltung größte Wichtigkeit zu. Das Kapitel „Bodengrund" (Seite 80 ff.) erläutert dies.

5. Möglichst dichte Bepflanzung

Es ist mittlerweile eindeutig nachgewiesen, daß ein üppiger Pflanzenbestand das gesamte Aquarienmilieu stabilisiert. Welchen Einfluß die Pflanzen auf das Wasser, den Bodengrund und das Wohlergehen der Fische haben und welche Faktoren für ihr gutes Gedeihen wichtig sind, wird im Kapitel „Aquarienpflanzen" (Seite 86 ff.) ausführlich besprochen.

6. Eine der Größe des Beckens angepaßte Besatzdichte

Über- oder stark besetzte Aquarien werden nie eine Chance haben, zu einem natürlichen Gleichgewicht zu finden. Das Kapitel „Besatzdichte" (Seite 135 f.) wird sich mit diesem Thema befassen.

7. Tierschutzgerechter Umgang mit den Bewohnern

Eine artgerechte Haltung von Fischen im Aquarium ist durch eine Reduzierung der doch erheblichen Verlust- und Krankheitsrate nicht nur ein großer Schritt in Richtung praktischer Tierschutz, sie ermöglicht dem Besitzer auch weit tiefere Einblicke in die Biologie dieser Tiere und des Aquariums insgesamt. Verbunden mit der Forderung nach einer besseren Haltung sind auch Fragen nach der generellen Aquarientauglichkeit der Fische, nach ihrer Herkunft und den Transportwegen. Das Kapitel „Artgerechte Zierfischhaltung" (Seite 128 ff.) beschäftigt sich eingehend mit diesen Aspekten und bietet Tabellen mit umfangreichen Informationen.

ENWASSER

Als Lebenselement der Fische stellt Wasser den wichtigsten Umwelt-faktor im Becken dar. Seine Be-schaffenheit hat großen Einfluß auf Gesundheit und Wohlbefinden der Tiere und auf das Gedeihen der Pflanzen.

Die chemische Zusammensetzung

Sie ist maßgebend für die Qualität des Wassers. Erst seit sie in der Aquaristik genauer beleuchtet wird, ist es gelungen, Fischverluste zu reduzieren, Tiere und Pflanzen gezielt zur Vermehrung zu bringen, Algenplagen zu verhindern und ein biologisches Gleichgewicht im Becken herzustellen.

Fast alle im Aquarium auftretenden Probleme lassen sich heute aus einer Störung der chemischen und biologischen Kreisläufe erklären und mit Hilfe einiger grundlegender Kenntnisse beseitigen. Für die vom Tierschutzgesetz geforderte artgerechte Haltung von Zierfischen ist das Wissen um die jeweilige Wasserzusammensetzung von enormer Bedeutung (siehe Kapitel „Artgerechte Zierfischhaltung" Seite 126 ff.). Jeder Aquarianer sollte daher wenigstens mit den wichtigsten chemischen Parametern vertraut sein.

Leitungswasser ist aquarienfeindlich!

Ist das Leitungswasser gechlort, muß es vor der Benutzung gut belüftet bzw. umgerührt werden, damit das Chlor entweicht

In der Praxis wird zu fast 90 % reines Leitungswasser für die Füllung der Becken verwendet. Somit hängt also die Ausgangsqualität des Aquarienwassers direkt von der Güte des Trinkwassers ab, die aber leider durch Umweltverschmutzung und intensive Landwirtschaft (Überdüngung, Verwendung von Spritzmitteln) in zunehmendem Maße beeinträchtigt wird. Als Folge lassen sich heute fast überall mehr oder weniger hohe Anteile von Nitrat, Pflanzenschutzmitteln, Kohlenwasserstoffverbindungen und Schwermetallen im Wasser nachweisen.

Hinzu kommt, daß die Zusammensetzung des Wassers durch die Aufbereitung in den Wasserwerken vollkommen verändert wird. Für unsere Wasserpflanzen wichtige Nährstoffe wie z. B. Eisen, Mangan und Kohlensäure werden entfernt, weil sie das Rohrleitungsnetz schädigen, und fruchtbare organische Bestandteile werden ausgeflockt. Meistens wird das Wasser außerdem noch auf einen alkalischen pH-Wert eingestellt.

WICHTIG: Eine komplette Analyse Ihres Trinkwassers erhalten Sie auf Anfrage bei den Wasserwerken.

Aus den vorgenannten Gründen bringt die Verwendung von Trinkwasser meist für unsere Aquarien einige **Probleme** mit sich wie z. B.

◆ das Fehlen von Nährstoffen für Pflanzen
◆ das Fehlen organischer Schutzkolloide für die Fische
◆ einen zu hohen Gehalt an Nitrat und Phosphat

Als alleiniges Ausgangswasser kann das Leitungswasser deshalb in vielen Regionen nicht mehr empfohlen werden. Zur Verbesserung der Qualität bietet sich ein Mischen mit Aqua dest., aufbereitetem Wasser (siehe Kapitel „Wasseraufbereitung" Seite 75 ff.) oder mit Wasser einer Quelle aus nicht landwirtschaftlichem Einzugsgebiet an, von der Sie die wichtigsten Wasserwerte bestimmen lassen sollten (fragen Sie bei einem ortsnahen Aquarienverein).

Wie wir noch auf unser Wasser Einfluß nehmen können, wird im weiteren Verlauf des Buches gezeigt.

Die Wasseranalyse

Während sich für den wissenschaftlich interessierten Aquarianer durch die Analyse seines Aquarienwassers neue Welten auftun, wirkt sie auf den normalen Hobbyaquarianer meist unverständlich und damit abschreckend. Da man aber seine Fische nur dann artgerecht halten kann, wenn man weiß, in welchem Wasser sie schwimmen, muß folglich schon aus Tierschutzgründen jeder Zierfischhalter wenigstens mit den wichtigsten Wasserparametern vertraut sein. Diese Kenntnisse sind auch wichtig, um ein gutes Gedeihen der Pflanzen zu erreichen. Außerdem lassen sich Einfluß und Bedeutung der Technik sowie das Auftreten von Algenplagen nur in Verbindung mit der Wasserchemie erklären. Ich werde mich deshalb in den folgenden Kapiteln bemühen, die für die Aquaristik wichtigsten Parameter in einer für jeden leicht verständlichen Form zu beschreiben und auf Zusammenhänge hinzuweisen.

Unsere Zierfische kommen aus sehr unterschiedlichen Gewässern: aus Bächen, Seen, verkrauteten Tümpeln

Meßreagenzien

Alle im folgenden erwähnten Wasserparameter können mittels im Handel (in Zoofachgeschäften; Produkte der Fa. Merck in Darmstadt sind über Apotheken zu beziehen) erhältlicher Meßsets sehr einfach bestimmt werden. Die Reagenzien der einzelnen Anbieter unterscheiden sich durch ihre Empfindlichkeit (unterer und oberer Grenzbereich, Höhe der Abstufungen). Solche, die nur höhere Konzentrationen anzeigen (z. B. Eisen erst ab 0,1 mg/l), sind für die Aquaristik unbrauchbar. Richten Sie sich immer nach dem ersten realen Wert, die Zahl 0 gibt es beim Messen nicht. Empfehlungen siehe folgende Tabelle.

Wasseranalysen sind für einen verantwortungsbewußten Umgang mit dem Aquarium und seinen Bewohnern unerläßlich

Empfohlene Meßbereiche und Abstufungen der Meßreagenzien

Reagenz für	Meßbereich	Abstufung	Einheit
Gesamthärte	$1 - \infty$	1er Stufen	°dH
Karbonathärte	$1 - \infty$	1er Stufen	°dH
pH-Wert	5,2 – 8,6	0,1 – 0,3er Stufen	
Ammonium	ab 0,25	0,25/0,5/1,5/2/3...	mg/l
Nitrit	ab 0,1	0,1/0,25/0,5/1/2...	mg/l
Nitrat	ab 10	10/30/60/100/250...	mg/l
Sauerstoff	ab 1	1/3/5/7/9/11...	mg/l
Kohlendioxid	$2 - \infty$	2er Stufen	mg/l
Eisen	ab 0,01	0,01/0,02/0,04/0,06/ 0,08/0,1/0,15/0,2...	mg/l
Phosphat	ab 0,1	0,1/0,2/0,5/1/5...	mg/l
Kupfer	ab 0,01	0,01/0,05/0,1/0,3/ 0,5/1/2,5...	mg/l

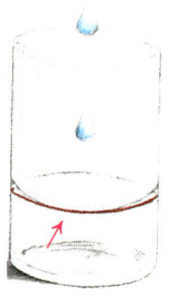

Beim Einfüllen von Aquarienwasser in den Zylinder muß der tiefste Punkt des Wasserspiegels auf der Höhe der Meßlinie liegen

Alle Flaschen sollten unmittelbar nach Gebrauch wieder verschlossen werden, damit sich die Reagenzien nicht mit in der Luft vorhandenen Stoffen vermischen. Besonders empfindlich sind die Sauerstoff- und Kohlendioxidmeßreagenzien und die Nitratstäbchen.

WICHTIG: Alte Reagenzien messen meist sehr ungenau. Ausnahmen: Meßreagenzien für pH-Wert, GH und KH halten jahrelang, pH-Wert, Redoxspannung, Leitwert und Sauerstoffgehalt können Sie auch mit digitalen Meßinstrumenten kontrollieren.

Die wichtigsten Wasserwerte

Gesamthärte

◆ *Erklärung und Bedeutung:*
Die Gesamthärte (GH) eines Wassers wird vor allem durch Calcium- und Magnesiumsalze bestimmt. Wieviel Calcium (Ca^{2+}) und Magnesium (Mg^{2+}) im Wasser gelöst ist, hängt von der geologischen Beschaffenheit der Bodenschichten ab, die das Regenwasser durchdringt, bevor es sich als Grundwasser sammelt. So fließt aus Kalk-, Gips- oder Dolomitböden **hartes Wasser,** wogegen Basalt- oder Sandsteinregionen über **weiches Wasser** verfügen, weil diese Böden weniger Calcium und Magnesium enthalten.
Calcium benötigen die Fische und die Schnecken für den Aufbau des Knochengerüstes bzw. des Gehäuses. Außerdem ist es wichtig für die Zellwandbildung und Zellteilung bei Tieren und Pflanzen sowie für Muskeltätigkeit, Herzaktivität und Blutgerinnung.
Magnesium bildet das Zentralatom des *Chlorophylles* und ist deshalb für die Pflanzen unentbehrlich. Zudem aktiviert es bestimmte Enzyme, die für Energieumsatz, Zuckerabbau und Weiterleitung der Nervenimpulse verantwortlich sind.

Das sehr harte Wasser des Yellowstone-Parks bildet durch Kalkabscheidungen herrliche Sinterterrassen

Angegeben wird die Gesamthärte in „Deutsche Härtegrad" (°d GH) oder in Millimol pro Liter (mmol/l; Umrechnung: 1 mmol/l = 5,6 °d und 1 °d = 0,179 mmol/l). Für die Zierfische werden die Härtestufen wie folgt eingeteilt:

Härtestufen des Wassers	
0 – 4 °d GH	sehr weich
4 – 8 °d GH	weich
8 – 12 °d GH	mittelhart
12 – 30 °d GH	hart
> 30 °d GH	sehr hart

Die Zusammensetzung des Wassers hängt von den Bodenschichten ab, die es durchdringt

19

◆ *Grenzwerte:*

Die Gesamthärte nimmt auf die Vorgänge im Aquarium großen Einfluß und ist für Fische und Pflanzen von lebenswichtiger Bedeutung.

Wieviel Calcium und Magnesium das Aquarienwasser enthalten sollte, hängt vor allem von den Fischarten ab, die wir pflegen wollen. Diese haben sich je nach Herkunftsbiotop im Laufe der Evolution an bestimmte Härtegrade angepaßt (z.B. die Roten Neon an sehr weiches Wasser, Guppys an hartes Wasser usw.). Müssen nun Fische aus Weichwassergebieten in zu hartem Wasser leben, können sich Kalkkristalle in der Niere bilden, was zuerst zu einer Schwächung und dann zum Versagen dieses Organs führt. Allerdings sind unsere Aquarienfische durchaus imstande, gewisse Abweichungen zu verkraften, solange sie bestimmte Grenzwerte nicht über- bzw. unterschreiten. Als Anhaltspunkt kann die im Kapitel „Artgerechte Zierfischhaltung" getroffene Gruppeneinteilung dienen (siehe Seite 132).

◆ *Veränderungen:*

Senkung der Gesamthärte (z. B. bei der Haltung von Weichwasserfischen) durch

◆ Vermischen des Aquarienwassers mit weniger hartem Wasser (etwa mit vollentsalztem Wasser – siehe Seite 75 –, also Aqua dest., oder eventuell mit weichem Quellwasser)

◆ Abkochen des Wassers (Ausfällung von Kesselstein)

◆ Filtern über Torf (hängt sehr von der Qualität des Torfes ab)

Beim Filtern über Torf die Veränderung des pH-Wertes beachten

WICHTIG: Abzulehnen ist die Teilentsalzung des Wassers oder der Neutralaustausch. Hierbei gerät nämlich das gesamte Ionengefüge durcheinander, so daß das Wasser für Aquarien nicht mehr zu gebrauchen ist. Auch Regenwasser kann man wegen der zunehmenden Luftverschmutzung nicht mehr uneingeschränkt empfehlen.

Wie viele Liter man von welchem Wasser benötigt, läßt sich mit Hilfe des sogenannten **Mischungskreuzes** errechnen: Die Werte der beiden Ausgangswasser werden untereinandergeschrieben, der gewünschte Wert kommt in die Mitte. Durch Subtrahieren der jeweiligen Zahlen erhält man die Literangaben.

Beispiel:

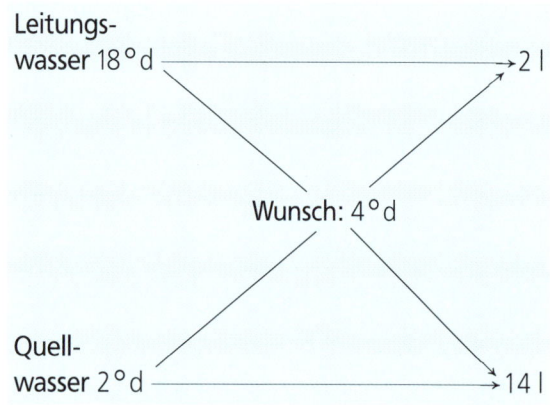

Gerechnet wird: 18 – 4 = 14 und 4 – 2 = 2 (immer die kleinere von der größeren Zahl abziehen). Um ein Aquarienwasser von 4 °d zu erhalten, muß man also 2 l Leitungswasser (18 °d) mit 14 l Quellwasser (2 °d) mischen (für größere Mengen einfach beide Zahlen mit demselben Faktor multiplizieren, also z. B. 10 x 2 l und 10 x 14 l).

Eine **Erhöhung** der Gesamthärte (z. B. bei der Haltung von Lebendgebärenden oder Tanganjikasee-Barschen) ist zu erreichen durch

◆ Calciumsulfatdihydrat (Apotheke; 3,07 g erhöhen die GH von 100 l Wasser um 1 °d)

◆ Calciumcarbonat (wird benutzt, wenn Gesamt- **und** Karbonathärte erhöht werden sollen: 1,8 g erhöhen GH und KH in 100 l Wasser um 1 °d)

◆ Filtern über Muschelkalk oder über Marmor (kann die Gesamthärte erhöhen, wenn das Ausgangswasser genügend Kohlensäure enthält)

WICHTIG: Nehmen Sie Veränderungen der Wasserwerte am besten bei einem Wasserwechsel vor. Dabei müssen Sie aber unbedingt darauf achten, nur in kleinen Schritten vorzugehen. Wollen Sie aus der Leitung kommendes Wasser nicht verändern, dürfen Sie von vornherein nur Fischarten wählen, die zu diesem Wasser passen. Die Tabellen im Kapitel „Artgerechte Zierfischhaltung (siehe Seite 171 ff.) helfen Ihnen dabei. Ansonsten müssen Sie mittels der obenerwähnten Maßnahmen eine Einstellung des Gesamthärtewertes auf ein für die jeweiligen Fischspezies optimales Niveau vornehmen.

AUS DER PRAXIS
Bei meinen Untersuchungen konnte ich feststellen, daß der Härtegrad des Aquarienwassers sehr oft nicht den darin gepflegten Fischen entsprach. Für die meisten Salmler, Barben, Welse und Malawisee-Barsche war das Wasser zu hart, für lebendgebärende Zahnkarpfen zu weich. Ganz deutlich wird bei dieser Problematik, daß Fischarten mit sehr unterschiedlichen Härteansprüchen nicht im selben Becken gehalten werden können.

AUF EINEN BLICK
◆ *Die Gesamthärte des Aquarienwassers muß sich nach den gepflegten Fischarten richten*
◆ *Sie kann bei Bedarf durch verschiedene Methoden verändert werden:*
Senkung:
◆ *Mischen mit vollentsalztem (Aqua. dest., Osmoseanlage usw.) oder weicherem Wasser (z. B. aus einer sauberen Quelle)*
◆ *Filtern über Torf (pH-Wert-Veränderungen beachten!)*
Erhöhung:
◆ *durch Calciumsulfat oder Calciumcarbonat*
◆ *durch Filtern über Kalkgestein oder Muschelgrit (wirkt nur, wenn das Wasser genügend Kohlensäure enthält)*

Karbonathärte
◆ *Erklärung und Bedeutung:*
Die Karbonathärte (KH) setzt sich zusammen aus Carbonat (CO_3^{2-})- und Hydrogencarbonat (HCO_3^-)-Ionen. Diese Stoffe bilden gemeinsam mit dem Kohlendioxid (CO_2) das wichtigste Puffersystem des Wassers. Es sorgt dafür, daß sich der pH-Wert (Säuregrad) durch Ab- und Umbauprozesse nicht ständig verändert und damit das Leben im Wasser gefährdet.
Das bei Aquarianern gebräuchliche Maß der Karbonathärte ist „Deutsche Härtegrad" (°d KH) oder mmol/l (Umrechnung: 1 mmol/l = 2,78 °d KH und 1 °d KH = 0,36 mmol/l).

◆ *Grenzwerte:*
Die Karbonathärte hat entscheidenden Einfluß auf den pH-Wert des Wassers. Ihr Optimalwert hängt deshalb von der Fischart ab, die man halten möchte.
Je höher die Karbonathärte, desto höher ist im allgemeinen auch der pH-Wert und desto schwieriger ist es, ihn in den sauren Bereich abzusenken oder ihn dort zu halten; eine Ausnahme stellt Wasser mit hohem Kohlensäure- oder Huminsäureanteil dar. Möchte man also Fische pflegen, die einen sauren pH benötigen, so sollte die Karbonathärte möglichst niedrig sein (2 – 3 °d KH). Bei Fischen aus alkalischem Milieu verhält es sich genau umgekehrt (5–16 °d KH).

WICHTIG: Bei einer geringen Karbonathärte (1–2 °d) kann der pH-Wert starken Schwankungen unterliegen. Sie sollten ihn deshalb einige Male zu verschiedenen(!) Tageszeiten messen. Sind die Schwankungen nämlich zu hoch (über 0,2 °d), müssen Sie die Karbonathärte erhöhen.

◆ *Veränderungen:*
Eine **Senkung** der Karbonathärte erreichen Sie durch Verdünnen mit entsprechend karbonatärmerem Wasser (Quellwasser, Aqua dest., vollentsalztes Wasser).
Soll die Karbonathärte **erhöht** werden, so gibt man für je 1 °d und 100 l Wasser 3,0 g Natrium-

Karbonathärte und Kohlendioxid bilden das wichtigste Puffersystem des Wassers

Fische aus dem Tanganjikasee benötigen Wasser mit hoher Karbonathärte

hydrogenkarbonat ($NaHCO_3$) hinzu. Den Verhältnissen in den Naturgewässern entsprechend darf der neue KH-Wert die Gesamthärte dabei nicht überschreiten (Ausnahme: Tanganijkasee-Wasser). Möchte man ihn trotzdem weiter erhöhen, muß die Gesamthärte durch Zugabe von Calciumcarbonat mit erhöht werden (siehe Seite 20).

AUS DER PRAXIS
Bei meinen Untersuchungen hat sich gezeigt, daß man ab 2 ° d KH den pH-Wert nur dann unter 7 absenken kann, wenn man eine CO_2-Anlage benutzt oder das Wasser sehr viel Huminsäuren beinhaltet. Aquarienwasser mit 1 ° d KH lag auch ohne Zugabe von Kohlendioxid im sauren Bereich (siehe untenstehende Tabelle).

Zusammenhang zwischen KH-, pH- und CO_2-Wert			
Becken	**KH-Wert**	**pH-Wert**	**CO_2-Wert**
A	1	6,8	8
B	1	6,3	14
C	1	5,6	14
D	1	6,4	16
E	1	6,6	20
F	2	7,2	6
G	2	7,3	8
H	3	7,4	8
I	3	7,3	10

Einen dadurch ausgelösten Säuresturz konnte ich nicht beobachten, die Gefahr muß mittels häufiger pH-Wert-Messungen aber im Auge behalten werden.
Die links unten stehende Tabelle zeigt Ihnen einige Beispiel für KH- und zugehörige pH- und CO_2-Werte aus den von mir untersuchten Becken.

AUF EINEN BLICK

✦ *Die Karbonathärte ist Bestandteil des wichtigsten Puffersystems des Wassers, das große pH-Wert-Schwankungen verhindert*
✦ *Zusammen mit Kohlendioxid und organischen Säuren bestimmt sie den pH-Wert des Aquarienwassers*
✦ *Hohe/niedrige KH-Werte bedeuten fast immer auch hohe/niedrige pH-Werte*
✦ *Einen sauren pH erreicht der Aquarianer nur durch KH-Werte unter 2 ° d (Vorsicht: pH-Wert-Schwankungen!) oder durch Zugabe von CO_2 oder von Torf*
✦ **KH senken:** *Mischen mit karbonatarmem Wasser*
✦ **KH erhöhen:** *Zugabe von Natriumhydrogencarbonat*

pH-Wert (Säuregrad)
✦ *Erklärung und Bedeutung:*
Der pH-Wert gibt an, in welchem Verhältnis Säuren und Laugen im Wasser vorhanden sind. Ausschlaggebend ist dabei die Menge der Wasserstoff (H^+)-Ionen.
In der Aquaristik kommt dem pH-Wert große Bedeutung zu, denn die Zierfische haben sich im Laufe der Evolution an die spezifischen pH-Werte ihrer Herkunftsgewässer angepaßt und tolerieren auf Dauer nur wenige Zehntel Schwankungsbreite. Verständlich wird dies, wenn man sich vor Augen hält, daß die Änderung des pH-Wertes um

22

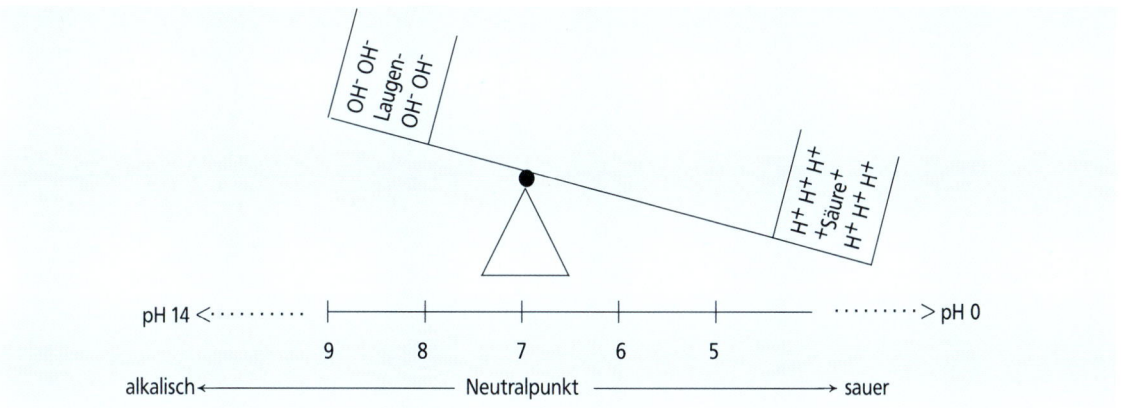

pH 14 <········· | | | | | ·········> pH 0

9   8   7   6   5

alkalisch ←————————— Neutralpunkt ————————→ sauer

OH⁻ OH⁻
Laugen-
OH⁻ OH⁻

H⁺ H⁺ H⁺
⁺Säure⁺
H⁺ H⁺ H⁺

Je mehr Säuren das Wasser enthält, desto tiefer ist sein pH-Wert

1 einzige Einheit das Säure-Basen-Gleichgewicht um das 10fache verändert, das heißt, ein Wasser mit pH 6 enthält zehnmal so viele H^+-Ionen wie ein Wasser mit pH 7!
Grundsätzlich kann zwar jeder pH-Wert durch alle möglichen Arten von Säuren und Laugen zustande kommen, doch in den natürlichen Fisch- und Pflanzengewässern wird er überwiegend durch **Karbonathärte** und **Kohlendioxid** bestimmt. Er läßt sich auf biologische Weise auch nur durch eine Beeinflussung dieses Systems ändern. Die Zugabe von pH-minus- oder pH-plus-Präparaten ist deshalb abzulehnen. Eine weitere Rolle spielen noch die im Wasser gelösten organischen Säuren (z. B. Gerbsäuren, Huminsäuren, Stoffwechselprodukte).

◆ *Grenzwerte:*
Jeder lebende Organismus ist durch seine Enzymaktivität an gewisse pH-Wert-Grenzen gebunden, weshalb schon kleine Änderungen erhebliche biologische Auswirkungen haben können. Leider ist es in dem begrenzten Lebensraum Aquarium nicht immer möglich, die oft extremen pH-Werte der Herkunftsgewässer unserer Fische einzuhalten. Aber jeder Zierfischbesitzer sollte sich zumindest bemühen, Tiere aus sauren Gewässern bei einem pH unter 7 zu pflegen und Tiere aus alkalischen bei entsprechend höheren Werten. Aus dieser Forderung ergibt sich wiederum, welche Fische man nicht in einem Becken zusammen halten kann (siehe Gruppeneinteilung der Zierfische Seite 132 ff.).

Fische aus sauren Gewässern möglichst bei einem pH-Wert von unter 7 halten; für Fische aus alkalischem Wasser muß er entsprechend höher sein

Ein Vergleich zwischen dem Rio Negro (Schwarzwasser) und dem Rio Solimoes (Weißwasser) zeigt deutlich, wie unterschiedlich Wasser sein kann

Der Rote Neon gilt als typischer Vertreter der Schwarzwasserfische. Er sollte nur in weichem, saurem Wasser gepflegt werden

◆ *Veränderungen:*
Grundsätzlich sollten nur solche Stoffe zur pH-Regulierung verwendet werden, die auch in natürlichen Gewässern vorkommen.

Als biologisch einzig richtiger Weg zur **Senkung** des pH-Wertes gilt die Verringerung der Karbonathärte und/oder die Zugabe von Kohlendioxid. Da Torf organische Säuren abgibt, ist durch seine Vewendung ebenfalls eine pH-Wert-Erniedrigung zu erreichen.

Um den pH-Wert bei zu saurem Wasser zu **erhöhen,** vermischt man es am besten mit unserem meist alkalischen Trinkwasser. Höhere Werte lassen sich auch über eine Erhöhung der Karbonathärte und/oder eine Verringerung des CO_2-Gehaltes bewirken.

WICHTIG: Auch Pflanzen können den pH-Wert verändern (siehe Seite 49 und 89).

AUS DER PRAXIS
Fast alle von mir untersuchten Fischarten wurden bei falschem pH-Wert gehalten. Wenn die Tiere auch nicht gleich sterben, so dokumentiert die hohe Verlustrate bei Zierfischen doch, daß sie auf längere Sicht die Unkenntnis oder die Gleichgültigkeit ihrer Besitzer mit verringerter Vitalität, höherer Anfälligkeit gegenüber Krankheiten und kürzerer Lebensdauer büßen müssen.

Außerdem hat sich gezeigt, daß man dem Ziel eines biologisch intakten Aquariums bei einem leicht sauren pH-Wert wesentlich schneller und einfacher näher kommt als bei stärker alkalischem Wasser. Die Pflanzen gedeihen prächtiger, die Gefahr einer Ammoniakvergiftung ist verschwindend gering, und es treten weniger Algenprobleme auf.

Ein leicht saurer pH-Wert ist für das Aquarium günstiger als ein alkalischer

AUF EINEN BLICK
◆ *Der ph-Wert gibt Auskunft über das Säure-Laugen-Gleichgewicht des Wassers*

◆ *Karbonathärte, Kohlendioxid, Huminsäuren und saure Stoffwechselprodukte von Fischen und Pflanzen entscheiden über die Höhe des pH-Wertes*
◆ *Der pH-Wert des Aquarienwassers muß den gepflegten Fischarten entsprechen*
◆ **pH-Wert-Senkung:** *durch Verringern der Karbonathärte, Erhöhen des Kohlendioxidgehaltes, Filtern über Torf*
◆ **pH-Wert-Erhöhung:** *durch Erhöhen der Karbonathärte, durch Verringern des CO_2-Gehaltes, eventuell durch Filtern über Kalkgestein und Muscheln*

Die Eiweißparameter (Stickstoffabbau)

Durch die Ausscheidungen der Fische (Kot, Urin) sowie durch Pflanzen- und Futterreste gelangen ständig organische Substanzen ins Aquarienwasser, wobei die stickstoffhaltigen als Abbauprodukte der Eiweiße (Proteine) bei weitem überwiegen. Die Zerlegung der Proteine zeigt folgende Übersicht:

Eiweiße ---> organische Stickstoffverbindungen ---> Ammonium (NH_4^+) ---> Nitrit (NO_2^-) ---> Nitrat (NO_3^-)

Wie sich schon anhand der chemischen Formeln erkennen läßt, wird bei dieser Umwandlung Sauerstoff (O_2) aufgenommen, weshalb der Umbau – auch **Nitrifikation** genannt – nur bei ausreichender Sauerstoffkonzentration möglich ist.

Alle obengenannten Eiweißzwischenstufen sowie das Endprodukt wirken sich in höheren Konzentrationen mehr oder weniger schädlich auf das Leben im Wasser aus, deshalb ist ihr funktionierender Umbau und Abtransport für das Aquarium von großer Bedeutung.

◆ *Nützliche Bakterien:*
Der Umbau von Eiweißprodukten erfolgt stufen-weise durch besonders darauf spezialisierte **aerobe** (= sauerstoffabhängige) **Bakterien**. Besonders wichtig sind die beiden Arten **Nitroso-monas** und **Nitrobacter** (s. u.) Sie sind in jedem eingefahrenen Aquarium zu finden und besiedeln außer dem Filter auch Bodengrund, Scheiben, Dekorationsmaterial und das Wasser selbst. Nur in neu eingerichteten, übertrieben sauber gehaltenen (ständiger Wasser- und Filterwechsel) oder mit Medikamenten behandelten Becken fehlen Bakterien in ausreichender Menge. Dies bedingt dann einen gefährlichen Anstieg an stickstoffhaltigen Substanzen.

WICHTIG: Außer bestimmten Spurenelementen benötigen die obenerwähnten Bakterien-arten Kohlenstoff und Sauerstoff zum Leben, Stoffe, die sie dem Aquarienwasser entnehmen. Der Sauerstoffbedarf der Bakterien wird allerdings meistens überschätzt. Selbst bei nur 2 mg/l O_2 sind sie noch tätig, bei 4 mg/l haben sie bereits ihr Arbeitsmaximum. Ihr pH-Wert-Optimum liegt bei 7,3–7,8, aber sie arbeiten nach einer kurzen Anpassungszeit auch bei höheren und bei wesentlich niedrigeren Werten (z. B. bis pH 5,1). So anpassungsfähig Nitrifikationsbakterien auch sind, sie haben einen Nachteil: Sie vermehren sich im Vergleich zu anderen Bakterien sehr langsam (Verdopplungszeit von Nitrosomonas: 21,7 Tage),

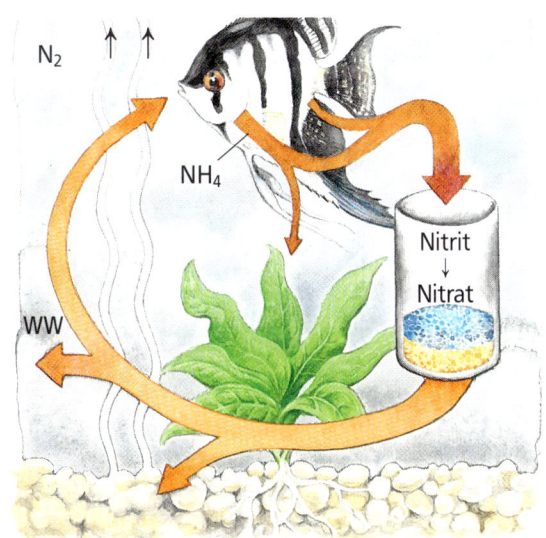

Eiweißumbau im Aquarium:
Ein Teil des über die Kiemen abgegebenen Ammoniums (NH_4^+) dient als Pflanzendünger. Der Rest wird zusammen mit dem von den Nieren ausgeschiedenen Harnstoff durch Bakterien (v. a. im Filter) zu Nitrit und Nitrat weiterverarbeitet. Einen Teil des Nitrats können die Pflanzen aufnehmen, ein weiterer wird im Boden zu Stickstoff (N_2) reduziert und entweicht als Gas. Der Rest sammelt sich im Wasser an und läßt sich nur durch einen Wasserwechsel (WW) verringern

weshalb es bei einer Mehrbelastung des Wassers, z. B. durch Fischzukauf, zunächst zu einer Ansammlung von gefährlichen Stickstoffprodukten kommen kann.
Die für das Aquarium wichtigsten Eiweißabbauprodukte werden in den nun folgenden Kapiteln besprochen.

◆ *Ammonium und Ammoniak:*
Erklärung und Bedeutung:
Ammonium (NH_4) ist das erste Eiweißabbauprodukt, das wir im Aquarium messen können. Es ist relativ ungiftig für Fische und stellt zudem eine wichtige Stickstoffquelle für die Pflanzen dar. Sind genügend **Nitrosomonas-Bakterien** im Filter sowie im restlichen Becken vorhanden, wird Ammonium schnell zu Nitrit (NO_2^-) weiterverarbeitet – den Vorgang bezeichnet man als **Nitritation**.

Falsche Filter-pflege, wie z. B. zu häufiger Austausch des Filter-materials, kann die Ursache für einen gefähr-lichen Nitrit-anstieg sein

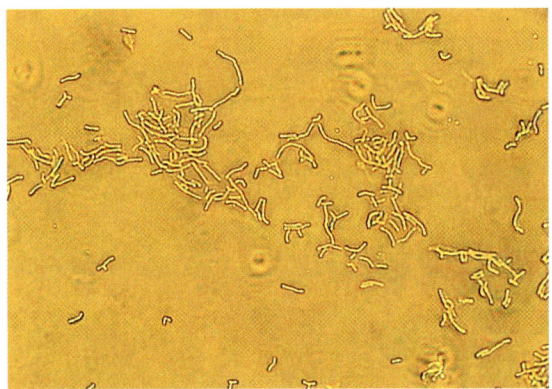

Ein Millionenheer von Bakterien hilft bei der Entgiftung des Wassers

Pflanzen nehmen das von Fischen ausgeschiedene Ammonium als Dünger auf und tragen so entscheidend zur Wasserverbesserung bei

Veränderungen:
Eine Senkung der Ammonium- bzw. Ammoniakkonzentrationen ist durch Teilwasserwechsel möglich. Um einem neuerlichen Anstieg vorzubeugen, müssen Mißstände, die zu einer hohen Ammonium-/Ammoniakbelastung führen, abgestellt werden. Solche **Pflegefehler** sind:

- zu frühes Einsetzen von Fischen nach der Neueinrichtung (die Wartezeit sollte wenigstens 3–4 Wochen betragen)
- Überbesatz und Überfütterung
- Becken zuwenig bepflanzt
- übertriebener Wasser- und Filterwechsel
- Medikamente im Wasser (durch Kohlefilterung entfernen)

♦ *Nitrit:*
Erklärung und Bedeutung:
Nitrit (NO_2^-) entsteht als Zwischenprodukt bei der Oxidation von Ammonium und wird normalerweise durch **Nitrobacter-Bakterien** sofort weiter zu Nitrat umgebaut (diesen Vorgang nennt man **Nitratation**). Im Aquarium ist das für Fische sehr giftige Nitrit deshalb nur dann in relevanter Konzentration zu finden, wenn eine Störung der normalen Bakterientätigkeit vorliegt. Nitrobacter-Bakterien sind gegenüber äußeren Einflüssen wie z. B. extremer pH-Wert empfindlicher als Nitrosomonas und vermehren sich noch langsamer. Wachstumsstörungen bei diesen Bakterien können deshalb zu einem Nitritanstieg führen, während die Ammoniumkonzentration noch niedrig ist.

Grenzwerte:
Die Experten sind sich uneins darüber, ab welchem Nitritgehalt von einer Schädigung der Fische ausgegangen werden muß. Die Werte schwanken von 0,01 mg/l bis 0,2 mg/l, weil die Giftigkeit des Nitrits u. a. vom pH-Wert (je niedriger er ist, desto giftiger ist das Nitrit) und vom Chloridgehalt des Wassers (je weniger Cl-, desto giftiger das Nitrit) abhängt.
In einem gut gepflegten Aquarium sollte kein Nitrit nachzuweisen sein.

Achtung: Ammonium verwandelt sich bei pH-Werten von über 6,0 in das äußerst giftige Ammoniak!

Das Gefährliche an Ammonium ist, daß es sich bei pH-Werten von über 6,0 in das sehr giftige Ammoniak (NH_3) umwandelt, das schon in kleinsten Mengen den gesamten Fischbestand vernichten kann. Wieviel Prozent des Ammoniums bei welchem pH-Wert in Ammoniak umgewandelt werden, können Sie aus der nachstehenden Tabelle entnehmen. Der Ammoniakanteil erhöht sich außerdem mit steigender Temperatur.

Ammonium- und Ammoniakanteile im Wasser je nach pH-Wert

pH-Wert	Ammonium	Ammoniak
unter 6,0	100 %	0 %
6,5	99,8 %	0,2 %
7,0	99,4 %	0,6 %
7,5	98,3 %	1,7 %
8,0	94,7 %	5,3 %
8,5	85,0 %	15,0 %

Grenzwerte:
Bei einem pH-Wert bis 8,0 sind **Ammoniumwerte** bis 0,3 mg/l unbedenklich, bei einem Wert bis 7,0 sogar bis 1,5 mg/l.

WICHTIG: Beachten Sie, daß die kritische **Ammoniakkonzentration** bei 0,01 mg/l liegt. Ab 0,2 mg/l besteht höchste Gefahr für die Fische!

WICHTIG: Ab einer Menge von 1,0 mg/l wirkt Nitrit absolut tödlich.

Veränderungen

Stellt man Nitrit im Aquarienwasser fest, kann ein Teilwasserwechsel schnelle Abhilfe schaffen. Folgende **Fehler** können zum Nitritanstieg geführt haben:

✦ zu frühes Einsetzen der Fische nach Neueinrichtung
✦ falsche Filterpflege (siehe dazu Seite 68 f.)
✦ zu niedrige Sauerstoffwerte (1–2 mg/l)
✦ zu hohe Besatzdichte und zu große Futtermengen
✦ tote Fische oder Schnecken im Wasser
✦ Medikamente im Wasser

◆ *Nitrat:*

Erklärung und Bedeutung:

Die Nitrat-Ionen bilden die Endstufe des aerob-bakteriellen Stickstoffabbaus. Mit ihnen ist der Prozeß der biologischen Selbstreinigung erfolgreich abgeschlossen. Da das Nitrat (NO_3^-) nicht weiter abgebaut werden kann, steigt sein Gehalt im Aquarium ständig an. Eine Ausnahme bilden dichtbepflanzte Becken mit wenig Fischen. Hier können Pflanzen und Bodengrund bewirken, daß der Nitratgehalt mit der Zeit unter den des Ausgangswassers fällt. Auch gibt es sogenannte *Denitrifikationsbakterien,* die Nitrat in Stickstoff (N_2) umbauen können, der dann in die Luft entweicht. Allerdings müssen für diese Bakterien bestimmte Wachstumsbedingungen gegeben sein (siehe Kapitel „Filterung" Seite 64 f.).

Neben dem Fischbesatz, der eingebrachten Futtermenge, dem Pflanzenbestand und der Häufigkeit des Wasserwechsels hat auch das verwendete Leitungswasser einen Einfluß auf die Höhe des Nitratgehaltes im Becken. Seine Nitratkonzentration nahm in den letzten Jahren durch die Überdüngung in der intensiven Landwirtschaft stetig zu, so daß schon der Ausgangswert an Nitrat vielen Aquarianern Probleme bereitet.

Grenzwerte:

In den Herkunftsbiotopen unserer Zierfische läßt sich Nitrat gar nicht oder nur in Spuren nachweisen, weshalb für das Aquarium gilt: je weniger, desto besser. Eine genaue Beurteilung der verschiedenen Nitratgehalte des Aquarienwassers finden Sie in der folgenden Tabelle.

Wasserqualität in bezug auf die Nitratwerte

Nitratwerte	Wasserqualität
unter 20 mg/l Nitrat	relativ sauberes Wasser, gut für Pflanzen und Fische
20 – 40 mg/l Nitrat	noch erträgliches Wasser, sollte aber kein Dauerzustand sein
40 – 80 mg/l Nitrat	Wasserwechsel durchführen, nach Pflegefehlern suchen
80 – 100 mg/l Nitrat	sehr verschmutztes Wasser, es liegen grobe Pflegefehler vor
über 100 mg/l Nitrat	Wasser ist stark verunreinigt und sein Gebrauch für die Pflege von Fischen und Pflanzen nicht mehr zu verantworten; hohe Vergiftungsgefahr durch Reduktion bei Sauerstoffmangel

Bei Nitratwerten von über 50 mg/l Wasserwechsel durchführen

WICHTIG: Gefährlich wird ein zu hoher Nitratwert bei einer plötzlichen Sauerstoffunterversorgung. In diesem Fall können große Mengen Nitrat durch Reduktion in das giftige Nitrit zurückverwandelt werden. Ein Wert von 100 mg/l sollte deshalb keinesfalls überschritten werden.

Übermäßiger Düngereinsatz führt zu einem hohen Nitratgehalt im Leitungswasser

Ist die Nitratkonzentration ständig zu hoch, können folgende **Pflegefehler** schuld sein:

✦ zu starke Besetzung
✦ zu geringer Wasserwechsel
✦ zu hohe Futtergaben
✦ dürftiger Pflanzenbestand

Veränderungen:

Reduzierung durch Pflanzen, richtig angelegten Bodengrund und Wasserwechsel

Eliminiert werden kann Nitrat vor allem durch Wasserwechsel. Aquarienpflanzen können einen Teil des Nitrats speichern und so dem Wasser entziehen. Auch ein richtig angelegter Bodengrund vermag zur Nitratreduzierung beizutragen (siehe Seite 82 f.).

WICHTIG: Vorsicht ist geboten, wenn Leitungswasser verwendet wird: Bis zu 50 mg/l Nitrat sind durch die Trinkwasserverordnung erlaubt!

AUS DER PRAXIS
Außer den schon erwähnten Faktoren, die einen Anstieg von Ammonium-/Ammoniak-, Nitrit- und Nitratwerten bedingen können, erbrachten meine Untersuchungen noch folgende interessante Ergebnisse:

✦ *Zu hohe Ammoniumwerte sind selten zu finden – ein Beweis dafür, wie robust Nitrosomonas-Bakterien sind. Auch ein geringer Sauerstoffgehalt oder sehr saures Wasser konnte ihnen – entgegen anderslautenden Literaturangaben – nichts anhaben.*
✦ *Nitrobacter-Bakterien reagieren dagegen empfindlicher auf niedrige Sauerstoffkonzentrationen. 77 % der Aquarien mit erhöhtem Nitritgehalt hatten einen O_2-Wert von nur 1 oder 2 mg/l. Saures Wasser macht jedoch auch diesen Bakterien nichts aus.*

Wasserpflanzen produzieren den für Fische, Einzeller und Bakterien lebensnotwendigen Sauerstoff

◆ *Starker Fischbesatz war als alleiniger Auslöser hoher Ammonium- und Nitritwerte nicht zu ermitteln, das heißt, es mußten immer noch weitere Pflegefehler hinzukommen. Dies zeigt, wie flexibel die Bakterien auf Mehrbelastung reagieren können. Allerdings führt Überbesatz zu einem entsprechend schnellen Anstieg des Nitratgehalts im Wasser und bringt sowohl für die Fische als auch für das biologische Gleichgewicht des ganzen Beckens große Nachteile mit sich.*

Da nur ein Teil des Aquarienwassers ausgetauscht wird, steigt der Nitratgehalt je nach Fischbesatz trotz Wasserwechsels an. Abhilfe schaffen ein geringerer Besatz, dichter Pflanzenwuchs und anaerobe Zonen in Boden und Filter

AUF EINEN BLICK

◆ *Beim Eiweißabbau entstehen im Wasser schädliche Um- und Abbauprodukte, die anhand von Ammonium-, Nitrit- und Nitratmessungen im Aquarium überprüft werden müssen*

◆ *Für den Abbau sind Bakterien verantwortlich, die bei einer Neueinrichtung erst nach einer Einlaufzeit von 3–4 Wochen im Filter und im restlichen Becken in ausreichender Menge vorhanden sind (entsprechend lange muß man warten, bis man die Fische einsetzen kann)*

◆ *Pflegefehler, die diese Bakterien zerstören, gefährden den Fischbestand*

◆ *Bei kritischen Konzentrationen von Ammonium/Ammoniak, Nitrit und Nitrat muß man sofort einen Teilwasserwechsel vornehmen (je nach Konzentration 25–50%), das Wasser belüften, die Filteranlage überprüfen, die organische Belastung verringern (z.B. Mulm absaugen, Fütterung verringern, tote Pflanzenteile entfernen usw.) sowie die pH- und Sauerstoffwerte kontrollieren*

Sauerstoff

◆ *Erklärung und Bedeutung:*

Ohne Sauerstoff (O_2) ist kein höheres Leben möglich, weder an Land noch im Wasser. Daher hat auch der Sauerstoffgehalt des Wassers entscheidende Bedeutung für die Kreisläufe in unserem Aquarium.

Die Meßeinheit der Sauerstoffkonzentration ist mg/l, was der früher üblichen Bezeichnung ppm (parts per million) entspricht. In der Literatur findet sich oft die Angabe der Sauerstoffsättigung des Wasser, doch sie wird durch verschiedene Faktoren beeinflußt und sollte deshalb wegen ihrer Ungenauigkeit nicht mehr angewendet werden.

Jedes höhere Lebewesen braucht Sauerstoff, um existieren zu können

◆ *Sauerstoffproduzenten:*

Die weitaus wichtigste Rolle bei der **Sauerstoffproduktion** im Aquarium spielen unsere Aquarienpflanzen. Sie können (wie auch Landpflanzen) mit Hilfe von Licht und Kohlendioxid, das sie dem Wasser entnehmen, Traubenzucker aufbauen, den sie für ihren weiteren Stoffwechsel benötigen. Hierbei wird Sauerstoff freigesetzt. Wir bezeichnen diesen Vorgang als **Photosynthese**. Ohne ihn wäre das Leben in seiner heutigen Form auf unserem Planeten nicht denkbar. Da Pflanzen nur bei Licht Sauerstoff produzieren können, nicht aber nachts, ergeben sich im Aquarium bei Messungen des Sauerstoffgehaltes

Pflanzen produzieren den lebenswichtigen Sauerstoff im Aquarium

Sauerstoff (O$_2$)- und Kohlendioxid (CO$_2$)-Kreislauf im Aquarium:

Tagsüber nehmen die Fische den von den Pflanzen produzierten Sauerstoff (O$_2$) auf und geben dafür Kohlendioxid (CO$_2$) ab, das wiederum der Pflanze als Dünger dient (oben).

Nachts verbrauchen Fisch und Pflanze Sauerstoff, weshalb seine Konzentration, wenn auch nur geringfügig, bis zum Morgen abnimmt (unten)

rhythmische Schwankungen (tagsüber steigende Produktion, nachts fallende).

Vergleichsweise geringe Mengen Sauerstoff kann das Aquarienwasser auch durch Diffusion über die Oberfläche aufnehmen, und zwar um so mehr, je kräftiger diese bewegt wird. Für das Gleichgewicht im Aquarium hat eine stark be-wegte Oberfläche allerdings erhebliche Nachteile (siehe dazu Seite 66 f.).

Auch sogenannte Ausströmer- oder Sprudelsteine können das Aquarium nicht annähernd so gut mit Sauerstoff versorgen wie Wasserpflanzen.

◆ *Sauerstoffkonsumenten:*

Sie sind im Aquarium reichlich vorhanden. Fische veratmen täglich je nach Art, Wassertemperatur und Aktivität ca. 15 mg Sauerstoff pro Gramm Körpergewicht. Auch die zahlreichen Mikroorganismen, die den Kot der Fische, überschüssiges Futter, tote Pflanzenreste usw. in ihre Bestandteile zerlegen und dabei helfen, das Wasser zu entgiften, benötigen Sauerstoff für ihre Arbeit (siehe dazu Seite 64), und zwar je 100 g organischem Abfall ca. 200 g Sauerstoff.

Nachts verbrauchen auch die Pflanzen Sauerstoff, und zwar ca. ein Viertel bis ein Drittel dessen, was sie tagsüber produzieren. Vom verbleibenden Überschuß lebt das Aquarium, was die Rolle eines gesunden Pflanzenbestandes verdeutlicht. Für den veratmeten Sauerstoff geben Lebewesen Kohlendioxid ab, der für das Aquarium ebenfalls äußerst wichtig ist (siehe dazu Seite 32 ff.).

◆ *Grenzwerte:*

Der Sauerstoffbedarf unserer Aquarienfische wird meist überschätzt. Bis auf Arten, die in Stromschnellengebieten leben, sind sie von Natur aus an relativ niedrige O$_2$-Konzentrationen gewöhnt. Auch die Filterbakterien benötigen – wie im Kapitel „Eiweißabbau" erläutert (siehe Seite 25) – recht wenig Sauerstoff für ihre Arbeit. In bezug auf Pflanzen wird diskutiert, ob sich eine hohe Sauerstoffkonzentration durch den dadurch bedingten erhöhten Redoxgehalt (siehe Seite 39) negativ auf ihren Wuchs auswirkt.

Im Interesse der gesamten Lebensgemeinschaft eines Aquariums kann ein Sauerstoffgehalt von 5 mg/l (abends gemessen) als ausreichend angesehen werden. Nachts sollte er nicht unter 3 mg/l fallen.

Das im Quellwasser gelöste Eisen wird beim Austritt aus dem Boden durch den Sauerstoff der Luft oxidiert und fällt dann als orangebrauner Eisenocker aus

Das technische Einbringen von Luft (hier durch einen sogenannten Diffusor) kann schlechte Sauerstoffverhältnisse im Becken nicht so nachhaltig verbessern wie eine großzügige Bepflanzung

WICHTIG: Diese Werteempfehlung gilt ausschließlich für Aquarianer, die ihr Aquarium insgesamt in einem biologisch intakten Gleichgewicht zu halten bemüht sind, das heißt, dichte Bepflanzung, keine übersetzten Becken und keine zusätzliche starke organische Belastung wie z. B. durch Überfütterung, abgestorbene Tier- oder Pflanzenreste usw.. Fischzüchter und Massentierhalter, die keinen Wert auf ein gut bepflanztes, dekoratives Aquarium legen, sollten mit Rücksicht auf die hohe organische Belastung ihrer Becken einen O_2-Wert um 8 mg/l (abends gemessen) anstreben.

◆ *Veränderungen:*
Eine **Erhöhung** der Sauerstoffproduktion muß erreicht werden, wenn der Wert zu gering ist (Messung) und die Fische vermehrt atmen (Kiemenbewegungen beobachten) oder sogar an der Oberfläche stehen. Im Notfall:
- Teilwasserwechsel durchführen
- Belüftung zuschalten
- die Ursache für den geringen Sauerstoffwert abstellen

Bei konstant niedrigen Werten:
- Besatz verringern
- Pflanzenbestand aufstocken
- Pflanzenwuchs und damit Sauerstoffproduktion verbessern (Licht, Düngung u. a.)

- Organische Belastung des Wassers verringern (Futtergaben reduzieren, Mulm absaugen, tote Pflanzenteile entfernen usw.)
- Bodengrund kontrollieren (faulende Stellen?)

Senken läßt sich die Sauerstoffkonzentration durch:
- Vermeiden starker Wasserbewegung durch den Filterrücklauf
- Vermeiden von Sauerstoffeintrag durch Diffusoren und Ausströmer
- Verringern der Lichtintensität
- Herabsetzen der Beleuchtungsdauer
- teilweises Abschatten der Pflanzen

Sowohl bei einer Senkung als auch bei einer Erhöhung der Sauerstoffwerte sind etwa 1 Monat lang Kontrollmessungen notwendig

WICHTIG: Die ebengenannten Eingriffe wirken sich erheblich auf das gesamte Biosystem des Aquariums aus und müssen daher durch Wasseranalysen überwacht werden (regelmäßige pH-Wert-, Sauerstoff-, Ammonium-, Nitrit- und Nitratmessungen, sowohl einige Tage vor der Senkung als auch bis mindestens 3 Wochen danach), bis sich ein Gleichgewicht eingependelt hat. Die Stickstoffkonzentrationen müssen unbedingt im ungefährlichen Bereich bleiben.

Keinesfalls sollten Sie bei zu hohen Sauerstoffwerten den Besatz oder die Futtergaben erhöhen, denn beides kann ein Aquarium vollkommen aus dem Gleichgewicht bringen!

AUS DER PRAXIS
*Meine Untersuchungen haben bestätigt, wie
wichtig ein gesunder Pflanzenbestand für die
Sauerstoffversorgung des gesamten Aquariums ist. Selbst bei Pflegefehlern wie hohem
Fischbesatz, seltenem Wasserwechsel, übertriebener Fütterung, starker Mulmansamm-
lung usw. konnte ein dichter Pflanzenwuchs
eine ausreichend hohe Sauerstoffkonzentration gewährleisten (allerdings traten bei diesen Fehlern oft andere Probleme auf, weshalb
man sie natürlich vermeiden sollte). Das technische Einbringen von Luft (durch Diffusoren
oder Ausströmer) vermochte schlechte Sauerstoffverhältnisse dagegen nicht nachhaltig zu
verbessern.*

47 % der Trockenmasse einer Pflanze bestehen aus
Kohlenstoff, weshalb Kohlendioxid der wichtigste
Pflanzennährstoff ist

AUF EINEN BLICK

♦ *Sauerstoff ist für das Aquarium
lebensnotwendig. Er wird tagsüber
von den Pflanzen produziert und von
Fischen und Mikroorganismen verbraucht*
♦ *Eine Sauerstoffkonzentration von
5 mg/l am Tag und mindestens
3 mg/l in der Nacht reicht zur Versorgung des Beckens aus
(Ausnahme siehe Seite 30)*
♦ *Bei Sauerstoffmangel (unter 3 mg/l)
atmen die Fische heftig und stehen
knapp unter der Oberfläche. Das
Wasser muß dann sofort mit O_2
angereichert werden (Teilwasserwechsel, Belüftung)*
♦ *Sauerstoff oxidiert Pflanzennährstoffe, die den Pflanzen damit nicht
mehr zur Verfügung stehen*
♦ *Eine Veränderung des Sauerstoffwer-
tes bedeutet generell einen großen
Eingriff ins biologische Gefüge des
Aquariums und muß daher von entsprechenden Messungen begleitet
werden*

Kohlendioxid

♦ *Erklärung und Bedeutung:*
Kohlendioxid (CO_2) ist ein geruch- und farbloses
Gas. Es ist schwerer als Luft, wodurch es sich bei
fehlender Zirkulation am Boden oder – was vor
allem beim Betreiben einer CO_2-Anlage und der
gleichzeitigen Pflege von Labyrinthfischen wichtig zu wissen ist – direkt über der Wasseroberfläche ansammeln kann, wo es dann zu Atemnot
oder sogar zum Ersticken dieser Tiere führen
kann, indem es den Sauerstoff im Blut verdrängt.
Kohlendioxid entsteht bei der Atmung der Fische,
bei den biologischen Umbauprozessen der Bakterien und durch die Atmung der Pflanzen. Da
diese aber tagsüber wesentlich mehr CO_2 verbrauchen, als sie abgeben, fällt der letzte Punkt
vor allem nachts ins Gewicht.
Für das Aquarium ist Kohlendioxid in zweifacher
Hinsicht von Bedeutung:
♦ als bedeutendster Nährstoff der Wasserpflanzen; 47 % ihrer Trockenmasse bestehen aus
Kohlenstoff (C), den sie dem Kohlendioxid
entnehmen, um damit Traubenzucker aufzubauen
♦ als Bestandteil des wichtigsten Puffersystems
des Wassers zusammen mit den Bildnern der
Karbonathärte; somit hat es großen Einfluß
auf den pH-Wert. Steigt sein Gehalt im Aquarienwasser an, so fällt der pH-Wert, allerdings
in Abhängigkeit von der Karbonathärte.

◆ *Zusammenhang zwischen CO_2, Karbonathärte und pH-Wert:*

Leitet man Kohlensäure bzw. Kohlendioxid in Wasser ein, reagiert diese Verbindung mit ihm und bildet dabei drei Formen; CO_2, Hydrogencarbonat (HCO_3^-) und Carbonat (CO_3^{2-}). Aus den beiden letztgenannten setzt sich die Karbonathärte zusammen.

Zu welchen Anteilen die drei verschiedenen Kohlensäurederivate im Wasser vorliegen, hängt von der Höhe des pH-Wertes ab. Umgekehrt kann der pH-Wert durch Zugabe von Kohlendioxid gesenkt bzw. durch dessen Entzug (Belüftung, Verbrauch durch Pflanzen) erhöht werden.

◆ *Grenzwerte:*

Wieviel Kohlendioxid im Aquarienwasser enthalten sein sollte, richtet sich nach den Pflanzen und nach dem gewünschten pH-Wert. Es gibt Pflanzen, die bei 10 mg/l gut wachsen, andere benötigen 40 mg/l (abhängig unter anderem auch von Lichtmenge und Temperatur; siehe dazu Seite 95). Der pH-Wert muß den Bedürfnissen der Fische entsprechen.

Die Obergrenze für Kohlendioxid ergibt sich aus der Verträglichkeit für die Fische. Diese scheinen hohen Werten gegenüber allerdings sehr unempfindlich zu sein. In natürlichen Biotopen hat man schon Konzentrationen von 70–180 mg/l gemessen. Auch in Versuchen haben Fische

CO_2-Zugabe ermöglicht es, auch in einem Barschbecken einen prachtvollen Pflanzenbestand zu pflegen

Becken mit dichtem Pflanzenwuchs und starker Beleuchtung haben einen hohen CO_2-Bedarf

Werte von über 100 mg/l anstandslos vertragen, sofern genügend Sauerstoff vorhanden war. Als Dauerkonzentration sollten 40–60 mg/l allerdings nicht überschritten werden, um die Vitalität und Widerstandskraft der Tiere nicht unnötig zu strapazieren. Wird bei dieser Konzentration ein angestrebter saurer pH-Wert noch nicht erreicht, muß die Karbonathärte gesenkt werden.

Die Kohlendioxidkonzentration sollte auf Dauer nicht höher als maximal 60 mg/l sein

◆ *Veränderungen:*

Eine **Senkung** des CO_2-Gehalts ist selten notwendig. Sollte dennoch einmal ein zu hoher Wert auftreten, z. B. durch überhöhte Zufuhr von Kohlendioxid durch ungeeignete oder fehlerhafte Geräte, durch Quellwasser mit extrem hoher CO_2-Konzentration oder durch stark erhöhte mikrobielle Abbauprozesse, dann läßt sich das Gas durch starke Belüftung (mittels einer Membranpumpe) schnell aus dem Wasser austreiben. Der Ursache muß man auf den Grund gehen.

Typisches Bild einer an Eisenmangel erkrankten Pflanze: Die Blattnerven sind noch grün, der Rest ist aufgrund von Chlorophyllmangel gelblich gefärbt

Eine **Erhöhung** des CO_2-Gehalts läßt sich am zuverlässigsten durch im Handel erhältlichen CO_2-Geräte erreichen. Vor allem aber sollte der Verlust von CO_2 eingedämmt werden. Jegliche Art der Belüftung des Beckens – Sprudelstein, auf das Wasser plätschernder Filterrücklauf, starke Oberflächenbewegung, Diffusor, luftbetriebener Filter usw. – treibt das Kohlendioxid aus dem Wasser aus und sollte in normal besetzten Becken im Interesse der Pflanzen unbedingt unterlassen werden.

Den Verbrauch an CO_2 durch die Pflanzen kann man verringern, wenn man die Lichtintensität und die Beleuchtungsdauer sowie die Wassertemperatur reduziert (Bedürfnisse der Fische beachten!).

WICHTIG: Senken Sie den CO_2-Verbrauch auf keinen Fall durch eine Verminderung des Pflanzenbestandes! Die Nachteile, die dem Aquarium hieraus erwüchsen, wären zu gravierend.

AUS DER PRAXIS
Becken ohne CO_2-Düngeanlage enthalten fast immer zu wenig Kohlendioxid, um die Pflanzen optimal zu versorgen. Außerdem kann der pH-Wert durch den Verbrauch der Pflanzen an CO_2 sehr alkalisch werden, was vielen Fischarten überhaupt nicht bekommt. Wenn man Wert auf dekorative Pflanzen legt und Fische pflegt, die einen sauren pH-Wert benötigen, ist die Anschaffung einer CO_2-Anlage sehr zu empfehlen.

Jedes Belüften eines Aquariums treibt Kohlendioxid aus dem Wasser aus und sollte daher in Becken mit normalem Besatz unterbleiben

AUF EINEN BLICK
- *Kohlendioxid ist der wichtigste Pflanzennährstoff und in Becken ohne CO_2-Düngeanlage fast immer Mangelware*
- *Durch Zugabe oder Entzug von CO_2 läßt sich der pH-Wert auf natürliche Weise regulieren*
- *Der Bedarf eines Beckens an Kohlendioxid hängt ab von der Menge und der Art der Pflanzen, von der Lichtintensität und der Beleuchtungsdauer, von der Temperatur, der verwendeten Filterart, der Oberflächenbewegung u.a.*
- *Am zuverlässigsten wird dem Aquarium die fehlende Kohlendioxidmenge durch eine CO_2-Anlage zugeführt*

Eisen
- *Erklärung und Bedeutung:*
Eisen (Fe^{2+}, Fe^{3+}) zählt zu denjenigen Spurenelementen, die sowohl von Fischen als auch von Pflanzen benötigt werden. Bei den Fischen ist es an der Bildung des roten Blutfarbstoffes *Hämoglobin* beteiligt und somit für die Sauerstoffversorgung verantwortlich.

Pflanzen brauchen Eisen als Katalysator bei der Bildung des grünen Blattfarbstoffes *Chlorophyll* und beim Aufbau des Zellplasmas. Bei Eisenmangel kümmern die Pflanzen, bekommen weißlich-farblose Blätter *(Chlorose)* und gehen schließlich ein, da sie keine Kohlenhydrate mehr aufbauen können.

Während in den Heimatgewässern der Pflanzen teils hohe Eisenwerte zu messen sind, herrscht in den Aquarien meist Eisenmangel. Das liegt in erster Linie daran, daß Leitungswasser so gut wie kein Eisen enthält. Außerdem wird Eisen durch Sauerstoff schnell oxidiert und ausgefällt und steht damit den Pflanzen nicht mehr zur Verfügung.

Eisenhaltiger Lateritboden in Südamerika

Im Filter sammelt sich dieses ausgeflockte Eisen zusammen mit anderen oxidierten Nährstoffen dann als brauner Mulm. Den ausgefällten Eisenocker kann man auch bei eisenhaltigen Quellbächen beobachten, sobald das Wasser beim Austreten aus der Erde mit Sauerstoff in Berührung kommt.

Ebenso wie Eisen reagieren noch andere Spurenelemente, die infolge der Oxidation durch Sauerstoff für die Ernährung der Pflanzen verlorengehen. Aufgehalten, wenn auch nicht gänzlich verhindert werden kann die Oxidation durch sogenannte Chelatoren (siehe dazu Seite 93). Auch gibt es „eisenfressende" Bakterien, die sich bei regelmäßiger Eisendüngung vor allem im Filter bilden.

Wieviel Eisen ein Aquarium verbraucht, hängt unter anderem vom Pflanzenbestand, von der Beleuchtung und von der Filterung ab, weshalb der Bedarf auch für jedes Becken individuell bestimmt werden muß. Angaben wie etwa „1 Tablette pro Woche" sind extrem ungenau und können schnell zu einer Über- oder Unterversorgung mit allen jeweiligen negativen Folgen führen.

◆ *Grenzwerte:*
Bei einem Eisengehalt von unter 0,01 mg/l kommt es durch die mangelnde Chlorophyllproduktion zu Schäden an den Pflanzen. Deshalb sollte zur Sicherheit ein Minimalwert von 0,03 mg/l nicht unterschritten werden. Als optimal gelten 0,1 mg/l.

Aber auch ein Zuviel an Eisen kann für Aquarienpflanzen tödlich sein (siehe „Aus der Praxis"). Das Eisen verdrängt dann nämlich durch seine hohe Konzentration andere wichtige Spurenelemente wie z. B. Mangan.

Für Fische spielt der Eisengehalt im Wasser nur eine untergeordnete Rolle. Sie decken ihren Bedarf über das Futter.

◆ *Veränderungen:*
Eine **Senkung** der Eisenwerte wird in der Aquaristik selten notwendig, es sei denn bei zu hoher Konzentration infolge von Überdüngung. Hier kann ein Wasserwechsel Abhilfe schaffen.

Eine **Erhöhung** des Eisengehalts erreicht man durch Zugeben eines Eisenpräparats oder besser noch durch einen Spurenelementdünger (Zoofachhandel).

Als optimaler Eisenwert gelten 0,1 mg/l

Den Pflanzen schadet sowohl ein Zuviel als auch ein Zuwenig an Eisen

Da Eisen – wie erwähnt – im Leitungswasser so gut wie gar nicht vorhanden ist, es zudem durch die Pflanzen ständig verbraucht wird und nur durch regelmäßige Düngegaben dem Aquarium wieder zugefügt werden kann, herrschte in den meisten untersuchten Bekken erwartungsgemäß Eisenmangel. Vor allem Becken mit dichtem Pflanzenwuchs, starker Filterung und intensiver Beleuchtung müssen oft nachgedüngt werden.
Gut zu beobachten war, daß zu hohe Eisenkonzentrationen für die Pflanzen schädlich sind. Bei über 0,2 mg/l wurden sie vom Stengel herauf glasig und zerfielen.

Das im Trockenfutter enthaltene Phosphat kann bei reichlicher Gabe zu einer Anreicherung im Wasser und damit eventuell zur Algenplage führen

AUF EINEN BLICK
- *Eisen stellt ein wichtiges Spurenelement dar und ist für gesunden Pflanzenwuchs unentbehrlich*
- *Es wird durch Sauerstoff oxidiert und flockt dann vor allem im Filter als brauner Mulm aus. Aus diesem Grunde und weil es durch die Pflanzen verbraucht wird, muß Eisen im Aquarium ständig ersetzt werden*
- *Um schädliche Überdosierungen oder Mangelzustände zu vermeiden, sollte das Aquarienwasser vor jeder Eisenzugabe getestet werden*
- *Fische decken ihren Eisenbedarf über das Futter*

Phosphat

Phosphat gilt als einer der Auslöser von Algenplagen

◆ *Erklärung und Bedeutung:*
Phosphat (PO_4^{3-}) zählt neben Stickstoff zu den wichtigsten Pflanzennährstoffen. Bei den Fischen spielt es unter anderem als Energiespeicher, beim Aufbau des Knochengerüstes und als Phosphatid im Gehirn und im Eidotter eine Rolle. Während die Fische ihren Bedarf über das Futter decken, sind die Pflanzen auf im Wasser gelöstes Phosphat angewiesen.

Im Aquarium tritt Phosphatmangel selten auf, weil selbst ohne Düngung durch das Fischfutter ständig für Nachschub gesorgt wird. Man sollte im Gegenteil sogar darauf achten, daß der Pflanzendünger keinerlei Phosphat enthält (bei Verdacht einige Tropfen Dünger in etwas Aqua. dest. geben und nachmessen). Zusammen mit dem Fischfutter kann es sonst schnell zu einer Überdüngung kommen.

◆ *Grenzwerte:*
Pflanzen können Phosphat in ihrem Inneren speichern, so daß Konzentrationen von bis zu 0,05 mg/l vollkommen für ihre Ernährung ausreichen. Bei einem Wert von unter 0,025 mg/l PO_4^{3-} kann die Phosphatversorgung der Wasserpflanzen ins Stocken geraten. Es bilden sich dann in den Blättern kleine, begrenzte Flächen, die grau werden und absterben. Die Werte in der Aquaristik liegen in der Regel weit über diesen Angaben.
Über die Schädigung von Fischen und Pflanzen durch zu hohe Phosphatgehalte ist wenig bekannt, obwohl sie vermutet wird. Phosphat gilt im allgemeinen als ungiftig. Laut Trinkwasserverordnung sind bis zu 6,1 mg/l zulässig. Da man jedoch annimmt, daß Phosphat eine Rolle bei der Entstehung von Algenplagen spielt, sollte sein Gehalt im Aquarium sicherheitshalber möglichst niedrig gehalten werden.

◆ *Veränderungen:*
Zu hohe Phosphatwerte können Sie durch Wasserwechsel reduzieren. Außerdem sollten Sie dann überprüfen, ob Sie zuviel füttern oder ob Sie einen schlechten Pflanzendünger verwenden. Eine weitere Gefahrenquelle stellen Phosphatierungsanlagen dar, die in manchen Häusern zum Schutz der Wasserrohre eingebaut sind.

AUS DER PRAXIS
Über die Hälfte aller von mir untersuchten Aquarien wiesen einen Phosphatgehalt von über 0,5 mg/l auf. Allerdings ließ sich entgegen allen Literaturaussagen kein direkter Zusammenhang mit dem Auftreten von Algen allgemein oder einer Algenart speziell feststellen. Starker Algenwuchs kam sowohl bei sehr niedrigen als auch bei hohen Phosphatwerten vor. Das bedeutet vermutlich, daß übermäßiger Algenwuchs durch sehr viele verschiedene Faktoren ausgelöst werden kann und ein hoher Phosphatwert nur einer davon ist (siehe dazu auch Seite 112 ff.).

AUF EINEN BLICK
 ◆ *Phosphat gelangt vor allem durch Fischfutter ins Aquarienwasser und ist lediglich durch Wasserwechsel wieder zu entfernen*
 ◆ *Pflanzen benötigen nur geringste Mengen an Phosphat. Der Rest kann unter Umständen zum Auslöser einer Algenplage werden*

WICHTIG: Pflanzendünger darf auf keinen Fall Phosphat enthalten!

Kupfer
◆ *Erklärung und Bedeutung:*
Kupfer (Cu^{2+}) kommt in natürlichen Gewässern nur in geringsten Mengen vor und wird von Tieren und Pflanzen auch nur in Spuren zum Aufbau

Kupfer aus Wasserleitungen oder Fischmedikamenten kann im Aquarium verheerende Auswirkungen haben

von Enzymen benötigt. Ins Aquarium gelangt Kupfer vor allem über im Warmwasserboiler gelegene Kupferschlangen oder in neueren oder renovierten Häusern über kupferne Wasserrohre. Im Trinkwasser zugelassen sind 3 mg/l. Auch in manchen vom Fachhandel angebotenen Medikamenten gegen Fischkrankheiten ist Kupfer enthalten.
Kupfer kann verheerende Folgen im Aquarium haben. Je nach Konzentration sterben unter Umständen sofort alle Schnecken und Mikroorganismen, darunter auch die für die Kreisläufe im Aquarium lebenswichtigen Bakterien, etwas später die Pflanzen und Fische. Das Gleichgewicht ist auch bei Vergiftungen ohne große Verluste auf Monate hinaus empfindlich gestört.

Die für das Trinkwasser erlaubte Menge von 3 mg Kupfer pro Liter ist für das Aquarium zuviel

◆ *Grenzwerte:*
Kupfer ist schon in geringen Dosen äußerst giftig für alle Lebewesen im Aquarium. Eine akute Gefährdung hängt von verschiedenen Faktoren ab, weshalb man keine eindeutigen Grenzwerte angeben kann. So wirkt Kupfer z. B. um so giftiger, je weicher und saurer das Wasser ist. Chelatoren in Form von im Wasser vorhandenen organischen Substanzen, überschüssiges, das heißt noch nicht gebundenes EDTA (Ethylendiaminteteraessigsäure; neuer Begriff: Ethylendinitrilessigsäure) aus Pflanzendünger und gute Wasseraufbereitungsmittel können Kupfer binden und ihm so seine Giftwirkung nehmen.

Schon geringe Kupfermengen sind gefährlich

Wasseraufbereitungsmittel können Schadstoffe wie z. B. Kupfer binden und ihnen so ihre akute Giftwirkung nehmen

ferleitungen abzuzapfen. Zusätzlich sollte zum Schutz der Lebewesen bei jedem Wasserwechsel ein gutes Wasseraufbereitungsmittel ins Becken gegeben werden, das in der Lage ist, Schadstoffe aus dem Leitungswasser zu binden.

AUS DER PRAXIS
Vor dem Gebrauch von Leitungswasser sollten Sie nach Kupferrohren Ausschau halten und das Wasser im Verdachtsfall kontrollieren. Messungen ergaben, daß man bis zu 150 l Wasser ablaufen lassen muß, bevor sich eine Konzentration von 3 mg/l auf 0,1 mg/l reduziert.
Natürliche und künstliche Chelatoren sowie Filterung über Torf helfen, die Giftwirkung von Kupfer zu reduzieren.

WICHTIG: Behandlungen mit kupferhaltigen Medikamenten sollte man niemals im Aquarium selbst, sondern immer in einem Quarantänebecken durchführen.

Als Richtwert kann gelten, daß Algen, Wasserpflanzen, Schnecken, Bakterien und Einzeller ab einer Konzentration von 0,03–0,05 mg/l Cu^{2+} geschädigt werden können, Fische ab 0,1 mg/l. Besonders bei weichem Wasser sind Werte ab 0,01 mg/l als bedenklich anzusehen.

◆ *Veränderungen:*
Bei zu hohem Kupfergehalt sollten Sie sofort einen Wasserwechsel mit kupferfreiem Wasser durchführen.

Da viele Warmwasserboiler mit kupfernen Heizschlangen ausgestattet sind, nimmt man das Wasser für das Aquarium am besten immer aus dem Kaltwasserhahn. Bei Häusern mit neueren Wasserleitungen aus Kupfer muß man das abgestandene Wasser erst einige Zeit aus der Leitung ablaufen lassen, bevor man es verwenden kann. Da dabei Wassermengen von bis zu 150 l vergeudet werden, sollte man nach einer Möglichkeit suchen, das Wasser vor seinem Eintritt in die Kup-

Bei einer Wasserleitung aus Kupferrohren das abgestandene Wasser immer erst eine Weile ablaufen lassen

AUF EINEN BLICK
◆ *Kupfer gelangt mit Wasser aus kupfernen Wasserleitungsrohren (vor allem in Heißwasserboilern) in das Becken*
◆ *Besonders in weichem Wasser ist Kupfer schon in geringen Spuren tödlich für das Leben im Aquarium*
◆ *Ein gutes Wasseraufbereitungsmittel kann die Giftwirkung von Kupfer mildern oder sogar aufheben*
◆ *Vorsicht vor Medikamenten, die Kupfer enthalten! Meist kommen mehr Fische durch Behandlung um als geheilt werden*
◆ *Kupferhaltige Medikamente niemals ins eingerichtete Aquarium geben!*

38

Leitfähigkeit und Redoxwert werden durch digitale Meßinstrumente ermittelt

Leitfähigkeit und Redoxspannung

Leitfähigkeit und Redoxspannung möchte ich am Ende dieses Kapitels über das Aquarienwasser nur der Vollständigkeit halber kurz erwähnen. Ihre Messung ist bei Hobbyaquarianern recht wenig verbreitet. Abgesehen davon, daß man dazu spezielle elektrische Geräte benötigt, die recht teuer sind und eines gewissen Pflegeaufwandes bedürfen, hat sich herausgestellt, daß man durch Messungen einiger der zuvor besprochenen Parameter dieselben Erkenntnisse gewinnen kann. An weiteren Informationen interessierte Leser seien an dieser Stelle auf die Spezialliteratur verwiesen.

♦ *Elektrische Leitfähigkeit:*
Durch die Messung der elektrischen Leitfähigkeit wird der Gesamtsalzgehalt des Wassers bestimmt. Ihre Einheit ist Mikrosiemens (μS)/cm. Da sie lediglich eine summarische Größe darstellt, vermag sie keinen Aufschluß über die Höhe der einzelnen am Salzgehalt beteiligten Ionen zu geben.

In unseren Gewässern und auch im Leitungswasser haben die Salze der Härtebildner **Calcium** und **Magnesium** den weitaus größten Anteil an der Leitfähigkeit, weshalb die Messung der Gesamthärte meistens die gleiche qualitative Aussage über den Salzgehalt des Wassers erbringt. Ausnahmen stellen z. B. das Tanganjikasee-Wasser in Afrika mit seinem hohen Anteil an Natrium- und Kaliumionen, Brackwasser und besonders verunreinigtes Wasser (z. B. durch Salze von Schwermetallionen, durch Medikamente u. a.) dar. Als grober Richtwert kann nach eigenen Messungen für eine Umrechnung gelten, daß 1 °d GH einer Leitfähigkeit von ca. 45 μS/cm entspricht. In der Literatur wird von 33 μS/cm ausgegangen.

♦ *Redoxspannung:*
Das Wort **Redox** ist zusammengesetzt aus den Begriffen **Re**duktion und **Ox**idation, die uns in den vorhergegangenen Kapiteln schon begegnet sind. Beides sind Prozesse, die den Ladungszustand von Ionen oder Molekülen ändern können.
Der Redoxwert ist die Summe aller im Aquarium ablaufenden Reduktions- und Oxidationsvorgänge. Sein Wert läßt Aussagen darüber zu, ob ein Wasser viele organische Verbindungen (= Reduktionsmittel) enthält oder ob Nährstoffe in einer für Pflanzen verfügbaren Form vorliegen.
Die Redoxspannung, ausgedrückt in Millivolt (m Volt), läßt sich mit Einstabmeßgeräten heute leicht ermitteln. Allerdings sind diese Instrumente teuer und pflegebedürftig. Da der Redoxwert zum großen Teil vom Sauerstoffgehalt des Wassers bestimmt wird, kann man ersatzweise diesen messen. Als Richtlinie kann gelten: Je höher der O_2-Gehalt des Aquarienwassers, desto höher ist auch sein Redoxpotential.

Statt des Redoxwertes kann man auch den Sauerstoffgehalt des Wassers messen

Wassertemperatur

Neben den chemischen Parametern besitzt auch die Temperatur des Wassers für die Lebewesen im Aquariums eine große Bedeutung, denn jeder Organismus ist an einen bestimmten Temperaturbereich angepaßt, in dem er höchste Vitalität, maximales Wohlbefinden und optimales Vermehrungsverhalten zeigt. Je weiter sich die Temperatur von diesem Bereich entfernt, desto stärker werden die Lebensvorgänge eingeschränkt. Dabei sind wechselwarme Tiere (auch Kaltblüter genannt) wie unsere Fische mehr und direkter betroffen als warmblütige, die ihre Körpertemperatur über bestimmte Regulationsmechanismen auch bei extremen Schwankungen der Außentemperatur konstant halten können.

Fische, die in kleinen, sonnigen Seen leben, haben ein anderes Temperaturoptimum als Tiere aus schattigen Urwaldbächen

Bedeutung für die Fische

Müssen Fische über längere Zeit hinweg unterhalb ihres Temperaturoptimums leben, so führt dies zum Verblassen der Farben, zur Reduktion der Bewegungsaktivität und der Futteraufnahme sowie zur Verminderung ihrer Abwehrkräfte.

40

Über kurz oder lang steigen Erkrankungs- und Todesrate an. Außerdem können sich einige Krankheitserreger, insbesondere Parasiten wie z. B. *Chilodonella,* ein Wimperntierchen, im Aquarium bei niedrigen Temperaturen besser entwickeln als bei höheren.

Ist andererseits die Temperatur zu hoch, so beeinträchtigt dies Lebensdauer, Fruchtbarkeit und Farbenpracht der Tiere. Außerdem können sich wiederum andere Krankheitserreger, insbesondere Bakterien wie *Flexibacter columnaris* bei höheren Temperaturen besser vermehren als bei niedrigeren.

Die meisten unserer tropischen Aquarienfische fühlen sich bei 24–26 °C wohl. Genauere Angaben entnehmen Sie bitte den Fischtabellen (siehe Seite 171 ff.).

WICHTIG: Gezielte Abweichungen von den Optimalwerten können kurzzeitig zur Krankheitsbehandlung (hier meist Temperaturerhöhung) und zum Auslösen des Laichaktes (je nach Art Erhöhung oder Erniedrigung) erfolgen.

Bedeutung für die Pflanzen

Neben den Fischen haben auch Pflanzen ihre Optimaltemperatur. Zu hohe Temperaturen kurbeln ihren Stoffwechsel an, so daß sie bedeutend mehr Nährstoffe und auch mehr Licht benötigen als bei kälterem Wasser. Kann das Angebot den Mehrbedarf nicht decken, kommt es zu Mangelerscheinungen, zu Wuchsstockungen oder sogar zum Tod der Pflanzen. Aber auch zu niedrige Temperaturen wirken sich negativ aus. Von 21 °C abwärts vermindern die Pflanzen ihre Wuchsfreudigkeit oder stellen sie sogar ganz ein.

Bedeutung für das gesamte Aquarium

Beachten sollte man, daß bei einer Erhöhung der Temperatur alle chemischen und biologischen Abläufe um ein Vielfaches beschleunigt werden, neben dem schon erwähnten Stoffwechsel der Pflanzen natürlich auch der der Fische und alle oxidativen Prozesse. Die gesamte Lebensgemeinschaft des Aquariums verbraucht also wesentlich mehr Sauerstoff. Unnötig hohe Temperaturen steigern folglich nicht nur den Stromverbrauch, sondern können das Becken auch schneller in ein Sauerstoffdefizit bringen.

Alle modernen Heizgeräte in der Aquaristik verfügen heute über einen Regler, mit dem sich die gewünschte Temperatur einigermaßen genau einstellen läßt. Da sich aber herstellerbedingte Abweichungen ergeben können, muß man sie zusätzlich, und zwar möglichst täglich, durch einen kurzen Blick auf ein leicht ablesbar im Becken installiertes Thermometer überprüfen. Aufklebbare Temperaturstreifen sind zu ungenau und sollten daher nicht benutzt werden.

AUS DER PRAXIS
Nicht alle Aquarienthermometer geben präzise Werte an. Deshalb sollten sie vor der Verwendung in warmem Wasser durch ein Fieberthermometer überprüft werden. Defekte Heizstäbe können durch die Überhitzung des Wassers zu einem grausamen Tod der Tiere führen. Vor dem Kauf eines Heizstabes sollte man sich daher unbedingt genau über die benötigte Wattstärke informieren (siehe dazu Seite 73 f.).

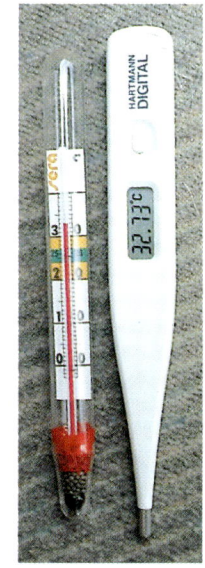

Wie genau ein Aquarienthermometer mißt, kann man mit Hilfe eines Fieberthermometers feststellen

AUF EINEN BLICK
- *Fische und Pflanzen haben ein Temperaturoptimum, das im Hinblick auf die erfolgreiche Pflege beachtet werden muß*
- *Unnötig hohe Temperaturen beschleunigen den Lebensrhythmus im Aquarium und verkürzen ihn dadurch*
- *Werden Pflanzen zu warm gehalten, erhöht sich nicht nur ihr Nährstoff-, sondern auch ihr Lichtbedarf*

Wasserwechsel

Die Mehrzahl unserer Aquarienfische stammt aus Fließgewässern oder großen, organisch wenig belasteten Seen, die in ständigem Austausch mit dem Grundwasser stehen. Durch die Strömungen solcher Gewässer erhalten Tiere und Pflanzen stets frisches Wasser, während Stoffwechselabbauprodukte weggespült und neue Nährstoffe herangeführt werden. Eventuell vorhandene Krankheitskeime und Parasiten werden ständig verdünnt und abgeschwemmt.

Ein im Aquarium installierter Filter kann zwar die Strömung nachahmen und hilft auch, die anfallenden Stoffwechselprodukte in weniger giftige Substanzen umzuwandeln, aber im Grunde genommen wirbelt er nur das alte, mit organischen Substanzen angereicherte Wasser im Kreis herum. Für frisches Wasser kann nur ein Wasserwechsel sorgen.

Vorteile

Tauschen Sie alle 14 Tage ein Viertel des Wassers aus

Ein teilweiser Austausch des alten Aquarienwassers hat für das ökologische System des Beckens unbestreitbare Vorteile:

- Organischer Abfall wird entfernt
- Stoffwechselprodukte der Pflanzen, die sich hemmend auf deren Wachstum auswirken können, werden verdünnt
- Das Wasser kann – falls notwendig – durch die Zugabe von Carbonaten und Hydrogencarbonaten neu gepuffert werden
- Ein durch biogene Entkalkung (siehe dazu Seite 89) zu hoch geschnellter pH-Wert wird wieder normalisiert
- Der Phosphatwert wird gesenkt
- Krankheitskeime sowie eventuelle Medikamentenreste und Gifte (z. B. Kupfer) werden verdünnt
- Zu hohe Temperaturen und zu niedrige O_2-Werte können – allerdings meist nur kurzfristig – korrigiert werden
- Giftkonzentrationen werden bei Verwendung einwandfreien Austauschwassers gesenkt

Nachteile

Trotz dieser Vorteile, die ein Wasserwechsel dem ökologischen System des Aquariums verschafft, dürfen all die Nachteile nicht übersehen werden:

- Es ist ein trauriges Ergebnis unseres verantwortungslosen Umgangs mit der Natur, daß das zu über 90 % zum Wasserwechsel verwendete Trinkwasser in vielen Gegenden nicht mehr in einwandfreiem Zustand zur Verfügung steht. Schwermetalle, Phenole, Halogenverbindungen, Kohlenwasserstoffe, Pestizide und Nitrate lassen sich in schwankenden Konzentrationen darin feststellen. Dadurch wird das Aquarienmilieu bei jedem Wasserwechsel neuen Belastungen ausgesetzt. In manchen Städten kommt es nach einem Wechsel sogar zu Fischsterben.
- Eine Teilerneuerung des Aquarienwassers kann zu Sprüngen im pH-Wert, in Karbonathärte, Gesamthärte, elektrischer Leitfähigkeit, Sauerstoffgehalt, Redoxpotential und Temperatur führen, die Pflanzen und Tieren das Leben schwermachen.

Der Kompromiß

Die Praxis hat gezeigt, daß ein Wasserwechsel nach wie vor durch nichts zu ersetzen ist. Beachtet man einige wichtige Punkte, so kann man seine Nachteile in Grenzen halten, ohne auf die Vorteile verzichten zu müssen. So ist es z. B. besser, öfter kleinere Mengen Wasser auszutauschen, anstatt an einem Tag das Versäumte der letzten Monate nachzuholen.

Wieviel und wie oft Wasser ausgetauscht werden muß, hängt unter anderem vom Fischbesatz, vom Pflanzenbestand und von der Art der Filterung ab: Je weniger Pflanzen vorhanden sind und je höher der Besatz ist, desto öfter muß das Wasser gewechselt werden. Als Orientierungshilfe kann der Nitratgehalt des Aquarienwassers dienen (siehe Tabelle Seite 27). Bewährt hat sich eine Austauschmenge von 25% jede zweite Woche.

Hat man nicht gerade eine geeignete Quelle in der Nähe, läßt sich aquarienuntaugliches Trinkwasser (komplette Analyse bei den Wasserwerken anfordern) technisch aufbereiten (siehe Seite 75 ff.). Gute Zoogeschäfte halten mittlerweile Osmosewasser für ihre Kunden bereit.

Die 5 tödlichen Fehler beim Wasserwechsel

Fehler	Folge
Zu schnelle Temperaturerhöhung	Im Blut der Fische bilden sich Gasbläschen, die zu einer Embolie (= Verstopfung der Blutgefäße) und damit zum Tod der Tiere führen können (sogenannte Gasbläschenkrankheit). Ein leichter Temperaturabfall wird dagegen meistens gut vertragen und regt bei manchen Spezies sogar die Laichbereitschaft an. Generell sollte der Temperaturunterschied nicht mehr als 3°C betragen.
pH-Wert-Veränderung	Verschiebt sich der pH-Wert durch den Wasserwechsel zu weit in den alkalischen Bereich, so verwandelt sich im Wasser gelöstes Ammonium in giftiges Ammoniak.
Trinkwasser direkt aus der Leitung	Da Trinkwasser unter einem Druck von mehreren bar steht, enthält es zuviel gelöste Luft. Nach der Druckentlastung wird die überschüssige Luft frei und setzt sich in Form unzähliger kleiner Gasbläschen überall im Becken ab, auch auf den Kiemen der Fische. Dort führen die Bläschen zu schweren Atemstörungen, in krassen Fällen sogar zum Tod.
Vergiftung durch Kupfer	Die Gefahr der Kupfervergiftung wurde bereits angesprochen (siehe Seite 37 f.).
Zu starke Wasserwertveränderungen	Werden bei einem Wasserwechsel die bestehenden Wasserwerte (pH-Wert, Sauerstoffgehalt) zu stark verändert, kann das bei empfindlichen Wasserpflanzen, vor allem bei *Cryptocoryne,* zum Absterben der Blätter führen.

In diesem Becken wurde das Leitungswasser direkt mittels Schlauch eingefüllt. Die freiwerdenden Luftblasen können den Fischen gefährlich werden

AUS DER PRAXIS

In meinen eigenen Becken reagierten Tiere und Pflanzen stets sehr positiv auf einen Wasserwechsel. Die Fische schienen die Frischwasserzugabe zusammen mit der dadurch bedingten leichten Temperatursenkung und dem Aufwirbeln von Mulm für das Einsetzen der Regenzeit zu halten und begannen sofort mit der Balz.

Manche Aquarianer ersetzen nur das verdunstete Wasser. Auf diese Weise werden aber keine Stoffwechselprodukte entfernt, sondern nur das Wasser zusätzlich aufgesalzen, was eine Erhöhung von Gesamthärte, Karbonathärte und elektrischer Leitfähigkeit mit sich bringt.

AUF EINEN BLICK

◆ *Wasserwechsel entfernt Stoffwechselprodukte von Tieren und Pflanzen und ist durch nichts zu ersetzen*

◆ *Die Qualität des zum Wechseln verwendeten Wassers kann bei Bedarf durch technische Aufbereitung verbessert werden (siehe dazu Seite 75 ff.)*

◆ *Lieber öfter kleine Mengen wechseln als selten eine große*

WICHTIG: Niemals mehr als die Hälfte des Wassers auf einmal ersetzen! Die fünf tödlichen Fehler beim Wasserwechseln (siehe nebenstehende Übersicht) unbedingt vermeiden!

TECHNIK

Das Angebot an technischen Einrichtungen für Aquarien hat sich in den letzten Jahren stets vergrößert. Neben unbedingt notwendigen und sinnvollen Geräten sind dabei aber auch überflüssige oder in bestimmten Fällen sogar schädliche Produkte entstanden, so daß es entsprechend zu unterscheiden gilt.

Technik ist nicht alles

Man darf nicht dem Irrglauben verfallen, daß ein Mehr an Technik automatisch ein Mehr an Erfolg garantiert. Es gibt auch heute noch prachtvolle Aquarien, die mit einem Minimum an technischem Aufwand betrieben werden, und solche, die trotz einer teuren technischen Ausstattung kümmerlich und veralgt aussehen. Gerade bei technischen Geräten ist es wichtig, über ihren Einsatzbereich und ihren Einfluß auf die Ökologie des Beckens gut informiert zu sein.

Beispiel für ein hochtechnisiertes Becken

Die richtige Handhabung

Lassen Sie im Umgang mit elektrischen Geräten unbedingt die nötige Sorgfalt walten, vor allem wenn Sie sie in Zusammenhang mit Wasser benutzen. Lampen, die bei Pflegearbeiten ins Aquarium fallen, ein defektes Kabel von Heizung oder Filter oder einfach das unachtsame Berühren stromführender Teile mit den feuchten Händen ist lebensgefährlich.

Alle elektrischen Aquariengeräte sollten auf ihre Sicherheit geprüft sein und das VDE-, TÜV-, GS- oder CE-Zeichen sichtbar tragen. Zusätzliche Sicherheit bringt ein FI-Schalter (Fehlerstrom-Schutzschalter; im Zoo- oder Elektrogeschäft nachfragen). Ohne ihn darf ein Aquarium niemals geerdet werden!!

Im folgenden sollen nun die für das Aquarium wichtigsten technischen Geräten ausführlich besprochen werden, wobei deren Einfluß auf die Wasserwerte, die Pflanzen und die Fische im Vordergrund steht.

48

Aquarienbeleuchtung

Die Diskussion über die richtige Beleuchtung wird in der Aquaristik weniger wegen der Fische, als vor allem im Hinblick auf einen gesunden Pflanzenwuchs geführt. Dabei gehen die Angaben über die richtige Beleuchtungsfarbe, -intensität, -dauer und -art oft weit auseinander. Wie im Kapitel über den Sauerstoff bereits erläutert wurde, brauchen Pflanzen die Energie des Lichtes, um mit ihrer Hilfe die für ihren Stoffwechsel nötigen Kohlenhydrate aufzubauen (siehe Seite 29). Dabei haben verschiedene Pflanzenspezies durchaus unterschiedliche Lichtansprüche, je nachdem aus welchem Biotop sie stammen.

Lichtintensität oder Beleuchtungsstärke

Das Lichtbedürfnis unserer Aquarienpflanzen wird meistens überschätzt. Auch in den Tropen scheint die Sonne nicht jeden Tag. Außerdem wird ein beachtlicher Prozentsatz des Lichtes vom Wasser reflektiert oder je nach Trübung des Wassers verschluckt.

Sowohl zuviel als auch zuwenig Licht hat negative Auswirkungen auf unsere Aquarienpflanzen:

Zuviel Licht: Die intensivere Bestrahlung regt vermehrt die Stoffwechselprozesse der Pflanzen an, so daß diese die vorhandenen Nährstoffe rascher verbrauchen. Je heller ein Aquarium ausgeleuchtet wird, desto öfter muß man also die Wasserpflanzen düngen, damit sie nicht kümmern. Vermehrte Energiezufuhr durch stärkere Beleuchtung bedingt auch einen schnelleren Verbrauch an CO_2 durch die Pflanzen, wodurch der pH-Wert gefährlich hoch ansteigen kann (siehe dazu auch Seite 32).

Zuwenig Licht: Bei zu schwacher Beleuchtung wachsen Aquarienpflanzen nur zögernd, und besonders lichthungrige Exemplare gehen mit der Zeit ein. Pflanzen mit roten Blättern verlieren ihre dekorative Farbe und bilden grüne Blätter aus, bei Stengelpflanzen werden die Abstände zwischen den Blattquirlen größer. Die Sauerstoffproduktion geht zurück.

An schlechtem Pflanzenwuchs muß allerdings nicht unbedingt Lichtmangel schuld sein. Die Praxis hat gezeigt, daß weit häufiger eine ungenügende Nährstoffversorgung für das Kümmern verantwortlich ist.

Wieviel Licht braucht ein Aquarium?

Die Beleuchtung eines Aquariums sollte sowohl den gepflegten Fischen als auch den ausgewählten Pflanzen entsprechen. Viele unserer Zierfische kommen aus beschatteten Bachläufen und fühlen sich bei grellem Licht nicht wohl. Sie reagieren mit blassen Farben und vermehrter Schreckhaftigkeit. Wenn Sie also sehr lichtbedürftige Pflanzen bevorzugen, dann suchen Sie möglichst die dazu passenden Fische aus, oder bilden Sie mit Hilfe einiger Schwimmpflanzen Nischen mit gedämpftem Licht. Die Fischtabellen (Seite 171 ff.) geben über den Helligkeitsbedarf der einzelnen Spezies Auskunft.

Die meisten Wasserpflanzen können sich innerhalb gewisser Grenzen auf die Beleuchtungsverhältnisse im Aquarium einstellen. Sie entwickeln

Die richtige Beleuchtung ist sowohl für ein optimales Pflanzenwachstum als auch für das Wohlbefinden der Fische von großer Bedeutung

Pflanzen, die im diffusen Sonnenlicht eines Urwaldbaches wachsen, haben ein anderes Lichtbedürfnis als Arten aus sonnigen Seen

Je höher die Wassertemperatur, desto höher ist auch der Lichtbedarf der Pflanzen

je nach Lichtstärke oft unterschiedlich aussehende Blätter.

Je nach Herkunftsbiotop wird das Lichtbedürfnis der einzelnen Pflanzenspezies in gering, mittel, hoch oder sehr hoch eingeteilt. Angegeben wird der Bedarf in Watt oder genauer in Lumen pro Liter; wieviel Watt (W) oder Lumen pro Watt eine Lampe hat, ist den Herstellerangaben zu entnehmen bzw. aus der Tabelle Seite 56 ff. ersichtlich. Lumen pro Watt ist ein Maß der Lichtausbeute und sagt aus, wieviel Licht eine Lampe aus 1 Watt erzeugen kann. Sowohl die ausgesandte Lichtenergie (Lumen) als auch die Lichtausbeute kann je nach Lampentyp sehr unterschiedlich sein, weshalb die Angabe des Lichtbedarfs der Pflanzen in Lumen/Liter (lm/l) genauer ist als in Watt/Liter (W/l). Je höher der Lumenstrom einer Lampe, desto heller erscheint sie uns.

Lichtbedarf der Pflanzen in Lumen/Liter (lm/l) und Watt/Liter (W/l)		
gering	20 – 25 lm/l	0,2 – 0,3 W/l
mittel	25 – 35 lm/l	0,3 – 0,5 W/l
hoch	40 – 60 lm/l	0,6 – 0,8 W/l
sehr hoch	> 60 lm/l	> 0,8 W/l

Je nach Lichtbedürfnis der Pflanzen sollte ein Aquarium also mit 20–60 lm/l bzw. mit 0,3 bis 0,8 W/l beleuchtet werden.

WICHTIG: An einem Aquarium sollte man niemals alle Lampen auf einmal erneuern, um nicht durch den plötzlichen Lichtschub das Gleichgewicht im Becken zu stören.

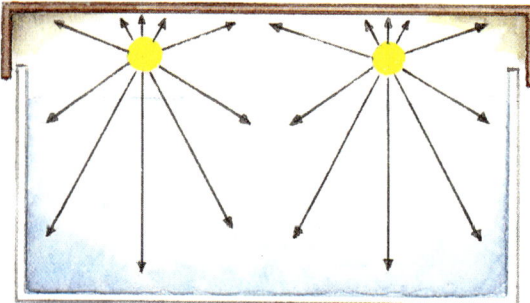 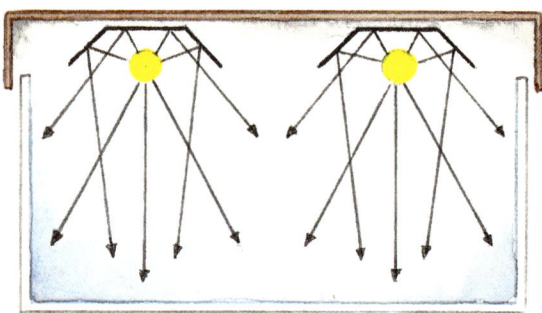

Reflektoren können die Beleuchtungsstärke um bis zu 80 % erhöhen. Vorsicht beim nachträglichen Einsetzen. Das Gleichgewicht des Beckens kann erheblich gestört werden

Auch in den Tropen scheint nicht den ganzen Tag die Sonne

WICHTIG: Eine zu geringe Beleuchtung wirkt sich auf das Aquarium als Ganzes weit weniger negativ aus als eine zu starke. Im Zweifelsfall also immer etwas weniger Licht nehmen, es sei denn, man besitzt eine CO_2-Anlage, um den durch starkes Licht ansteigenden pH-Wert zu senken, und man düngt die Pflanzen ständig nach.

Besitzen Sie ein Komplettaquarium oder eine Abdeckung mit nur einer Röhre und möchten die Lichtleistung gern erhöhen, ersetzen Sie Ihre alte Lampe durch eine mit hoher Lichtausbeute (Dreibanden-Leuchtstofflampen) und sorgen für eine optimale Reflexion des Lichtes (Reflektor).

Manche Fischarten, wie die hier abgebildeten Glühlichtrasbora *(Rasbora panciperforata),* lieben mäßige Beleuchtung und dunkle Rückzugsgebiete im Becken

51

Lichtfarbe

Aquarienlampen unterscheiden sich in ihrem abgestrahlten Lichtspektrum

Unser weiß erscheinendes Tageslicht besteht in Wirklichkeit aus vielen verschiedenen Farben. Jeder, der schon einmal einen Lichtstrahl durch ein Prisma geschickt oder einen Regenbogen betrachtet hat, kann dies bestätigen.

Bestimmt werden diese Farben durch die unterschiedliche Wellenlänge des Lichtes. Langwelliges Licht erscheint uns rot, kurzwelliges hingegen blau (siehe Spektrum des Tageslichtes auf Seite 55).

Lampen können je nach Herstellung die verschiedenen Farben des Lichtes in unterschiedlicher Intensität abstrahlen. Daraus haben sich Lampennamen ergeben, wie beispielsweise Hellweiß, Neutralweiß, Warmton, Tageslicht usw., die etwas über das Spektrum der jeweiligen Lampe aussagen.

Welches Spektrum brauchen unsere Aquarienpflanzen?

Seit Aquarien mit künstlichem Licht versorgt werden, geht die Diskussion darüber, welcher Anteil des Lichtes das Wachstum der Wasserpflanzen positiv beeinflußt. Während früher behauptet wurde, daß Wasserpflanzen vor allem blaues und rotes Licht lieben, und aufgrund dieser Aussage auch ganz spezielle Pflanzenlampen entwickelt wurden (Gro Lux, Fluora, Aqua Glo usw.), zeigen mittlerweile neuere Untersuchungen, daß Pflanzen ein sehr breites Spektrum des Lichtes zu verwerten in der Lage sind, aber einen deutlichen Stoffwechselanstieg im rötlichen Bereich haben.

Im Gegensatz zu den Pflanzen befindet sich das Aktivitätsmaximum bei den Algen im blauen Lichtbereich, wie aus der nachstehenden Abbildung deutlich zu ersehen ist.

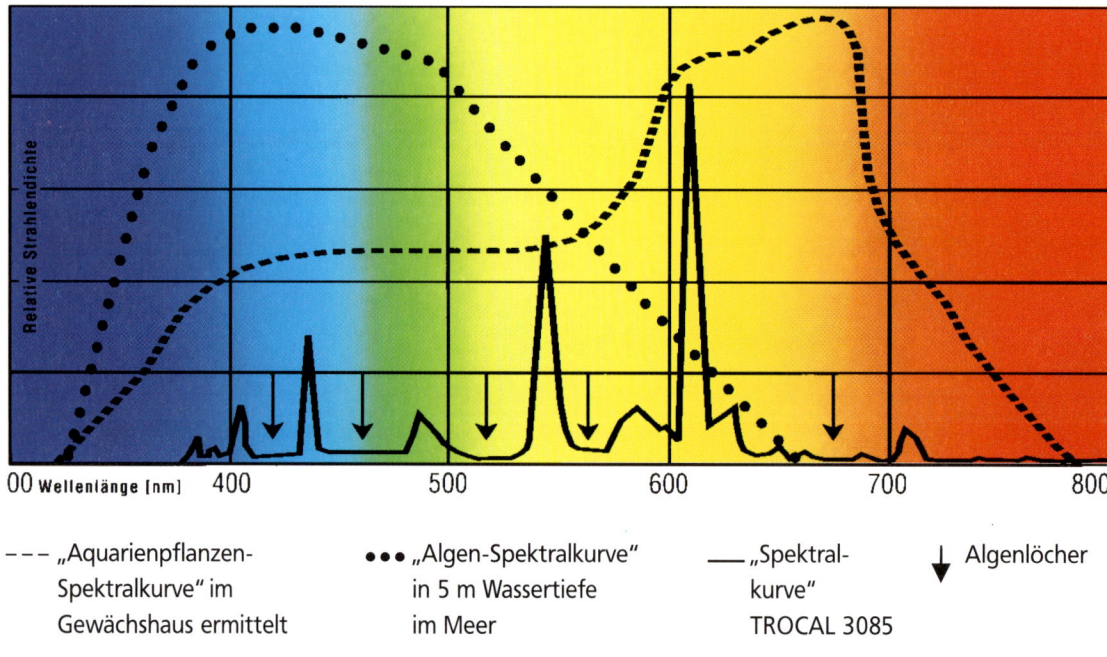

– – – „Aquarienpflanzen-Spektralkurve" im Gewächshaus ermittelt

●●● „Algen-Spektralkurve" in 5 m Wassertiefe im Meer

——— „Spektralkurve" TROCAL 3085

↓ Algenlöcher

Die gepunktete Linie zeigt das von Algen, die gestrichelte das von Wasserpflanzen bevorzugte Lichtspektrum. Man sieht, daß das Maximum bei den Algen mehr im blauen, bei Pflanzen mehr im roten Bereich des Spektrums liegt. Deshalb sind Lampen mit vermehrtem Orangerot- und geringem Blauanteil für die Aquaristik besonders geeignet. Die Röhre „Trocal 3085" der Firma Dennerle, deren Spektrum mit durchgezogenem Strich dargestellt ist, besitzt diese Eigenschaften

Welche Lichtfarben soll eine gute Aquarienlampe haben?

Für die Auswahl des richtigen Lampenspektrums (Typ Neutralweiß, Warmton, Tageslicht usw.) sind folgende **Kriterien** zu beachten:

✦ Wie die Abbildung auf Seite 52 zeigt, können Pflanzen in einem sehr breiten Spektralbereich photosynthetisieren, wobei ihr Maximum – wie eben erwähnt – ganz deutlich im orangeroten Bereich liegt. Da Algen ja vor allem blaues Licht lieben, ist also eine Lampe mit einem ausreichenden Orangerot- und einem geringeren Blauanteil günstig. Die Übersicht über die im Handel erhältlichen Aquarienlampen auf Seite 54 ff. kann bei der Auswahl behilflich sein.

✦ Das Gesamtspektrum der ausgewählten Lampe sollte das Aquarium in einem natürlichen Licht erscheinen lassen. Ein hoher Blauanteil ergibt immer ein hartes, kaltes Licht, wogegen Rot warm und weich wirkt. Orientieren kann man sich auch an der Farbwiedergabestufe, die nach DIN 5035 jeder Lampe zugeteilt wird:

Farbwiedergabestufem

Stufe	Beurteilung
1A	sehr gut
1B	noch sehr gut
2A	gut
2B	noch gut
3	weniger gut
4	schlecht

✦ Die Praxis hat gezeigt, daß sich Pflanzen an eine bestimmte Lichtfarbe gewöhnen können, indem sich jedes Blatt im Laufe seiner Entwicklung durch die Bildung bestimmter Pigmente an das jeweils vorhandene Lichtspek-

trum anpaßt. Ein Umgewöhnen ist danach nicht mehr möglich. Wird die Lichtfarbe geändert, vermag dieses Blatt nicht mehr zu assimilieren und stirbt ab (geschieht oft beim Neukauf von Pflanzen). Erst wenn sich genügend neue Blätter entwickelt haben, kann die Pflanze wieder optimal mit Nährstoffen versorgt werden; diese für sie sehr lebensbedrohende Umstellungszeit kann 1–3 Monate dauern.

Bleiben Sie also nach Möglichkeit bei der einmal gewählten Farbe; wollen Sie doch wechseln, dann tauschen Sie immer nur eine der vorhandenen Lampen nach der anderen aus.

✦ Sogenannte Pflanzenstrahler, wie Gro-Lux, Fluora, Aqua- oder Power-Glo, können wegen der unnatürlichen Farbwiedergabe und vor allem wegen des hohen Blauanteils im Spektrum und der damit verbundenen Gefahr einer Algenplage nicht mehr empfohlen werden.

Algen bevorzugen den Blauanteil des Spektrums, daher sollten Aquariumlampen zur Vermeidung einer Algenplage keinen hohen Blauanteil im Spektrum haben

Diese häufig abgebildete Aktivitätskurve führte zur Entwicklung spezieller Pflanzenstrahler, wie Gro Lux oder Fluora. Verschwiegen wurde dabei, daß sie an Algen ermittelt wurde

HOCHDRUCKLAMPEN

Firma	Osram	Philips	Sylvania
Lichtfarbe Code-Nr.	Neutralweiß HQL	Neutralweiß HPL/N	Weiß HSL-BW
Watt-Lumen/ Watt	50 Watt – 36￼ 80 Watt – 48￼ 125 Watt – 50￼ 250 Watt – 52￼ 400 Watt – 55	50 Watt – 36￼ 80 Watt – 46￼ 125 Watt – 50￼ 250 Watt – 52￼ 400 Watt – 55	50 Watt – 36￼ 80 Watt – 47,7￼ 125 Watt – 50,4￼ 250 Watt – 52￼ 400 watt – 55
Eignung für Pflanzen	Viel Blau, wenig Rot. Wenig geeignet		
Lichtfarbe Code-Nr.	Warmweiß HQL de Luxe	Warmweiß HPL-Comfort	Warmweiß HSL-C
Watt-Lumen/ Watt	50 Watt – 40￼ 80 Watt – 50￼ 125 Watt – 52￼ 250 Watt – 56￼ 400 Watt – 60	50 Watt – 40￼ 80 Watt – 50￼ 125 Watt – 52￼ 250 Watt – 56￼ 400 Watt – 60	50 Watt – 40￼ 80 Watt – 50￼ 125 Watt – 52￼ 250 Watt – 56￼ 400 Watt – 60
Eignung für Pflanzen	Orangeanteil höher als bei Weiß, aber immer noch viel Blau. Pflanzen wachsen gut in der Praxis		
Lichtfarbe	Warmton HQL-Super de Luxe	–	–
Watt-Lumen/ Watt	50 Watt – 32￼ 80 Watt – 43￼ 125 Watt – 46		
Eignung für Pflanzen	Lichtausbeute geringer. Weniger Blau – mehr Orange als Warmweiß. Pflanzenfreundlich		
Lichtfarbe Code	Tageslicht HQI/D	–	Tageslicht HSI/D
Watt-Lumen/ Watt	250 Watt – 76￼ 400 Watt – 71		250 Watt – 76￼ 400 Watt – 82,5
Eignung für Pflanzen	Gleichmäßiges Spektrum mit Peak im Blauen und Grünen. Nicht geeignet		
Lichtfarbe Code	Universalweiß HQI/NDL	Weiß MHN	Universalweiß HSI/NDL
Watt-Lumen/ Watt	70 Watt – 68￼ 100 Watt – 80￼ 250 Watt – 54	35 Watt – 67￼ 70 Watt – 68￼ 150 Watt – 75￼ 250 Watt – 80￼ 400 Watt – 81	75 Watt – 73,3￼ 150 Watt – 86,7￼ 250 Watt – 80
		HPI	
		250 Watt – 69￼ 400 Watt – 80	
Eignung für Pflanzen	Gleichmäßiges Spektrum mit Peak im Gelb-orangen. Wenig geeignet		
Lichtfarbe Code	Warmton HQI/WDL	Warmton HQI/WDL	Warmton MHWHSI/WDL
Watt-Lumen/ Watt	35 Watt – 62￼ 70 Watt – 69￼ 150 Watt – 80	70 Watt – 67￼ 150 Watt – 87	75 Watt – 73,3￼ 100 Watt – 84￼ 150 Watt – 86,7
Eignung für Pflanzen	Peak u.a. Im Gelben + Grünen, kleiner Peak bei Blau + Rot. Schlechte Erfahrung in der Praxis		

Quecksilberdampf-Hochdrucklampen

Halogen-Metalldampflampen

Zum Vergleichen:

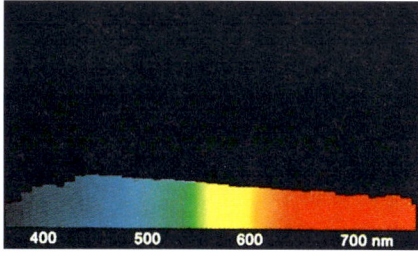

Tageslicht

Glühlampenlicht

Spektrale Strahlungsverteilung von Entladungslampen (HQL/HQI) am Beispiel von Osramlampen

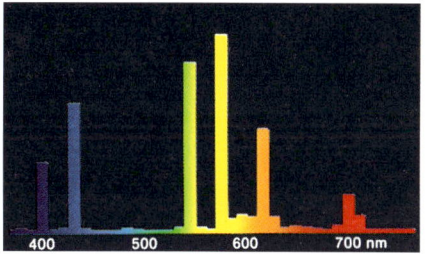

HQL (s. Tabelle Seite 54)

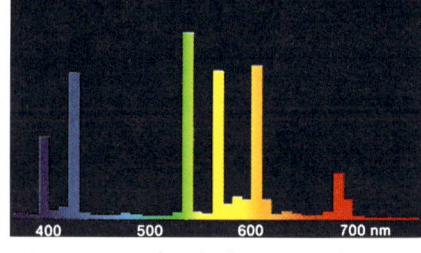

HQL DE LUXE (s. Tabelle Seite 54)

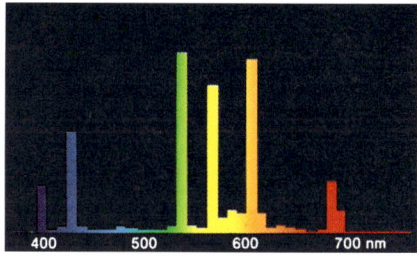

HQL SUPER DE LUXE (s. Tabelle Seite 54)

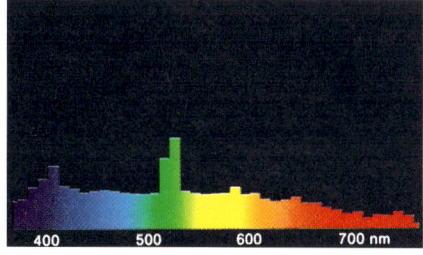

HQI .../D (s. Tabelle Seite 54)

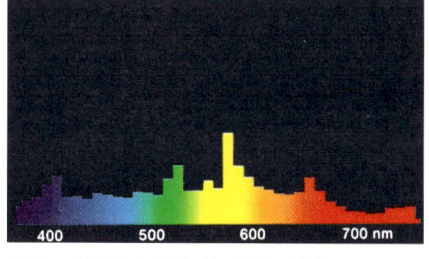

HQI .../NDL (s. Tabelle Seite 54)

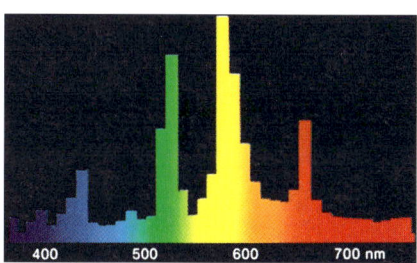

HQI/WDL (s. Tabelle Seite 54)

Spektrale Strahlungsverteilung von Leuchtstofflampen am Beispiel von Osramlampen

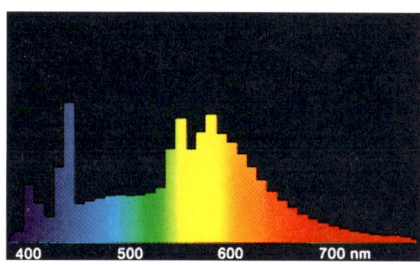

Lichtfarbe 25 Universal-Weiß
(s. Tabelle Seite 56)

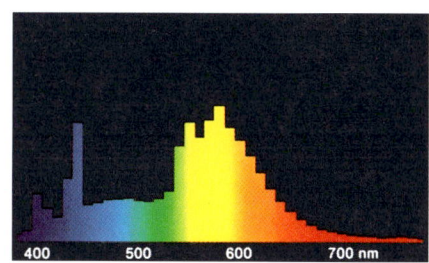

Lichtfarbe 20 Hellweiß
(s. Tabelle Seite 56)

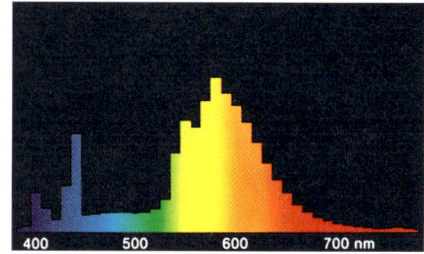

Lichtfarbe 30 Warmton
(s. Tabelle Seite 56)

LEUCHTSTOFFRÖHREN

	Firma	Osram	Philips	Sylvania
Standard-Röhren	Lichtfarbe Code-Nr.	Universalweiß /25	Universalweiß /25	Weiß Universal /125
	Watt-Länge-Lumen/Watt (Lichtstärke)	15 – 43,8 cm – 50,0 18 – 59 cm – 61,1 30 – 89,5 cm – 60,0 36 – 120 cm – 72,2 58 – 150 cm – 70,7	15 W – 43,8 cm – 60 18 W – 59 cm – 61,1 30 W – 89,5 cm – 66,7 36 W – 120 cm – 72,2 38 W – 104,7 cm – 68,4 58 W – 150 cm – 70,7	18 W – 59 cm – 61,1 36 W – 120 cm – 72,2 38 W – 104,7 cm – 60,5 58 W – 150 cm – 70,7
	Eignung für Pflanzen	Peak im blauen und gelben Bereich, zuwenig Rot. Bedingt geeignet in Kombination mit Warmton		
	Lichtfarbe Code-Nr.	Hellweiß /20	Weiß /33	Hellweiß /133
	Watt-Länge-Lumen/Watt	18 W – 59 cm – 63,9 36 W – 120 cm – 79,2 58 W – 150 cm – 79,3	18 W – 59 cm – 63,9 36 W – 120 cm – 79,2 58 W – 150 cm – 79,3	18 W – 59 cm – 63,9 36 W – 120 cm – 79,2 58 W – 150 cm – 79,3
	Eignung für Pflanzen	Peak im blauen und gelben Bereich, noch weniger Rot als Universalweiß. Nicht geeignet		
	Lichtfarbe Code-Nr.	Warmton /30	Warmton /29	Warmton /129
	Watt-Länge-Lumen/Watt	18 W – 59 cm – 63,9 36 W – 120 cm – 72,2 58 W – 150 cm – 79,3	18 W – 59 cm – 63,9 36 W – 120 cm – 72,2 58 W – 150 cm – 79,3	18 W – 59 cm – 63,9 36 W – 120 cm – 72,2 58 W – 150 cm – 79,3
	Eignung für Pflanzen	Peak im blauen und orangen Bereich, aber weniger Blau und mehr Orange und Rot als die weißen. Gut geeignet		
Dreibanden-Röhren (höhere Lichtausbeute)	Lichtfarbe Code-Nr.	Lumilux-Tageslicht /11	Tageslicht /86	Tageslicht-Deluxe /186
	Watt-Länge-Lumen/Watt	18 W – 59 cm – 72,2 36 W – 120 cm – 80,3 58 W – 150 cm – 86,2		15 W – 43,8 cm – 63,3 18 W – 59 cm – 72,2 30 W – 89,5 cm – 76,7 36 W – 120 cm – 90,3 58 W – 150 cm – 86,2
	Eignung für Pflanzen	Peak im blauen, grün-gelben und orangen Bereich. Kaum Rotanteile, zuviel Blau. Nur mit Warmton zusammen benutzen		
	Lichtfarbe Code-Nr.	Lumilux Hellweiß /21	Weiß /84	Weiß Deluxe /184
	Watt-Länge-Lumen/Watt	15 W – 43,8 cm – 63,3 18 W – 59 cm – 75 30 W – 89,5 cm – 78,3 36 W – 120 cm – 93,1 58 W – 150 cm – 89,7	15 W – 43,8 cm – 66,7 18 W – 59 cm – 75 30 W – 89,5 cm – 80 36 W – 120 cm – 93,1 38 W – 104,7 cm – 84,2 58 W – 150 cm – 89,7	18 W – 59 cm – 75 30 W – 89,5 cm – 89,5 36 W – 120 cm – 93,1 38 W – 104,7 cm – 84,2 58 W – 150 cm – 89,7
	Eignung für Pflanzen	Orangeanteil höher als bei der Tageslichtlampe, aber auch kaum Rotanteile, zuviel Blau. Nur in Kombination mit Warmton benutzen.		
	Lichtfarbe Code-Nr.	Lumilux Warmton /31	Warmton /83	Warmton Deluxe /183
	Watt-Länge-Lumen/Watt	15 W – 43,8 cm – 63,3 18 W – 59 cm – 75 30 W – 89,5 cm – 78,3 36 W – 120 cm – 93,1 58 W – 150 cm – 89,7	15 W – 43,8 cm – 66,7 18 W – 59 cm – 75 30 W – 89,5 cm – 80 30 W – 97 cm – 83,3 36 W – 120 cm – 93,1 38 W – 104,7 cm – 84,2 58 W – 150 cm – 89,7	15 – 43,8 cm – 66,7 18 – 59 cm – 75 30 – 89,5 cm – 89,5 36 – 120 cm – 93,1 38 – 104,7 cm – 84,2 58 – 150 cm – 89,7
	Eignung für Pflanzen	Sehr hoher Orangenanteil, weniger Blau, pflanzenfreundlich		

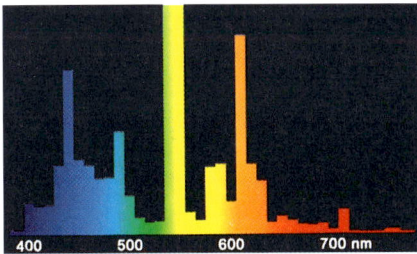

Lichtfarbe 11 LUMILUX ® Tageslicht
(s. Tabelle Seite 56)

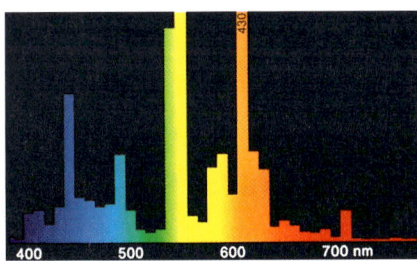

Lichtfarbe 21 LUMILUX ® Hellweiß
(s. Tabelle Seite 56)

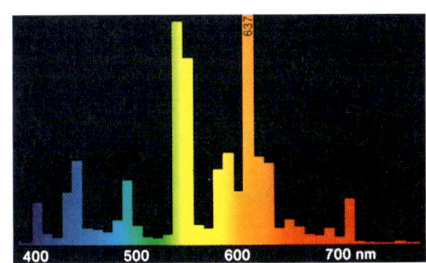

Lichtfarbe 31 LUMILUX ® Warmton
(s. Tabelle Seite 56)

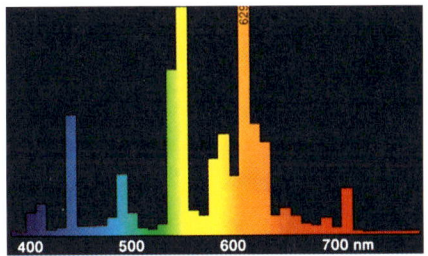

Lichtfarbe 41 LUMILUX INTERNA ®
(s. Tabelle Seite 58)

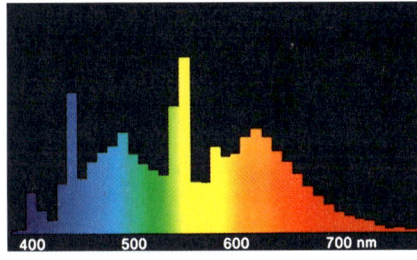

Lichtfarbe 12 LUMILUX ® DE LUXE
Daylight (s. Tabelle Seite 58)

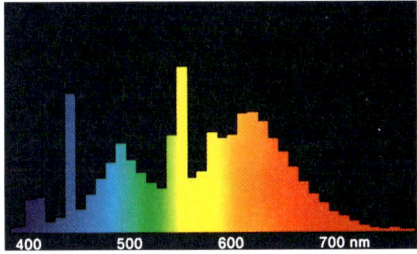

Lichtfarbe 22 LUMILUX ® DE LUXE
Hellweiß (s. Tabelle Seite 58)

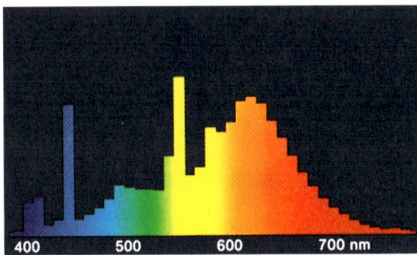

Lichtfarbe 32 LUMILUX ® DE LUXE
Warmton (s. Tabelle Seite 58)

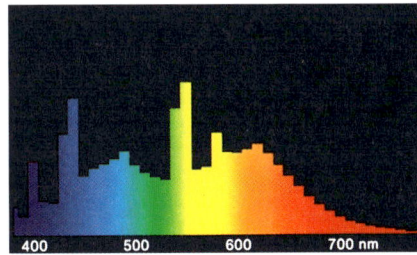

Lichtfarbe 72 BIOLUX ®
(s. Tabelle Seite 58)

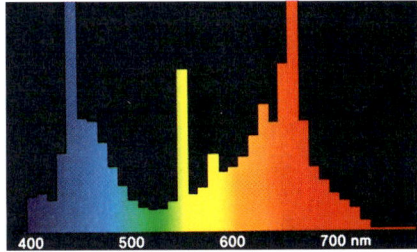

Lichtfarbe 77 FLUORA ®
(s. Tabelle Seite 58)

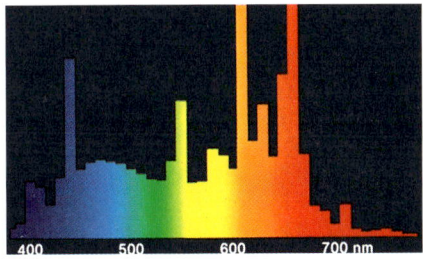

Lichtfarbe 76 NATURA DE LUXE
(s. Tabelle Seite 58)

LEUCHTSTOFFRÖHREN

Firma		Osram	Philips	Sylvania
Dreibanden	Lichtfarbe Code-Nr.	Lumilux Interna /41	Warmton-Extra /82	Homelight Deluxe /182
	Watt-Länge-Lumen/Watt	15 W – 43,8 cm – 63,3 18 W – 59 cm – 75 30 W – 89,5 cm – 78,3 36 W – 120 cm – 93,1 58 W – 150 cm – 89,7	15 W – 43,8 cm – 66,7 18 W – 59 cm – 75 30 W – 89,5 cm – 76,7 36 W – 120 cm – 93,1 58 W – 150 cm – 89,7	15 – 43,8 cm – 63,3 18 – 59 cm – 75 36 – 120 cm – 93,1 58 – 150 cm – 89,7
	Eignung für Pflanzen	Wenig Blau, hoher Orange- + Gelbanteil. Warmes Licht. Gut für Pflanzen		
Lampen mit besonders guter Farbwiedergabe	Lichtfarbe Code-Nr.	Lumilux Deluxe Daylight /12	Tageslicht de Luxe /95	–
	Watt-Länge-Lumen/Watt	18 W – 59 cm – 55,6 36 W – 120 cm – 65,9 58 W – 150 cm – 63,8	18 W – 59 cm – 55,6 30 W – 89,5 cm – 56,7 36 W – 120 cm – 65,9 58 W – 150 cm – 63,8	
	Eignung für Pflanzen	Sehr hoher Blau- und guter Rotanteil, Kombination mit Warmton. Geringe Lichtausbeute		
	Lichtfarbe Code-Nr.	Lumilux De Luxe Hellweiß /22	Weiß de Luxe /94	Weiß Deluxe Plus /194
	Watt-Länge-Lumen/Watt	18 W – 59 cm – 55,6 36 W – 120 cm – 65,9 58 W – 150 cm – 64,7	18 W – 59 cm – 55,6 36 W – 120 cm – 65,9 58 W – 150 cm – 64,7	18 W – 59 cm – 55,6 36 W – 120 cm – 65,9 58 W – 150 cm – 64,7
	Eignung für Pflanzen	Peak im Blauen und Gelben, aber gute Rotanteile. Geringe Lichtausbeute, zuviel Blau		
	Lichtfarbe Code-Nr.	Lumilux De Luxe Warmton /32	Warmton de Luxe /93	Warmton Deluxe Plus /193
	Watt-Länge-Lumen/Watt	18 W – 59 cm – 55,6 36 W – 120 cm – 65,9 58 W – 150 cm – 64,7	18 W – 59 cm – 55,6 36 W – 120 cm – 65,9 58 W – 150 cm – 64,7	18 W – 59 cm – 55,6 36 W – 120 cm – 65,9 58 W – 150 cm – 64,7
	Eignung für Pflanzen	Wenig Blauanteile, viel Rot. Warmes Licht- gut für Pflanzen, wenn mit lichtstarker Röhre kombiniert		
Sonderlampen	Lichtfarbe Code-Nr.	Biolux /72	Warmton Extra de Luxe /92	Activa /172
	Watt-Länge-Lumen/Watt	15 W – 43,8 cm – 43,3 18 W – 59 cm – 61,1 30 W – 89,5 cm – 53,3 36 W – 120 cm – 63,9 58 W – 150 cm – 63,8	18 W – 59 cm – 52,8 36 W – 120 cm – 63,9 58 W – 150 cm – 62,1	18 W – 59 cm – 61,1 36 W – 120 cm – 63,9 58 W – 150 cm – 63,8
	Eignung für Pflanzen	Hoher Blau- und Rotanteil. Nur bedingt geeignet. Die Activa sendet UV-Strahlen aus		
	Lichtfarbe Code-Nr.	Fluora /77	Shoplight de Luxe /76	Gro Lux /Gro
	Watt-Länge-Lumen/Watt	15 W – 43,8 cm – 26,7 18 W – 59 cm – 30,6 30 W – 89,5 cm – 33,3 36 W – 120 cm – 38,9 58 W – 150 cm – 38,8	18 W – 59 cm – 42,2 30 W – 89,5 cm – 43,3 36 W – 120 cm – 50,0 58 W – 150 cm – 49,7	15 – 43,8 cm – 18,7 18 – 59 cm – 20,6 30 – 89,5 cm – 23,3 36 – 120 cm – 25,3 38 – 104,7 cm – 23,7 58 – 150 cm – 24,1
	Eignung für Pflanzen	Sehr geringe Lichtausbeute. Hoher Blau-(Osram: sehr hoch) und Rotanteil. In der Praxis vermehrter Algenwuchs beobachtet!		
	Lichtfarbe Code-Nr.	Natura De Luxe /76	–	Aquastar /174
	Watt-Länge-Lumen/Watt	15 W – 43,8 cm – 33,3 18 W – 59 cm – 41,6 30 W – 89,5 cm – 43,3 36 W – 120 cm – 50 58 W – 150 cm – 9,1		15 W – 43,8 cm – 43,3 18 W – 59 cm – 50 30 W – 89,5 cm – 56,7 36 W – 120 cm – 61,1 58 W – 150 cm – 61,2
	Eignung für Pflanzen	Lichtanteile sehr gleichmäßig mit Peak im Blauen und Orange-roten. Geringe Lichtausbeute. Bedingt verwendbar		

LEUCHTSTOFFRÖHREN

	Anbieter: Fa. Weltweit			Firma
	Aqua Glo	Power Glo	Sun Glo	Lichtfarbe
Sonderlampen	15 – 43,8 cm – 19,3 20 – 59 cm – 20 30 – 89,5 cm – 21,7 40 – 120 cm – 24	15 W – 43,8 cm – 46,7 20 W – 59 cm – 55 30 W – 89,5 cm – 55,3 40 W – 120 cm – 62 40 W – 104,7 cm – 62	15 – 43,8 cm – 57,3 20 – 59 cm – 61,5 30 – 89,5 cm – 70 40 – 120 cm – 77,5	Watt-Länge- Lumen/Watt
	Hohe Blauanteile. Aqua Glo hat extrem geringe Lichtausbeute + ein kaltes, unnatürliches Licht			Eignung für Pflanzen
	Anbieter: Fa. Dennerle			Firma
	Trocal			Lichtfarbe
	15 W – 43,8 cm – 80 18 W – 59 cm – 75 30 W – 89,5 cm – 80 36 W – 120 cm – 93			Watt-Länge- Lumen/Watt
	wenig Blau, viel Orangerot. Sehr gut geeignet.			Eignung für Pflanzen

Beleuchtungsdauer

Die meisten unserer Aquarienpflanzen stammen aus den Tropen und sind damit an einen 12-Stunden-Tag angepaßt, wobei die Sonne aber die ersten und letzten Stunden des Tages mit verminderter Energie scheint. Eine Beleuchtungsdauer von 10 bis maximal 12 Stunden ist deshalb im Aquarium ausreichend.

Um die Gleichmäßigkeit des Tag-Nacht-Rhythmus zu gewährleisten und vor allem wegen gelegentlicher Urlaube sollte das Ein- und Ausschalten der Aquarienbeleuchtung von einer **Zeitschaltuhr** übernommen werden. Sinnvoll ist es, die 12stündige Lichtphase so einzustellen, daß man den Anblick seines Aquariums abends nach der Arbeit noch genießen kann, also z. B. von 11:00 – 23:00 Uhr.

Einige unserer Aquarienpflanzen kommen aus subtropischen Gebieten, wo die Tageslänge je nach Jahreszeit ca. 10–14 Stunden beträgt. Im Aquarium lassen sich diese Arten ebenfalls bei einer 12stündigen Lichtperiode gut pflegen. Will man sie jedoch zum Blühen bringen, muß man je nach Spezies für 1–2 Wochen sogenannte Kurz- oder Langtage simulieren. Genaue Angaben sind in den Spezialliteraturen über Aquarienpflanzen nachzulesen.

Von Wuchssteigerungen wird bei der gelegentlichen Simulation eines **Schlechtwettertages** gesprochen, der der unnatürlichen Gleichmäßigkeit unserer Aquarienbeleuchtung entgegenwirken soll. Hierbei vermindert man ab und zu die Beleuchtungsstärke tagsüber für einige Stunden, z. B. durch Abschalten oder Abdecken einer der Lampen, oder man verkürzt die Lichtperiode an 1 Tag der Woche auf ca. 6 Stunden.

Um möglichst naturnahe Bedingungen zu simulieren, sollte man die Beleuchtungsintensität und -dauer gelegentlich variieren

Lichtquellen

Folgende Lichtquellen stehen der Aquaristik zur Verfügung:

Sonnenlicht

Es ist natürlich und billig, aber schlecht zu dosieren; die Becken veralgen fast immer und werden im Sommer zu warm.

Glühlampen

Hoher Stromverbrauch, niedrige Lichtleistung, kurze Lebensdauer, starke Hitzeerzeugung und ungleichmäßige Ausleuchtung machen die Glühlampe recht unattraktiv, aber sie hat einen hohen Rotanteil im Licht, was Pflanzen gut wachsen läßt.

Verbrauchte Leuchtstoff- und Hochdrucklampen wegen ihres Quecksilbergehaltes auf keinen Fall zerschlagen (giftige Dämpfe!) oder in den Hausmüll geben, sondern sie stoßsicher verpackt dem Sondermüll zuführen

Leuchtstoffröhren

Niedriger Stromverbrauch, hohe Lichtleistung, lange Lebensdauer, geringe Hitzeentwicklung (hohe Temperaturen werden durch die Drosseln verursacht, nicht durch die Lampen), gute Ausleuchtung, meist gute Farbwiedergabe, lange Lebensdauer (7500 Stunden, das heißt bei normalem 12-Stunden-Betrieb ca. 1 ¾ Jahre) und eine große Auswahl an Farben machen die Leuchtstoffröhren zum Favoriten in der Aquaristik. Leider ist ihre Wattzahl nicht beliebig wählbar, sondern an die Lampenlänge gebunden (diese sollte möglichst der vollen Beckenlänge entsprechen), und ihr Licht kommt ohne Reflektor nur zu 50 % im Aquarium an. Leuchtstoffröhren sind für Becken bis zu 50 cm Höhe gut geeignet.

Quecksilberdampf-Hochdrucklampen (HQL), Halogenmetalldampflampen (HQI) usw.

Hohe Anschaffungskosten, teure Ersatzbirnen, weniger Lichtausbeute, schlechtere Farbwiedergabe, große Hitzeentwicklung (vor allem bei HQI), geringere Auswahl an Lichtfarben und kürzere Lebensdauer stellen die wesentlichen Nachteile gegenüber Leuchtstoffröhren dar. Haupteinsatzgebiet von Quecksilberdampf-Hochdrucklampen sind Becken mit einer Höhe von mehr als 50 cm. Angebracht werden sie als Pendelleuchten über dem meist nicht abgedeckten Aquarium. Die Lampen senden einen sehr gebündelten Lichtstrahl aus, der leicht blenden kann, im Wasser aber reizvolle Licht- und Schattenspiele produziert. Die Gesamtausleuchtung des Aquariums ist schlechter als bei Leuchtstoffröhren.

Bei einer so intensiven Beleuchtung fühlen sich viele unserer Zierfische nicht wohl

Dieses offene Aquarium – bestückt mit einer HQL-Pendelleuchte – stellt einen reizvollen Blickfang dar

Mangelnder Pflanzenwuchs wird zu oft auf geringe Lichtintensität zurückgeführt. Der prachtvolle Pflanzenbewuchs dieses Aquariums wird mit einer geringen Wattzahl erreicht

AUS DER PRAXIS

Der Einfluß von bestimmten Lichtfarben sowie von Beleuchtungsstärke und -dauer auf den Pflanzenwuchs ist wegen der sehr unterschiedlichen Zusammensetzung der einzelnen Aquarien in der Praxis nur schwer zu beurteilen. Trotz dieses Vorbehaltes haben sich nach intensivem Vergleich aller untersuchten Becken folgende Punkte herauskristallisiert:

- *78 % der Aquarien, die mit den sogenannten Pflanzenstrahlern Gro Lux, Fluora, Aqua-Glo usw. ausgestattet waren, wiesen vermehrtes Algenwachstum auf*

- *An Beleuchtungsstärke scheinen bei Leuchtstoffröhren 0,3 W/l vollkommen auszureichen, um die schönsten Becken hervorzuzaubern, solange man auf lichthungrige Pflanzenarten verzichtet*

- *Höhere Wattzahlen (> 0,6 W/l) erbrachten nur dann einen schönen Bewuchs, wenn die Pflanzen gleichzeitig regelmäßig gedüngt wurden. War die Lichtintensität geringer, kamen sie auch längere Zeit ohne Dünger aus*

- *Beleuchtungsstärken von weniger als 0,2 W/l oder kurze Lichtperioden (4–5 Stunden) führten zu einer Verringerung des Sauerstoffgehalts und zu Kieselalgenwachstum (Braunalgen)*

AUF EINEN BLICK

- *Licht ist für das Wachstum der Aquarienpflanzen unentbehrlich*

- *Dem Aquarianer steht eine reiche Auswahl an Lampenarten und -farben zur Verfügung*

- *Die benötigte Lichtmenge hängt von den gepflegten Pflanzen- und Fischarten ab*

- *Starke Beleuchtung kann den pH-Wert erhöhen und die Pflanzen schneller in ein Nährstoffdefizit treiben*

- *Die Rolle der Lichtfarbe für das Wachstum der Pflanzen wird in den meisten Fällen überschätzt. Sie können verschiedene Farbspektren nutzen. Als günstig hat sich ein vermehrter Orangerotanteil herausgestellt*

- *Die sogenannten Pflanzenlampen verstärken durch ihren hohen Blauanteil das Algenwachstum*

- *Die Beleuchtungsdauer sollte zwischen 10 und 12 Stunden liegen. Ein „Schlechtwettertag" belebt die Pflanzen*

Aquarienfilter

Der Filter hat im Aquarium die Aufgabe, das Wasser von groben Schwebstoffen zu befreien, für Strömung zu sorgen, einen Temperaturausgleich zwischen den einzelnen Wasserschichten zu schaffen und vor allem organische Abfälle in ungiftige Mineralien zu verwandeln. Dabei greift er massiv in die biologischen und chemischen Kreisläufe des Aquariums ein.

Falsche Filterung kann der Grund dafür sein, daß Fische sterben, Pflanzen nicht wachsen, Becken veralgen oder die Wasserwerte schlecht sind. Deshalb ist es sinnvoll, sich mit der Filterung etwas eingehender zu beschäftigen.

Die Größe des benötigten Filters hängt u. a. vom Fischbesatz und vom Pflanzenbestand ab. Viel hilft nicht immer viel, sondern schadet auch. Becken wie das hier abgebildete benötigen eigentlich keinen Filter

Das ganze Aquarium filtert

Der Filteranlage wurde lange Zeit die alleinige Aufgabe der Wasserentgiftung zugesprochen. Mittlerweile weiß man, daß die im Filter angesiedelten Bakterien sowohl im Aquarienwasser als auch im Bodengrund, an den Scheiben, den Pflanzen und den Dekorationsmaterialien zu finden sind und dort dieselbe Funktion übernehmen. Daraus folgt: Ist ein Aquarium durch einen guten Pflanzenbestand und normalen Besatz (0,3 bis höchstens 0,5 cm Fisch/l) auf ein biologisches Gleichgewicht ausgelegt, so kann man mit Rücksicht auf die Pflanzen auf einen großen Filter verzichten.

Arbeitsweise eines Filters

Die im Filter angesiedelten Einzeller und Bakterien helfen das Wasser zu klären

Ein Aquarienfilter arbeitet nach dem gleichen Prinzip wie die Selbstreinigung unserer Gewässer. Nach einer gewissen Zeit, die man als Einfahren des Filters bezeichnet, überzieht sich sein Füllmaterial mit einem Rasen von Bakterien und Einzellern, die die Entgiftungsarbeit übernehmen (siehe dazu auch Seite 68 f.). Dabei ist es ganz egal, welches Füllmaterial wir benutzen – Perlonwatte, Schaumstoff und Kies werden von den Bakterien genauso besiedelt wie Tonröhrchen oder Bioälle. Deshalb arbeiten alle Filter nach einer kurzen Zeit biologisch, unabhängig von Hersteller und Bauart (einzige Ausnahme: Diatomic-Filter, s.u.).
Für ihre Arbeit benötigen die Bakterien Sauerstoff, den sie dem vorbeifließenden Wasser entnehmen.
Je größer die organische Belastung des Beckens (hoher Fischbesatz, zuviel Futter), desto stärker vermehren sich die Bakterien und desto höher ist der Sauerstoffverbrauch. Becken mit vielen oder großen und wühlenden Fischen müssen deshalb mit einem leistungsfähigeren Filter ausgestattet sein als ein Pflanzenaquarium mit mäßigem Besatz.

WICHTIG: Die Aussage, daß biologische Filter langsam durchströmt werden sollen, damit die Bakterien Zeit zum Umbau haben, ist nicht nur falsch, sondern auch gefährlich; denn bekommen die Bakterien zuwenig Sauerstoff, können sich giftige Zwischenprodukte bilden.

Doch der Filter beseitigt nicht nur schädliche Abfallstoffe, sondern es werden in ihm auch Pflanzennährstoffe oxidiert bzw. ausgeflockt und festgehalten. Außer Eisen, Mangan, Molybdän und anderen Spurenelementen geht den Pflanzen dabei auch Ammonium als wichtiger Nährstoff verloren, das die Bakterien zu Nitrat umbauen. Der braune Mulm, der sich nach einiger Zeit im Filtermaterial ansammelt, entsteht nicht allein durch aus dem Wasser herausfiltrierte Schwebeteilchen, sondern stellt eine Ansammlung von wasserunlöslich gewordenen Pflanzennährstoffen dar, die durch die Oxidationskraft des Filters ausgeflockt wurden.

Biologischer Langsamfilter (Nitratfilter)

Wie eben erwähnt, produzieren Bakterien unter Sauerstoffmangel für Fische giftige Stoffe wie z. B. Nitrit. Wird aber in einem großvolumigen Filter durch starke Drosselung der Wasserzufuhr die Sauerstoffversorgung fast ganz unterbunden, wie das bei sogenannten biologischen Langsamfiltern mit Absicht geschieht, bilden sich Bakterien, die dem Nitrat den in ihm enthaltenen Sauerstoff entziehen, um atmen zu können. Dabei entsteht molekularer Stickstoff (N_2), der als Gas in die Luft entweicht. Der Nitratgehalt des Wassers wird auf diese Weise gesenkt.
Allerdings ist es nicht ganz einfach und auch nicht ungefährlich, einen Langsamfilter zu betreiben. Sein Wasserdurchfluß muß sehr klein sein, oder es muß sauerstoffzehrendes Material im Filter benutzt werden, damit sich im Filtermaterial schnell sauerstofffreie Zonen bilden können.
Ist der Sauerstoffgehalt nicht niedrig genug, arbeitet er wie ein Schnellfilter unter Sauerstoffmangel und bildet giftige Verbindungen.

Kristallklares Wasser enthält wenig Nährstoffe und ist deshalb für den Pflanzenwuchs eher nachteilig. Die Biotopaufnahme dieses dichtbewachsenen Cryptocorynen-Baches zeigt das für guten Pflanzenwuchs typische „Seidenglanzwasser"

WICHTIG: Die Bakterien des Nitratfilters brauchen ein bestimmtes Verhältnis von organischem Kohlenstoff zu Nitrat, das genau dosiert zugegeben werden muß. Die damit verbundenen Messungen und nötigen Dosiervorrichtungen machen den Einsatz eines nitratsenkenden (denitrifizierenden) Filters in der Aquaristik heute noch unpraktikabel. Zum Einsatz kommen soll er vor allem bei der Fischintensivhaltung (Händler, Züchter). In Liebhaberbecken muß ein zu hoher Nitratgehalt durch Reduzieren des Fischbesatzes gesenkt werden! In kleinem Rahmen finden denitrifizierende Prozesse in jedem Becken statt, und zwar z. B. in verstopften Poren des Filtermaterials und im Bodengrund.

Diatomic-Filter

Der Diatomic-Filter der Fa. Novita ist der einzige Filter, der rein mechanisch arbeitet, das heißt ohne Bakterienkulturen. In seinem Inneren befindet sich Diatomeenerde (zerriebenes Kieselsäuregerüst von Braunalgen), die extrem feinporig ist und Schwebeteilchen bis zu einer Größe von 1/1000 mm festhält. Er wird deshalb als Feinstfilter eingesetzt, um durch Schwebealgen und andere Mikroorganismen aufgetretene Trübungen im Aquarium schnell wieder zu beseitigen, die Schwärmerstadien mancher Fischparasiten herauszufiltern (z. B. *Ichthyophthirius* = Pünktchenkrankheit) oder keimvermindertes Wasser für die Zucht herzustellen. Der Diatomic-Filter wird immer nur bei Bedarf für einige Stunden betrieben, weshalb sich in ihm keine Bakterienkulturen ansiedeln können.

Der Diatomic-Filter findet als Feinstfilter Verwendung

Größe und Leistung des Filters

Die Filtergröße muß sich nach der Besatzdichte und dem Pflanzenbestand richten

Das Postulat „Je größer und je schneller ein Filter, desto besser" ist nach dem, was wir über die Arbeitsweise eines Filters gehört haben, nicht mehr aufrechtzuerhalten. Bei der Massentierhaltung der Groß- und Einzelhändler sowie in Zuchtanstalten ist die oxidative Abbauleistung eines großen Filters für die Tiere lebensnotwendig. Für den Hobbyaquarianer aber, der seine Fische tierschutzgerecht in einem biologisch stabilen Aquarium mit vielen Pflanzen halten will, bringen große Filter mit hohem Durchfluß nur Nachteile.

zeugte Strömung reicht allemal aus, um Temperaturschichtungen im Wasser zu verhindern, Nährstoffe zu den Pflanzen hin- und Abfallprodukte wegzutransportieren. Ist der Besatz dichter, sollte auch der Durchfluß höher sein.

Ob ein Filter für ein bestimmtes Becken richtig ist, läßt sich anhand einiger Parameter aus der Wasserchemie feststellen:

- ✦ zu hoher Nitritgehalt (über 0,1 mg/l) → **Filterleistung zu niedrig**
- ✦ schnelle Abnahme des Eisengehaltes nach Düngerzugabe, kein Ammonium im Wasser nachweisbar → **Filterleistung zu hoch**

Wasserpflanzen haben eine Abneigung gegen übermäßige Strömung, weshalb man sie in Stromschnellengebieten selten oder gar nicht findet

Im Gegensatz dazu weisen mäßig durchstromte Bäche oder Seen häufig einen dichten Pflanzenbestand auf

Im Filter werden Pflanzennährstoffe oxidiert und festgelegt. Zu starke Strömung reichert das Wasser zu sehr mit Sauerstoff an, treibt das Kohlendioxid heraus und fördert die Bildung von Rotalgen. Auch in der Natur wachsen die meisten Aquarienpflanzen nicht in Wildbächen, sondern in mäßig fließenden oder in stehenden Gewässern. Die meisten Fischarten fühlen sich in starker Strömung ebensowenig wohl.

Optimale Durchflußgeschwindigkeit

Für schwach bis normal besetzte Becken (0,2 bis höchstens 0,5 cm Fisch/l), die einen guten Pflanzenbestand aufweisen, sollte man einen Filter benutzen, dessen Durchfluß pro Stunde nicht höher ist als das Beckenvolumen. Die dadurch er-

Bauweise und Technik

Die Auswahl an biologischen Schnellfiltern ist sehr groß. Es gibt **luftbetriebene Filter** und **Kreiselpumpenfilter,** letztere im offenen oder im geschlossenen System. Beide wiederum lassen sich je nach ihrer Anbringung in **Außen-** und **Innenfilter** einteilen. Sie arbeiten mit Ausnahme des Rieselfilters alle nach dem gleichen biologischen Prinzip, so daß die Auswahl – unter Berücksichtigung der auf Seite 67 aufgeführten Kriterien – Ihrem Geschmack überlassen werden kann.

Der Rieselfilter

Der Rieselfilter ist der einzige Filter, der den für die Bakterien wichtigen Sauerstoff nicht nur dem vorbeifließenden Wasser, sondern auch der Luft entnimmt. Sein Filtersubstrat ist nicht untergetaucht, sondern wird von oben durch Aquarienwasser berieselt. Dadurch enthält das ins Becken zurücklaufende Wasser mehr Sauerstoff als bei herkömmlichen Filtern. Eine verbesserte Nitrifikation ist bei Rieselfiltern allerdings nicht festzustellen. Bei Versuchen mit hoher Belastung des Wassers erbrachten Topffilter sogar eine bessere Leistung. Für bepflanzte Becken haben Rieselfilter allerdings **Nachteile**:

✦ Durch die Berieselung wird sehr viel Kohlendioxid aus dem Wasser ausgetrieben. CO_2 aber ist der Hauptnährstoff der Pflanzen und sowieso immer Mangelware

✦ Die Oxidationskraft des Filters ist so hoch, daß alle Pflanzennährstoffe ausgefällt werden und man praktisch jeden Tag(!) nachdüngen muß

✦ Der Rücklauf hat einen sehr hohen Sauerstoffgehalt

✦ Durch die hohe Verdunstung kann das Wasser aufgesalzen werden (GH und KH steigen und damit auch der pH-Wert)

✦ Dem Aquarienwasser geht viel Wärme verloren (Energiekosten)

Wer also Wert auf guten Pflanzenwuchs legt, sollte keinen Rieselfilter verwenden, außer er steuert den entstehenden Verlusten an Nährstoffen durch eine CO_2-Anlage und tägliche Düngung entgegen.

Flutungsfilter
Diese Filterart soll nur kurz beschrieben werden, weil sie in der Aquaristik noch nicht sehr gebräuchlich ist. Ihr Prinzip beruht darauf, daß die Substratkammer zyklisch mit Wasser gefüllt wird, das eine gewisse Zeit darin bleibt, bevor es wieder ins Becken zurückfließt. Die Effektivität dieses Filters hängt von der Verweildauer und dem Wasserdurchfluß ab, wobei längere Zykluszeiten von bis zu 1 Stunde und eine geringe Durchflußmenge (ca. 0,5 l/min) günstig sind. Bei Belastungsversuchen war diese Filterart den Topffiltern unterlegen.

Kriterien für den Filterkauf

1. **Filtergröße und Durchflußgeschwindigkeit** sollten der Beckengröße und dem Fischbesatz angepaßt sein (siehe auch Angabe unter „Optimale Durchflußgeschwindigkeit" auf Seite 66). Bei Normalbesetzung reicht als Durchfluß das Beckenvolumen pro Stunde (bei 240 l also ca. 240 l/Std., im Zweifelsfall weniger). Die meisten Becken werden überfiltert.

2. Der **Filterrücklauf** sollte nicht plätschernd auf die Wasseroberfläche treffen oder diese durch die Strömung stark bewegen und auch keine Luft mit ins Becken reißen (Diffusor), denn das alles vermindert den ohnehin meist zu geringen CO_2-Gehalt des Wassers

3. **Luftbetriebene Filter** treiben ebenfalls Kohlendioxid aus dem Becken aus und sind deshalb ungeeignet

4. Der Filter sollte so **leise** arbeiten, daß er weder den Betrachter noch die Fische beeinträchtigt

5. Eine **Oberflächenabsaugung** ist nicht unbedingt notwendig. Die sogenannte Kahmhaut, die sich bei manchen Aquarien an der Oberfläche bildet, stellt keine Gefahr dar. Sie besteht aus Kleinstlebewesen und ist ein Indikator für gute Nährstoffverhältnisse. Im Gegensatz zu einer Fettschicht ist sie vollkommen sauerstoffdurchlässig (Unterscheidung: Der Kahmhautfilm zerreißt, wenn man den Finger durchsteckt, der Fettfilm nicht)

6. Die **Handhabung** (Filterreinigung und evtl. Substratwechsel) sollte möglichst einfach sein

7. Die **Betriebssicherheit** bei der Strom- und Wasserführung sollte selbstverständlich sein

Der plätschernde Wasserrücklauf dieses kleinen Innenfilters treibt das von den Pflanzen benötigte CO_2 aus dem Wasser heraus

Filtersubstrate

Da alle Substrate mit der Zeit von einem Bakterienrasen überzogen werden, ist es im Prinzip egal, welches man benutzt. Einige Punkte sollten aber trotzdem beachtet werden:

✦ Das **Material** muß **wasserchemisch neutral** sein und darf keinerlei giftige Stoffe abgeben.

✦ Es soll **den Bakterien** einen **guten Halt bieten.** Rauhe Oberflächen (Lavakies) eignen sich deshalb besser als glatte (Biobälle).

✦ Besonders bewährt hat sich **Material mit vielen sehr kleinen Poren.** Hier bilden sich mit der Zeit sauerstoffarme Zonen, die einem Langsamfilter gleichen (Lavakies; ultraschallbehandelter, feinporiger Schaumstoff).

✦ **Glaswatte** oder **Glaswolle** darf im Aquarium **auf keinen Fall** verwendet werden! Beide führen zu ernsthaften Verletzungen bei den Fischen. Auch Kosmetikwatte ist ungeeignet.

✦ **Perlonwatte nie als letzte oder einzige Filterschicht** nehmen. Ins Wasser gespülte Fäden können von den Fischen gefressen werden, die dann an Darmverschluß eingehen.

✦ **Schaumstoff** ist **nur** dann für aquaristische Zwecke geeignet, **wenn** seine fabrikationsbedingt geschlossenen **Poren** durch eine Ultra-schall-Druckwellenbehandlung **aufgerissen wurden** (man muß leicht hindurchblasen können; der Schmutz ist nach Gebrauch gleichmäßig verteilt und liegt nicht nur auf der Oberfläche).

Einfahren und Pflege des Filters

In jedem neu eingerichteten Becken braucht der Filter einige Zeit, bis sich die allgegenwärtigen Bakterien in ihm angesiedelt und vermehrt haben. Versuche haben gezeigt, daß es 25–45 Tage dauert, bis die für den Stickstoffabbau nötige Menge an Mikroorganismen vorhanden ist. Während dieser Phase kann der Nitritwert des Wassers gefährlich ansteigen, so daß es bei unerfahrenen Aquarianern gleich zu Anfang zu einem Massensterben der Fische kommen kann. Daher müssen Sie sich mit dem Kaufen und Einsetzen der Fische entsprechend gedulden, wollen Sie nicht Gefahr laufen, sie alle umzubringen. Auf jeden Fall sollten Sie vor dem Einsetzen ein paar Tage lang den Nitritwert des Wassers überprüfen.

Neue Filter können mit Substrat aus einem gut eingefahrenen geimpft werden, der aus einem Becken ohne Probleme stammt. Dies kann die Einlaufzeit verkürzen (trotzdem immer Nitrit messen, bevor man die Fische einsetzt). Wichtig ist auch, daß man ca. 1 Woche vor dem Einsetzen der Fische damit beginnt, eine täglich größer werdende Menge von Futterflocken ins Becken zu geben, um die Vermehrung der Bakterien anzuregen und sie auf die bevorstehende Aufgabe vorzubereiten.

WICHTIG: Vorsicht mit Medikamenten im Wasser, denn sie können die gesamte Bakterienflora des Filters und des restlichen Aquariums vernichten!

Filterwechsel
Jede Reinigung beeinträchtigt zwangsläufig die Umbauleistung der Bakterienkulturen. Sie sollte

Um den wichtigen Bakterienrasen zu schonen, wäscht man das Filtersubstrat nur vorsichtig aus und verwendet es dann wieder

deshalb sehr schonend erfolgen. Auf keinen Fall dürfen Sie dazu irgendwelche Reinigungsmittel verwenden. Waschen Sie das Filtersubstrat unter lauwarmem Wasser oder besser noch in einem Eimer mit Aquarienwasser ganz vorsichtig aus, und verwenden Sie das Substrat danach wieder.

WICHTIG: Niemals das ganze Filtersubstrat auf einmal auswechseln!

Wie oft ein Filter ausgetauscht werden muß, hängt von der Besatzdichte, dem Pflanzenbestand, der Größe des Filters und der Art des Filtersubstrats ab. Die meisten Filter werden zu oft gewechselt. Bei Aquarien, die sich in einem biologischen Gleichgewicht befinden, kann man diese Arbeit so lange hinausschieben, bis der Filterrücklauf deutlich nachläßt (im Zweifelsfall Nitrit messen). Allerdings darf sich der Filter dabei nicht so weit zusetzen, daß er sich überhitzt und dabei Schaden nimmt.

Filterzusatzstoffe

Um die Wirkung des Filters auf das Wasser zusätzlich zu beeinflussen, können ihm bestimmte Materialien zugesetzt werden. Die bekanntesten sind Torf und Aktivkohle.

Torf

Er säuert das Wasser durch Humin- und Fulvosäuren an und senkt zudem die Härte. Die Intensität seiner Wirkung hängt von seiner Qualität und von den bestehenden Wasserverhältnissen ab. Bei weichem, wenig gepuffertem Wasser ist sie stärker als bei hartem Wasser mit hohem Karbonathärtewert; sie läßt sich durch Messung des pH-Wertes, der Gesamt- und der Karbonathärte überprüfen.

Torf säuert das Wasser an und senkt die Härte. Man verwendet ihn bei Fischarten, die weiches, saures Wasser lieben

WICHTIG: Verwenden Sie für aquaristische Zwecke möglichst nur Hochmoortorf aus dem Zoofachgeschäft, keinesfalls gedüngten Gartentorf!

Außer den obenerwähnten Stoffen enthält Torf auch natürliche Antibiotika, Fungizide (pilztötende Substanzen), Hormone und organische Kolloide, die sich schützend auf die Haut der Fische legen. Deshalb sollte man Torf auch vor seinem Einsatz nicht überbrühen, weil dadurch sonst einige seiner Wirkstoffe zerstört werden. Leider wird aber die Qualität des Aquarientorfes durch steigende Umweltbelastung mehr und mehr in Mitleidenschaft gezogen. Nicht selten finden sich in einer Probe hohe Werte an Nitrat und Phosphat. Anteile an Insektiziden und Herbiziden werden vermutet.
Da Torf Bakterien tötet, sollte man ihn nicht mehr wie gewohnt im Filter unterbringen, sondern in einem Nylonstrumpf als kleines Säckchen danebenhängen. Seine Wirksamkeit beschränkt sich meist auf 4–6 Wochen.

WICHTIG: Schon geringe Konzentrationen an im Torf enthaltenen Humin- oder Fulvosäuren hemmen den Schadstoffabbau (Nitrifikation).

Zum Ansäuern und Enthärten des Wassers hängt man ein mit Aquarientorf gefülltes Nylonsäckchen in die Filterströmung

Aktivkohle

Sie verfügt aufgrund ihrer Poren über eine sehr große Oberfläche, die die Fähigkeit besitzt, großmolekulare Stoffe zu adsorbieren. Sie wird in der Aquaristik vorwiegend benutzt, um eingesetzte Medikamente nach der Behandlung wieder aus dem Wasser zu filtern, Wasserfärbungen durch Harnstoff, Moorkienholz oder Torf zu beseitigen oder um durch Pestizide oder Chlor verunreinigtes Leitungswasser für das Aquarium aufzubereiten.

Dabei muß beachtet werden, daß Aktivkohle nicht gleich Aktivkohle ist. Aus der Trinkwasseraufbereitung ist bekannt, daß Aktivkohle je nach Ausgangsmaterial, Leimverwendung oder Brennvorgang nur ganz bestimmte Stoffe aufnehmen oder abgeben kann. Auch die Aufnahmekapazität ist je nach Hersteller sehr verschie-

den. In der Aquaristik werden auf den Verkaufspackungen hierzu leider keine Angaben gemacht.

WICHTIG: Nitrit und Nitrat können durch Filtern über Aktivkohle **nicht** aus dem Wasser entfernt werden!

Aktivkohle eignet sich nicht für den Dauereinsatz, denn sie bindet auch wichtige Pflanzennährstoffe. Zudem ist ihre Kapazität schnell erschöpft, und es besteht die Gefahr, daß die vorher gebundenen Stoffe wieder an das Wasser abgegeben werden. Vorsichtshalber sollte sie also nicht länger als 2 bis höchstens 4 Wochen benutzt werden. Erschöpfte Aktivkohle läßt sich durch Auswaschen nicht wieder brauchbar machen; sie muß ersetzt werden.

Um sicher zu sein, daß Aktivkohle nicht von vornherein Giftstoffe an das Aquarienwasser abgibt, sollten Sie nur zu Produkten renommierter Firmen greifen.

Torf und Aktivkohle soll man nicht gleichzeitig im Becken verwenden, weil die Huminstoffe des Torfes die Oberfläche der Aktivkohle sofort zusetzen und sie dadurch unbrauchbar machen.

In der Aquaristik gebräuchliche **Filterzusatzstoffe:** Aktivkohle (lose oder als Kohleschaumstoffpatrone) und Torf

Torf

Aktivkohle

AUS DER PRAXIS

Die Praxis hat gezeigt, daß gut eingefahrene und ausreichend bepflanzte Becken mit einem mäßigen Fischbesatz eigentlich keinen Filter brauchen. Die nötige Wasserbewegung kann von einer einfachen Kreiselpumpe erzeugt werden. Die Wasserwerte sind hierbei ebensowenig zu beanstanden wie bei Aquarien, die mit sehr klein dimensionierten Filtern betrieben wurden.

Probleme mit dem Pflanzenwuchs gab es immer dann, wenn durch die Art der Filterung CO_2 aus dem Wasser ausgetrieben wurde (starke Oberflächenbewegung, luftbetriebener Filter, plätschernder Rücklauf, Diffusor usw.). Sehr auffällig war das bei starker Strömung gehäufte Auftreten von Rotalgen, vor allem von Bart- und Pinselalgen.

Bei meiner Untersuchung arbeiteten alle Filter unabhängig von der Bauart und dem benutzten Filtermaterial einwandfrei. Eventuelle Belastungen des Wassers mit Nitrit waren immer auf Pflegefehler des Besitzers zurückzuführen. So zeigte sich z. B., daß das Zerstören der Bakterienkulturen durch zu häufige Reinigung des Filters (alle 2 oder 4 Wochen) und/oder kompletten Austausch des Substrats in Becken mit wenig Pflanzen einen Anstieg des Nitritgehaltes zur Folge hatte.

Filter, die monatelang nicht gereinigt wurden, führten bei meinen Messungen in keinem Fall zu erhöhten Ammonium- oder Nitritkonzentrationen. Den Pflanzen kommen solche „schlecht gepflegten" Filter sogar zugute. Bei stark besetzten oder wenig bepflanzten Becken ist jedoch Vorsicht geboten. Hier sollte durch regelmäßige Nitritwertbestimmung die optimale Standzeit des Filtermaterials ermittelt werden.

Der teilweise sehr hohe Nitratgehalt der Becken zeigte deutlich, daß die Filterung des Wassers den Wasserwechsel nicht ersetzen kann.

Selbst der größte Filter kann den Wasserwechsel nicht ersetzen!

Starke Strömung und geringer CO_2-Gehalt des Wassers begünstigen das Auftreten von Rotalgen (hier im Bild: Pinselalgen), weshalb sie vermehrt im Barschbecken zu finden sind

AUF EINEN BLICK

◆ *Mit Hilfe einer Massenansammlung von nützlichen Bakterien unterstützt der Filter nach einer gewissen Einlaufzeit das Aquarium beim Umbau schädlicher Stoffwechselprodukte in relativ harmlose Endprodukte*

◆ *Wie leistungsstark ein Filter sein muß, hängt vor allem von Besatzdichte und Pflanzenbestand ab*

◆ *Neben organischen Verbindungen bauen Filter auch Pflanzennährstoffe um, weshalb sie für Pflanzenbecken eher von Nachteil sind*

◆ *Ein Filter sollte immer so klein wie möglich und so groß wie nötig gewählt werden. Kontrollparameter sind Ammonium, Nitrit und Eisen*

◆ *Die vom Filter erzeugte Strömung muß an den Bedürfnissen der Fische orientiert sein. Starke Strömung steht im Verdacht, das Auftreten von Rotalgen zu begünstigen*

◆ *Jede Filterreinigung beeinträchtigt die Bakterienkulturen. Deshalb das Material so schonend wie möglich säubern und nie alles auf einmal erneuern*

Aquarienheizung

Bereits im Kapitel „Aquarienwasser" wurde erwähnt, welch wichtige Rolle die Temperatur für das gesamte Aquarium spielt. In den meisten Becken werden tropische Fisch- und Pflanzenarten gepflegt, deren Temperaturoptima über der üblichen Zimmertemperatur liegen. Die zusätzlich benötigte Wärme läßt sich durch verschiedene vom Handel angebotene Heizsysteme zuführen.

Regelheizer sorgen für tropische Wärme. Die optimale Temperatur wird durch ein Thermometer kontrolliert

Heizsysteme

Stabheizer

Sie werden von Aquarianern mit Abstand am häufigsten benutzt. Sie sind preisgünstig, in vielen Wattstärken erhältlich und leicht zu montieren.

Stabheizer geben die Wärme sehr konzentriert ab, weshalb man sie nicht in den Bodengrund stecken darf. An der Luft erhitzen sie sich so stark, daß sie platzen können. Deshalb unbedingt vor jedem Wasserwechsel den Netzstecker ziehen! Am besten bringt man Stabheizer in der Nähe des Filters an, damit ihre Wärme durch die Strömung gut im Becken verteilt wird.

Die gewünschte Temperatur läßt sich mittels Drehknopf und Skala einstellen. Sie muß immer durch ein Thermometer überprüft werden.

Thermofilter

Hier ist der Heizer in Form von **Heizspiralen** in den Filter mit eingebaut. Der Vorteil besteht darin, daß man kein zusätzliches Gerät braucht und daß das Wasser sehr gleichmäßig erwärmt wird. Allerdings muß bei einem Defekt des einen Gerätes das andere gleich mit zur Reparatur.

Bodenheizer

Bei Verwendung der üblichen Wasserheizsysteme kann je nach Raumtemperatur ein deutliches Temperaturgefälle zwischen Aquarienwasser und Bodengrund festgestellt werden. Während das Wasser tropische Temperaturen aufweist, hat der Bodengrund höchstens Zimmertemperatur, und die Pflanzen leiden unter „kalten Füßen". Zusätzliche Wärme von unten wirkt sich deshalb wuchsfördernd auf die Pflanzen aus. Außerdem wird der Boden durch eine langsame Durchsickerung mit Aquarienwasser in das ökologische System des Beckens mit integriert (siehe dazu Seite 84).

Während **Heizmatten** durch ihre gleichmäßige Wärmeabgabe zu einem Hitzestau im Boden oder sogar zum Platzen der Bodenscheibe führen können, erwärmen **Heizkabel** den Boden nur stellenweise und bewirken dadurch eine vorteilhafte Wasserzirkulation. Sie darf allerdings nicht zu schnell ablaufen, damit sie das Mikroklima des Bodens nicht zerstört. Eine Leistung von 1 W/10 l sollte deshalb bei im Dauerbetrieb arbeitenden Bodenheizkabeln nicht überschritten werden. Sinnvoll ist, sie durch einen Zweikreisthermostaten mit der üblichen Aquarienheizung zu verbinden, damit diese im Bedarfsfall automatisch zugeschaltet wird.

Benötigte Heizleistung

Welche Wattzahl bei einem Heizer erforderlich ist, hängt vom Beckenvolumen und von der über die Zimmertemperatur hinaus gewünschten Gradzahl ab. Bei der Auswahl der Wattzahl sind folgende **Kriterien** zu beachten:

Eine Bodenheizung sorgt für eine Angleichung der Temperatur von Wasser und Bodengrund und fördert das Pflanzenwachstum

Heizkabel sorgen für Wasserzirkulation im Boden

✦ Man muß damit rechnen, daß der Thermostat des Heizers, der für die Schaltsequenzen verantwortlich ist, einmal kaputt geht und den Heizer nicht mehr ausschaltet. Deshalb sollte man seine Leistungsstärke so wählen, daß in diesem Fall das Becken nicht über 30 °C erhitzt werden kann, weil sonst alle Fische sterben. Die nachstehende Tabelle gibt beim Kauf wertvolle Hilfestellung

✦ Angaben wie z. B. ½ W/l sind sehr ungenau und führen zum Kauf von Heizern mit gefährlich hohen Heizleistungen

✦ Leistungsstarke Heizer schalten häufiger ein und aus als wattärmere, weshalb ihr Verschleiß höher ist

Heizstärkentabelle

Aquarium- inhalt in Litern	Gewünschte Erwärmung in °Celsius über die Raumtemperatur hinaus				
	2	4	6	8	10
	= benötigte Watt Heizleistung				
20	5,5	11	16	22	27
40	8,7	17	25	35	43
60	11	23	34	45	57
80	14	27	41	55	69
100	16	32	48	64	80
120	18	36	54	72	90
140	20	40	60	80	100
160	22	44	65	87	109
180	24	47	71	94	118
200	25	51	76	101	127
220	27	54	81	108	135
240	29	57	86	114	143
260	30	60	90	121	151
280	32	63	95	127	158
300	33	66	99	133	166

Quelle: H. Kipper/C. Horst, Das optimale Aquarium, AQUADOCUMENTA Verlag 1992[7]

Die Tabelle wird so benutzt, daß man zuerst in der 1. Spalte das Volumen seines Beckens heraussucht und dann in der 1. Reihe die Differenz zwischen Zimmertemperatur und gewünschter Wassertemperatur festhält. Wo sich Reihe und Spalte kreuzen, kann man die passende Wattzahl

des Heizers ablesen. Für ein 100-Liter-Aquarium kommt z. B. bei einer durchschnittlichen Zimmertemperatur von 18 °C und einer gewünschten Wassertemperatur von 24 °C ein Heizer mit 48 Watt (nächstgängige Handelsform: 50 Watt) in Frage.

Ein Mehr an Heizleistung erfordern nicht abgedeckte und Zugluft ausgesetzte Becken. Zusätzliche Heizwirkung haben die Aquarienleuchten und in geringem Maße auch untergetauchte Pumpenköpfe.

AUS DER PRAXIS
Wer einmal ein Aquarium gesehen hat, das langsam durch einen defekten Heizer auf über 40 °C gebracht wurde, wird diesen fürchterlichen Anblick nicht mehr vergessen. Ich kann jeden Aquarianer nur beschwören, **auf unnötig starke Heizleistungen** *zu verzichten und sich beim Kauf an der nebenstehenden Tabelle zu orientieren.*
Bodenheizkabel haben sich für den Pflanzenwuchs als sehr positiv erwiesen, solange sie den Boden nicht zu stark aufheizen.
Außen auf die Scheibe aufgeklebten Thermometern sollte man nicht vertrauen. Sie haben sich in der Praxis als noch viel ungenauer herausgestellt als die üblichen schwimmenden.

AUF EINEN BLICK
✦ *Die meisten Zierfischarten und Aquarienpflanzen verlangen Temperaturen, die die durchschnittliche Zimmertemperatur übersteigen*
✦ *Unnötig hohe Wattzahlen können bei einem Defekt des Thermostaten zum Tod aller Beckenbewohner führen. Deshalb sich beim Kauf unbedingt an der nebenstehenden Heizstärkentabelle orientieren!*
✦ *Eine Bodenheizung wirkt sich positiv auf den Pflanzenwuchs aus, wenn sie nicht zu wattstark gewählt wird*

Wasseraufbereitung und -verbesserung

Wasseraufbereitung ist notwendig, wenn das Trinkwasser des jeweiligen Wohngebietes durch Umweltverschmutzung aquarienuntauglich geworden ist oder seine Wasserparameter nicht den Bedürfnissen der gepflegten Fische entsprechen. Das Kapitel soll nur einen Überblick geben. Interessierten Aquarianern steht zu diesem Thema Spezialliteratur zur Verfügung (siehe Literaturhinweise zum Thema Wasserkunde im Anhang auf Seite 211).

Ionenaustauscher

Dies sind Kunstharze mit einem porösen, wasserunlöslichen Grundgerüst, an das bestimmte Ionen gebunden sind. Diese Ionen werden beim Durchlauf des Wassers gegen chemisch ähnliche Ionen ausgetauscht. Ist die Austauschkapazität erschöpft, kann das Harz durch eine konzentrierte Lösung der ursprünglichen Ionen wieder regeneriert werden. Der Handel bietet aber auch Austauschpatronen an, um dem Aquarianer das zeitaufwendige und teils gefährliche Hantieren mit Chemikalien zu ersparen.

Nicht alle auf dem Markt befindlichen Ionenaustauscher sind für die Aquaristik von Nutzen. Sowohl die Enthärtung durch **Neutralaustauscher** (alle positiv geladenen Ionen werden gegen Natrium ausgetauscht) also auch die Nitratentfernung durch **Anionenaustauscher** (alle negativen geladenen Ionen werden gegen Chlorid ausgetauscht) können nicht empfohlen werden, weil sie das Ionenspektrum des Wassers in unnatürlicher Weise verschieben. Auch das Senken der Karbonathärte durch stark saure oder schwach saure **Kationenaustauscher** kann gefährliche Schwankungen im Wassermilieu bewirken.

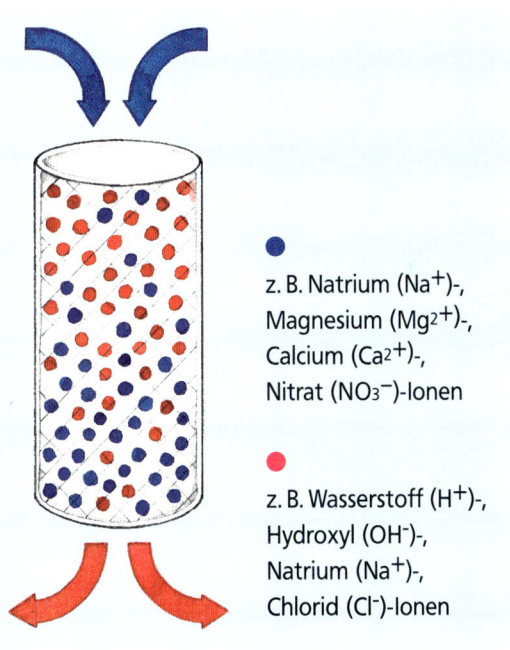

● z. B. Natrium (Na^+)-, Magnesium (Mg^{2+})-, Calcium (Ca^{2+})-, Nitrat (NO_3^-)-Ionen

● z. B. Wasserstoff (H^+)-, Hydroxyl (OH^-)-, Natrium (Na^+)-, Chlorid (Cl^-)-Ionen

Ionenaustauscher halten einen bestimmten Teil des zufließenden Wassers zurück (z.B. Ca- oder Mg-Ionen) und geben dafür Stoffe aus ihrem Substrat an das Wasser ab (z. B. H^+- oder OH^--Ionen)

Osmoseanlagen liefern sehr reines, weiches Wasser. Sie können an jeden Wasserhahn angeschlossen werden

Am sinnvollsten ist die Vollentsalzung des Wassers, bei der ein stark saurer Kationenaustauscher und ein Anionenaustauscher nacheinander geschaltet werden. So erhält man vollentsalztes Wasser, dem dann so lange Leitungswasser beigemischt werden muß, bis die gewünschten KH- und GH-Werte erreicht sind.

Umkehr- oder Reversosmose

Durch dieses Verfahren kann man nicht nur Salze aus dem Wasser entfernen, sondern auch Umweltgifte und Bakterien.
Das Innenleben eines solchen Gerätes besteht aus einer Membran, deren Poren zu eng sind, um größere Ionen oder Moleküle passieren zu lassen. Durch Druck auf die über der Membran stehende Wassersäule werden die Wassermoleküle durch sie hindurchgepreßt, während andere Moleküle hängenbleiben. Das gewonnene Wasser ist nach Vermischen mit Leitungswasser sowohl für aquaristische Zwecke als auch zum Trinken, Kochen, Blumengießen u. a. bestens geeignet.
Zur Zeit sind Reversosmosegeräte noch recht teuer und wegen des hohen Wasserverbrauchs auch nicht sehr umweltfreundlich (nur ca. 30 % des Leitungswassers können auch als Osmosewasser aufgefangen werden), was sich aber hoffentlich bald ändern wird.
Gute Zoogeschäfte verfügen schon heute über größere Osmoseanlagen, um die Wasserwerte optimal für die jeweiligen Fischspezies einstellen zu können. Hier kann der Hobbyaquarianer osmosegefiltertes Wasser kanisterweise günstig kaufen.

WICHTIG: Salzfreies Wasser darf niemals pur verwendet werden!

Wasserstoffperoxid-Oxidatoren

Diese Oxidatoren werden in Aquarien eingesetzt, um die Arbeit der aeroben Bakterien zu unterstützen. Sinnvoll ist dies nur bei hoffnungsloser Überforderung des Aquarienfilters durch zu hohen Fischbesatz (Nitritgehalt ständig über 0,2 mg/l), was aber schon aus Tierschutzgründen

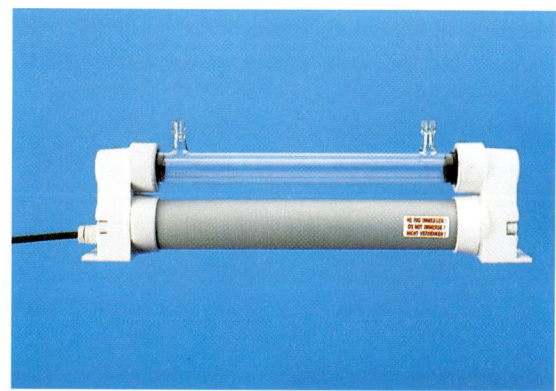

Eine in den Wasserkreislauf eingebaute UV-Lampe tötet Viren, Bakterien, Pilze und Schwebalgen. Sie wird nur bei Bedarf eingeschaltet

nicht vorkommen darf. In Pflanzenbecken ist der Oxidator wegen der Zerstörung der Pflanzennährstoffe sowieso nicht wünschenswert. Da Wasserstoffperoxid, das aus dem Behälter ins Wasser gelangen kann, zudem unter Umständen die Schleimhaut und die Kiemen der Fische verätzt, sollte man ein Aquarium von vornherein so einrichten, daß man auf einen Oxidator verzichten kann.

UV-Wasserklärer

Er besteht aus einem Doppelglasmantel, durch den das Wasser mittels Motorfilter in ca. 4 mm Abstand an einem röhrenförmigen UV-Brenner vorbeigeführt wird, wobei alle im durchströmenden Wasser enthaltenen Mikroorganismen getötet werden. Da Wasser UV-Strahlung weder speichern noch transportieren kann, passiert den Organismen im Aquarium selbst nichts.
Eingesetzt wird dieses Gerät bei durch Schwebalgen, Einzeller und Bakterien hervorgerufenen Trübungen im Aquarium. Auch bei der Erzeugung keimfreien Wassers für die Aufzucht sehr empfindlicher Fische sowie beim Eliminieren organischer Verbindungen aus dem Becken leistet er gute Dienste.

Beachtet werden muß, daß UV-Filter Eisen ausfällen, das den Pflanzen somit nicht mehr zur Verfügung steht, und daß die UV-Strahlung eine Reduktion von Nitrat zu Nitrit verursacht. UV-Wasserklärer deshalb nicht auf Dauer verwenden.

Membranpumpe

Mit Hilfe einer Membranpumpe und des zugehörigen Schlauches sowie eines Ausströmers kann man ein Becken mit Sauerstoff belüften. Anwendung finden solche Durchlüfter bei der Intensivfischhaltung, bei der Kultur von Salinenkrebschen, des weiteren in Notfallsituationen (bei Sauerstoffunterversorgung, beispielsweise nach der Verabreichung von Medikamenten), und in pflanzenlosen Zucht- und Aufzuchtbecken (eine leichte Durchlüftung sorgt hier nicht nur für den wegen des Fehlens von Pflanzen notwendigen Sauerstoffeintrag, sondern verteilt auch die Futtertiere für die Jungfische gleichmäßig im Wasser).

Die Membranpumpe sollte in Pflanzenbecken nur in Ausnahmesituationen zum Einsatz kommen

WICHTIG: Da ein Durchlüfter das für Pflanzen so wesentliche Kohlendioxid aus dem Wasser heraustreibt, sollte er in Pflanzenbecken nicht benutzt werden.

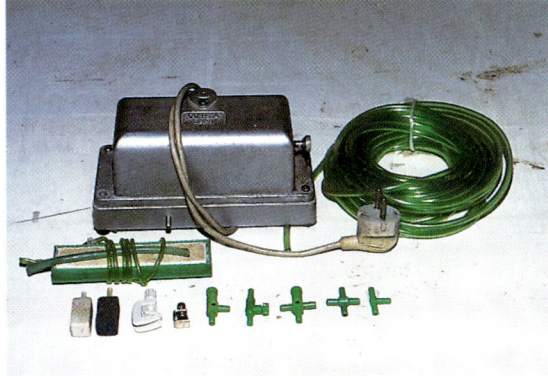

Eine Membranpumpe mit Zubehör (Schlauchverbindung, Ausströmer, Schlauchklemmen und Verteiler) ist in bepflanzten Aquarien nicht mehr nötig

Ein Ausströmer in Aktion

CO$_2$-Düngeanlagen

Bereits im Kapitel „Wasseranalyse" wurde die Bedeutung des Kohlendioxids besprochen (siehe Seite 32 ff.). Es ist der wichtigste Pflanzendünger und durch seine Beteiligung am Puffersystem des Wassers mit für die Höhe des pH-Wertes verantwortlich.

Der Bedarf eines Beckens an CO$_2$ ist abhängig von Pflanzenbestand, Fischbesatz, Lichtstärke, Temperatur, Wasserbewegung und dem gewünschten pH-Wert und muß deshalb individuell ermittelt werden. In den meisten Fällen genügt das durch Fische und Umbauprozesse vom Aquarium selbst erzeugte Kohlendioxid aber nicht, um alle Pflanzen ausreichend zu versorgen. Aus diesem Grund und vor allem wegen der dadurch möglichen Regulierbarkeit des pH-Wertes stellt der Kauf einer CO$_2$-Anlage eine sinnvolle Ergänzung des Aquarienzubehörs dar.

Das Düngesystem

Eine CO$_2$-Anlage setzt sich zusammen aus einer Druckgasflasche, einem Druckminderer, einem Nadelventil und einem Diffusionsgerät. Wahlweise kann man noch Rücklaufschutz und Blasenzähler dazukaufen. Die Kosten der Anschaffung und Unterhaltung einer Anlage können von Hersteller zu Hersteller stark variieren. Ein Preisvergleich lohnt sich. Denken Sie aber daran, daß die billigeren kleinen Flaschen schnell aufgebraucht sind und dann ersetzt werden müssen.

Ausschnitt aus einem Aquarium, das mit einer CO$_2$-Düngeanlage betrieben wird

CO₂-Bedarf und -Kontrolle

Der Bedarf eines Beckens hängt, wie oben bereits erwähnt, von vielen Faktoren ab. Am einfachsten ist es, die Menge der Kohlendioxidzugabe auf den pH-Wert der gepflegten Fische abzustimmen. Möchte man einen leicht sauren pH-Wert (6,5–6,8) erreichen, muß man bei hoher Karbonathärte mehr CO_2 zugeben als bei einer niedrigen.

Genau bestimmen läßt sich der CO_2-Gehalt durch Meßreagenzien.

CO₂-Verluste

Durch Leckstellen im System kann mehr Kohlendioxid entweichen, als das ganze Aquarium verbraucht. Deshalb sollten verdächtige Stellen (z. B. Gewinde) nach jedem Flaschenwechsel neu überprüft werden (verdünntes Spülmittel auftragen und auf Blasenbildung achten). Auch durch poröse Schläuche entweicht unter Umständen viel CO_2. Am schnellsten undicht werden Siliconschläuche, die daher für eine CO_2-Anlage auf keinen Fall benutzt werden sollten.

AUS DER PRAXIS
Die Benutzung einer Entsalzungsanlage (Ionenaustauscher, Osmoseanlage) kann je nach Ausgangsqualität des Leitungswassers sehr dazu beitragen, fischgerechtes Wasser herzustellen, und ermöglicht die Einstellung einer artgerechten Gesamt- und Karbonathärte (siehe Gruppeneinteilung der einzelnen Fischarten). Als kostensparend hat sich die gemeinsame Nutzung einer Anlage durch verschiedene Aquarienfreunde erwiesen.
Die positiven Auswirkungen einer CO_2-Anlage sowohl auf die Pflanzen als auch über die dadurch mögliche genaue pH-Wert-Einstellung auf die Fische sind in der Aquaristik unbestritten. Becken mit einer solchen Anlage besitzen einen prachtvollen und artenreichen Pflanzenbestand, wenig bis keine Algen und gesunde Fische. Wichtig ist die pH-Wert-Regulierung vor allem bei Fischarten der Gruppe 1 (siehe Fischtabellen Seite 171 ff.). Bei Fischen, die aus alkalischen Gewässern stammen, kann man auf eine CO_2-Anlage verzichten, was aber gleichzeitig eine Einschränkung bei der Wahl der Pflanzen bedeutet (es kommen hierbei besonders Pflanzen der Gruppe 1 in Frage).
UV-Wasserklärer, Oxidator und Membranpumpe werden in der Praxis nur im Bedarfsfall angewendet.

AUF EINEN BLICK
- *Für die Aquaristik können nur Vollentsalzungsanlagen empfohlen werden. Vorsicht mit Enthärtungsanlagen für den Haushalt (s. o.)!*
- *Das entsalzte Wasser muß immer mit Leitungs- oder Quellwasser gemischt werden. Außer beim Nachfüllen verdunsteten Wassers nie pur benutzen!*
- *Oxidatoren wirken sich nachteilig auf den Pflanzenwuchs aus und können Fische schädigen*
- *Eine Membranpumpe mit Ausströmer sollte jeder Aquarianer greifbar haben (Notfälle bei Sauerstoffunterversorgung, für Aufzuchtbecken, zur Herstellung von Artemia-Lebendfutter usw.)*
- *CO_2-Anlagen sind die sicherste Möglichkeit, den pH-Wert im sauren Bereich zu halten*

DER BODEN

GRUND

Jahrzehntelang hat die Aquaristik die einzige Funktion des Bodengrundes darin gesehen, daß er den Pflanzen als Verankerung dient. Diese würden, so hieß es, die Nährstoffe sowieso nur über die Blätter aufnehmen. Mittlerweile aber hat sich zweifelsfrei herausgestellt, daß der Boden einen sehr wichtigen Bestandteil im komplexen ökologischen System des Aquariums darstellt.

Aufgaben und Aufbau des Bodengrundes

Untersucht man den Mulm des Bodengrundes, so findet man darin viele Einzeller *(Cilia-ten, Rotatorien, Rhizopoden, Clitellaten)* und Bakterien. Ebenso wie die Mikroorganismen an Land verwandeln sie organische Abfälle – also Futterreste, Pflanzenteile, Fischkot usw. – in ungiftige, teils sogar fruchtbare Mineralisationsprodukte. In den tieferen Schichten des Bodens werden diese dann für die Pflanzen aufgearbeitet. Entscheidend ist, daß im Boden selbst ein sauerstoffarmes Milieu herrscht, weil die Pflanzennährstoffe sonst, wie überall in Gegenwart von Sauerstoff, oxidiert und ausgefällt würden. Weil der Bodengrund zusätzlich in einem ständigen, wenn auch langsamen Austausch mit dem Aquarienwasser steht, können die im Boden aufbereiteten Nährstoffe von den Pflanzen sowohl über die Wurzeln als auch über die Blätter aufgenommen werden.

Das Bodensubstrat

Sauerstoffarme Bodenzonen erreicht man durch eine größere Schicht-höhe

Ob die wichtigen sauerstoffarmen Zonen im Boden entstehen können, ist sowohl von der gewählten Schichthöhe als auch vom verwendeten Substrat abhängig. Es ist leicht zu verstehen, daß ein zu niedriger Bodengrund kein sauerstoffarmes Milieu aufzubauen vermag, weil er zu sehr vom O_2-haltigen Wasser beeinflußt wird. Auch ein zu grober Kies läßt zuviel Sauerstoff in den Boden eindringen. Deshalb ist es empfehlenswert, den Bodengrund in einer Schichthöhe von 4–6 cm vorn und 8–10 cm am Rand und hinten (Terrassenbildung) anzulegen. Außerdem sollte man bei der Auswahl des Substrates eine Körnung von 1–3 mm wählen.

In den Tropen steht unseren Aquarienpflanzen ein sehr nahrhafter Bodengrund zur Verfügung

In der Kiesschicht des Bodens hat sich nahrhafter Mulm angesammelt

Ein durch große Schichthöhe bedingtes Schwarz- oder Fauligwerden des Bodengrundes braucht nicht befürchtet zu werden.

Es hat sich gezeigt, daß Aquarienpflanzen Sauerstoff nicht nur über ihre Blätter an das Wasser, sondern über die Wurzeln auch in den Boden abgeben und so ein Faulen verhindern. Nur wenn der Pflanzenbestand zu gering ist oder nicht gut gedeiht, besteht die Gefahr, daß sich im Boden giftige Faulgase bilden. Ein faulender Bodengrund ist also immer nur Folge, nie Ursache von schlechtem Pflanzenwuchs!

Auswahl des Substrates

Achten Sie bei der Auswahl des Bodensubstrates unbedingt darauf, daß es kalkfrei ist, weil Wasserhärte und pH-Wert sonst vollkommen außer Kontrolle geraten. Im Zweifelsfall tröpfeln Sie etwas verdünnte Salzsäure, die Sie in der Apotheke erhalten, oder Essigkonzentrat auf eine Probe des ausgesuchten Materials. Schäumt es auf, enthält es Kalk und eignet sich somit nicht für das Aquarium.

Die Farbe des Bodens sollte entsprechend den natürlichen Fisch- und Pflanzenbiotopen dunkel sein. Ein heller Boden reflektiert das einfallende Licht und führt zu Unbehagen und Schreckhaftigkeit bei den Fischen, was sie blaß und unattraktiv erscheinen läßt. Ob die Lichtreflexion auf die Blattunterseite bei manchen Pflanzen Wuchsstörungen hervorruft, ist noch nicht sicher geklärt,

Der warme Braunton des Bodengrundes bildet einen schönen Kontrast zu den grünen Pflanzen und zeigt die Fische in ihren schillerndsten Farben

Das Angebot an Bodengrundsubstraten ist sehr vielfältig, aber nicht jedes Substrat ist für das Aquarium zu empfehlen

Neolamprologus multifasciatus auf dunklem Bodengrund

Derselbe Fisch auf hellem Kies. Deutlich ist die blassere Färbung zu erkennen

Gründelnde Fische wie dieser Panzerwels benötigen ein feines, rundes Bodensubstrat

wird aber zumindest für Schattenpflanzen vermutet. Aus diesen Gründen sollte der leider vielfach angebotene helle Kies oder Sand nicht verwendet werden.

WICHTIG: Möchte man gründelnde Fische wie z. B. Welse, Schmerlen oder manche Barscharten im Becken halten, darf das Bodensubstrat nicht scharfkantig oder rauh sein.

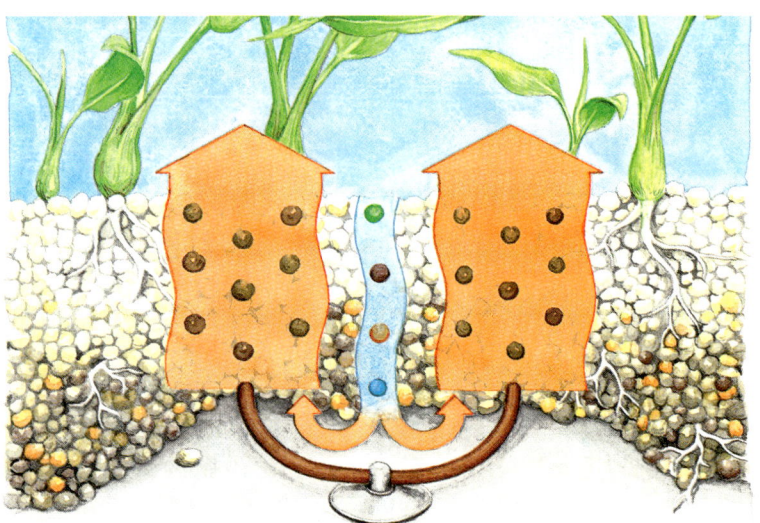

Das im Bodengrund stehende Wasser erwärmt sich über den Heizkabeln und steigt nach oben. Dadurch kann frisches, kühleres Wasser in den Boden eindringen. Es entsteht eine sehr vorteilhafte Wasserzirkulation

Den Bodengrund düngen oder nicht?

Bodenproben aus tropischen Gewässern haben gezeigt, daß den Pflanzen dort ein sehr nahrhafter Bodengrund zur Verfügung steht. Er beginnt in wenigen Zentimetern Tiefe und ist meist durch eine Schicht Flußkies oder -sand abgedeckt.

Auch in der Aquaristik hat man inzwischen die Vorteile eines gedüngten Bodengrundes erkannt. Um uns aber mit Gartenerde oder Kuhmist nicht auf Experimente mit unvorhersehbarem Ausgang einzulassen, sollten wir hierbei auf das sehr nahrhafte Bodenmaterial aus Aquarienpflanzen-Gärtnereien zurückgreifen, das der Zoohandel anbietet (Gebrauchsanweisungen beachten). Abgedeckt wird es durch mehrere Zentimeter gewaschenen Kies, damit es das Wasser nicht trübt.

Auch Lehmkügelchen, eventuell mit etwas Bodengrunddünger oder Eisen vermischt, können, nachdem sie getrocknet wurden, lose im Kies verteilt werden. Sie lassen sich auch nachträglich noch gut in den Boden drücken.

Bodenheizung

Mit einem direkt auf dem Aquarienboden befestigten *Heizkabel* kann man eine der Natur nachempfundene Grundwasserstörung simulieren. Das Wasser im Bodengrund wird über den Kabeln leicht erwärmt und steigt dadurch nach oben, kühleres Wasser strömt von den Seiten nach unten.

WICHTIG: Die Leistung des Kabels darf das Wasser im Boden nur ganz langsam zirkulieren lassen. Bei einer zu starken Wasserbewegung wird zuviel Sauerstoff in den Boden transportiert, was seine Funktion zerstört und die Pflanzenkultur zusammenbrechen läßt. Daher wachsen auch in Aquarien mit Bodendurchflutern (auch Unterbodenfilter genannt) keine Pflanzen. Zu empfehlen ist für den Dauerbetrieb eine Leistung von ca. **1 Watt pro 10 Liter Aquarieninhalt.**

Pflege des Bodengrundes

Das oft empfohlene Reinigen des Bodengrundes mit Mulmabsaugern sollte man unterlassen, denn Mulm enthält sehr viele Nährstoffe und gehört in den Boden. Außerdem wird das empfindliche Mikroklima des Bodens dabei zerstört, was sich auf das gesamte Aquarium negativ auswirkt. Größere Mulmansammlungen hinter Steinen oder in den Ecken kann man eventuell beim Wasserwechsel mit absaugen. Ansonsten sollte man den Bodengrund sich selbst überlassen. Ausgetauscht werden muß er nur, wenn der Sauerstofftransport der Pflanzen in den Boden hinein gestört ist, z. B. durch einen zu geringen oder einen kranken Pflanzenbestand, und sich dadurch tiefschwarze Faulzonen bilden. Meist entströmt dem Aquarium dabei ein muffiger Geruch (Schwefelgase). Meine Becken betreibe ich seit über 10 Jahren mit demselben Bodengrund.

AUS DER PRAXIS
Bei meinen Untersuchungen konnte ich eindeutig feststellen, daß die höheren Bodenschichten immer einen ausgezeichneten Pflanzenbestand hervorbrachten. Solche Becken fanden auch ohne Zutun ihrer Besitzer zu einem stabilen Gleichgewicht, vorausgesetzt natürlich, daß grobe Pflegefehler unterblieben. Ein niedriger oder oft gereinigter Bodengrund führte dagegen fast immer zu Schwierigkeiten, sowohl mit den Pflanzen als auch mit dem gesamten Becken.
Ein nahrhafter Bodengrund gleich zu Anfang ist sicher sehr vorteilhaft und wird von mir auch bei jeder Neueinrichtung empfohlen, aber mit der Zeit übernimmt der in jedem Becken anfallende Mulm die gleiche Funktion. Er darf nur nicht entfernt werden. Turmdeckelschnecken sind unersetzlich, wenn es darum geht, ihn in den Boden einzuarbeiten. Eine Bodenheizung gehört zu dem technischen Zubehör eines Aquariums, das wirklich sinnvoll ist und eine Reihe von Vorteilen bringt. Aber natürlich gibt es auch sehr viele

Viele im Mulm ablaufende chemische Reaktionen stabilisieren das Aquarium

wunderschöne Aquarien ohne Heizkabel. Ausschlaggebend ist wohl die Raumtemperatur. Ist sie niedrig, kann der Temperaturunterschied zwischen Bodengrund und geheiztem Aquarienwasser schnell zu groß werden. Leider habe ich in 71 % der untersuchten Aquarien einen hellen Bodengrund vorgefunden. Die Fische waren in solchen Becken schreckhafter und zeigten blasse Farben.

Eine Bodenheizung bringt vor allem dann Vorteile, wenn der Unterschied zwischen Raum- und Aquarienwassertemperatur sehr groß ist

AUF EINEN BLICK
- *Der Bodengrund ist ein wichtiger Baustein im biologischen System des Aquariums*
- *Damit er richtig funktionieren kann, müssen die Anforderungen an Schichthöhe und Körnung beachtet werden*
- *Die meisten Fischarten benötigen einen dunklen Bodengrund für ihr Wohlbefinden*
- *Heizkabel und Dünger unterstützen die biologische Funktion des Bodengrundes und sorgen für gutes Pflanzenwachstum*
- *Das Bodenklima soll nicht durch ständiges Reinigen gestört werden*
- *Eine gute Bepflanzung verhindert Faulstellen im Bodengrund*

PFLANZEN

Die Bedeutung der Pflanzen für das Aquarium wurde lange Zeit unterschätzt. Während man sie früher nur als Dekorationsmaterial angesehen hat, weiß man heute, daß gesunde, funktionstüchtige Wasserpflanzen die elementare biologische Voraussetzung für die erforderliche Pflege eines tropischen Aquariums und seiner Bewohner darstellen.

Ein Aquarium braucht Pflanzen

Die vielfältigen positiven Auswirkungen auf die gesamte Aquarienwelt lassen Wasserpflanzen zu einem unersetzlichen Baustein in dessen komplexem, ökologischem Gefüge werden. Sie bilden die Grundvoraussetzung für ein biologisches Gleichgewicht und damit für artgerechte Zierfischhaltung und dürfen in keinem Becken fehlen.

Versuche haben bewiesen, daß keine noch so gute technische Einrichtung echte Pflanzen zu ersetzen vermag. Deshalb sollte man auch nicht versuchen, durch pflanzenlose Becken die Biotope einiger Afrikabarsche oder Schwarzwasserfische nachzustellen. Das Aquarium darf aufgrund seiner winzigen Wassermenge nicht mit dem Amazonas oder den großen afrikanischen Seen verglichen werden.

Funktion der Pflanzen

Pflanzen können das Wasser entgiften ...

Nicht nur, daß die Pflanzen den für das Becken lebensnotwendigen Sauerstoff produzieren, sie sind auch in der Lage, das Wasser zu entgiften, natürliche Antibiotika zum Schutz der Fische abzugeben und ein gesundes Bodenklima aufrechtzuerhalten. Sie bieten den Fischen Schutz, dienen ihnen als Laichsubstrat und helfen, Reviere abzugrenzen. Ihre dekorativen Farben sind nicht nur der Schmuck eines jeden Zimmers, sondern wirken sich durch die verschiedenen Grüntöne auch positiv auf die menschliche Gemütslage aus.

... und Bakterien unschädlich machen

Vor allem schnellwüchsige Pflanzen, wie z.B. die hier abgebildete Wasserpest, üben einen sehr positiven Einfluß auf das Wasser aus

Die Entgiftung des Wassers durch Pflanzen bezieht sich nicht nur auf Ammonium und Nitrat. Versuche konnten zeigen, daß Wasserpflanzen auch so gefährliche Bakterien wie *E. coli, Staphylokokken, Pseudomonaden* und *Proteus* unschädlich machen können. Vor allem schnellwüchsige Pflanzen, wie Rotala-, Vallisnerien-, Wasserfreund-, Tausendblatt-, Wasserpest- und Hornkrautarten, aber auch Schwimmpflanzen (Wasserlinse, Muschelblume, Sumatrafarn) eignen sich hierzu hervorragend.

Auch chemische Substanzen wie organische Kohlenwasserstoffe, Phenole, Zyankali, Arsen, Salizylsäure und Karbolsäure können Pflanzen aus hochbelasteten Gewässern entfernen. Solche Untersuchungsergebnisse bestätigen die Beobachtung, daß in einem Aquarium mit gutem Pflanzenbestand Fischkrankheiten, falls überhaupt, weit weniger häufig auftreten als in Becken, die auf technischem Wege mit Luft versorgt werden.

Neben dem Erfüllen ihrer vielfältigen Aufgaben im Aquarium dienen Pflanzen auch als Laichsubstrat

Das Problem der biogenen Entkalkung

Wie auf Seite 32 im Kapitel über die Wasseranalyse bereits erwähnt, stellt das im Wasser gelöste Kohlendioxid den wichtigsten Pflanzennährstoff dar. Bei einem Mangel an Kohlendioxid können manche Pflanzenarten, vor allem Wasserpest, Wasserfreund und Tausendblatt, das von ihnen benötigte CO_2 aus Hydrogenkarbonat, einem der Bildner der Karbonathärte, „herausbrechen". Hierbei entstehen Calciumhydroxid und Calciumcarbonat. Ersteres ist sehr alkalisch und kann den pH-Wert in für Fische unverträgliche Höhen schnellen lassen. Das zweite überzieht die Blätter mit einer weißen, körnigen Schicht, die sich auch nach Zugabe von CO_2 oft nicht mehr auflösen läßt und die Pflanzen erstickt.

Durch das Ausfällen von Calciumcarbonat werden die Gesamt- und die Karbonathärte gesenkt, weshalb der Vorgang biogene Entkalkung genannt wird. Die Senkung von GH und KH ist in diesem Fall nicht positiv für das Aquarium, weil sie mit einer starken Erhöhung des pH-Wertes einhergeht.

Die biogene Entkalkung ist energieabhängig, das heißt, sie wird durch eine intensive Beleuchtung gefördert. Möchte man die Lichtzufuhr wegen der Pflege lichthungriger Pflanzen nicht drosseln, kann nur die Zugabe von Kohlendioxid durch eine CO_2-Anlage dem hohen pH-Wert entgegensteuern.

Die biogene Entkalkung ist oft mit einer starken pH-Wert-Erhöhung verbunden

Bei CO_2-Mangel kommt es zu Kalkablagerungen auf den Pflanzen. Algen deuten zusätzlich auf ein gestörtes Gleichgewicht hin

Die erfolgreiche Pflege

Lange Zeit war die erfolgreiche Pflege eines dekorativen, gesunden Pflanzenbestandes eine sehr unsichere Sache. Während in manchen Aquarien die Pflanzen jeden Monat ausgelichtet werden mußten, wuchsen sie in anderen trotz allen guten Willens überhaupt nicht. Da half auch kein Kopieren der Verhältnisse guter Pflanzenaquarien oder die Anschaffung aller möglichen technischen Geräte. Erst die jahrzehntelange, intensive Forschung und Beobachtung, sowohl in den Herkunftsbiotopen als auch in Versuchs- und Hobbyaquarien, brachten die Faktoren zutage, die für einen guten Pflanzenwuchs ausschlaggebend sind. Der sehr unberechenbare „grüne Daumen" des erfolgreichen Pflanzenzüchters wurde ersetzt durch ein Know-how, das heute jedem die Gestaltung eines prachtvollen Unterwassergartens ermöglicht.

Trotzdem haben viele Aquarianer immer noch mit mangelndem Pflanzenwuchs oder mit Algenplagen zu kämpfen. In den meisten Fällen läßt sich dies auf Fehler zurückführen, die schon bei der Einrichtung begangen wurden und die sich in falscher Pflege fortsetzen. Vor diesem Hintergrund sollen nun die **Voraussetzungen** für guten Pflanzenwuchs besprochen werden, damit jedes Becken von den vielen Vorteilen der Wasserpflanzen profitieren kann und wieder zu einem dekorativen Zimmerschmuck wird.

Voraussetzungen

Damit die Pflanzen gut gedeihen, muß eine Reihe von Voraussetzungen gegeben sein

Leben und Wachsen von Aquarienpflanzen sind von verschiedenen Faktoren abhängig, die sich gegenseitig beeinflussen. Höhere Temperaturen machen beispielsweise eine stärkere Beleuchtung notwendig. Diese wiederum ruft einen größeren Nährstoffbedarf bei den Pflanzen hervor usw.

♦ Richtige Pflanzenwahl

Die Auswahl der richtigen Pflanzenarten ist ganz entscheidend und muß sich am Becken und seiner technischen Einrichtung orientieren. In einem Aquarium mit starker Beleuchtung und mit Kohlendioxiddüngung kann man andere Arten pflegen als in einem mit schwachem Licht und fehlender Düngung. Das Nichtbeachten der jeweiligen Energie- und Nährstoffansprüche der Pflanzen ist einer der häufigsten Fehler.

Bei der Neueinrichtung eines Beckens muß man Pflanzen auswählen, die möglichst robust sind und schnell wachsen. Sie helfen entscheidend mit, das Aquarium sicher über die kritischen ersten 3–5 Monate zu bringen und es zu stabilisieren. Erst danach sollte man sie, falls man eher etwas anspruchsvollere oder langsamer wachsende Arten bevorzugt, gegen die gewünschten Pflanzen austauschen.

WICHTIG: Je mehr Pflanzen man von Anfang an einsetzt, desto besser entwickelt sich das Wuchsklima. Daher also nicht an der falschen Stelle sparen!

Mit etwas Know-how kann heute jeder Aquarianer ein solch prachtvolles Becken gestalten

Am Ende dieses Kapitels werden Pflanzen vorgestellt, die nicht, wie sonst üblich, nach Alphabet oder Größe, sondern nach ihren jeweiligen Ansprüchen an die Pflege eingeteilt sind. Neben den Erkenntnissen aus meinen Literaturstudien spielten dabei vor allem die in der Praxis gesammelten Erfahrungen eine Rolle. Suchen Sie aus den angegebenen Gruppen diejenigen Pflanzen aus, die zu Ihrem Aquarium passen.

✦ Optimale Beleuchtung

Licht gehört zu den wichtigsten Energielieferanten der Pflanzen und ist für die Photosynthese unentbehrlich. Die große Bedeutung der Beleuchtung sowohl für die Pflanzen als auch für das gesamte Aquarium wurde bereits im Kapitel „Aquarienbeleuchtung" besprochen (siehe Seite 49 ff.).

✦ Ideale Wasserverhältnisse

Die meisten Pflanzen wachsen in saurem Wasser besser als in alkalischem. Dies liegt vor allem daran, daß ihnen in saurem Wasser mehr CO_2 zur Verfügung steht als bei höheren pH-Werten, denn die CO_2-Konzentration nimmt in ungedüngten Aquarien mit steigendem pH-Wert ab. Gibt man CO_2 zu, gedeihen die meisten Pflanzen in hartem, alkalischem Wasser ebenfalls gut.

Auch der Sauerstoffgehalt des Wassers beeinflußt das Pflanzenwachstum (siehe dazu das Kapitel „Sauerstoff" Seite 29 ff.).
Ein rascher Anstieg des O_2-Gehaltes, z. B. durch Wasserwechsel, eine neue Lampe oder Absammeln von Schwimmpflanzen (mehr Licht = höhere O_2-Produktion), kann sogar zum Zusammenbruch empfindlicher Spezies führen (Cryptocorynenfäule), da hierbei im Pflanzeninneren gespeicherte Nährstoffe ausgefällt werden und die Leitungsbahnen verstopfen.

Ein schnelles Ansteigen des Sauerstoffgehaltes kann für die Pflanzen schädlich sein

Anspruchslose, schnellwachsende Pflanzen wie in diesem Becken helfen, ein Aquarium in ein stabiles Gleichgewicht zu bringen

♦ *Angepaßte Filterung*

Die Oxidationsvorgänge im Filter entziehen den Wasserpflanzen wichtige Nährstoffe (weitere Einzelheiten siehe Seite 64).

Luftbetriebene Filter, ein plätschernder Wasserrücklauf, Diffusoren und starke Oberflächenbewegung treiben Kohlendioxid aus dem Wasser aus und sind deshalb für ein Pflanzenaquarium sehr ungünstig.

Wer an einem guten Pflanzenwuchs interessiert ist, sollte einen Filter installieren, dessen Leistung nicht über das Beckenvolumen pro Stunde hinausgeht. Erfahrene Aquarianer können sogar ganz auf seinen Einsatz verzichten. Selbstver-ständlich muß als Vorbedingung hierfür der Fischbesatz auf ein biologisch verträgliches Maß reduziert werden (siehe dazu Seite 71). Eine erwünschte Strömung läßt sich auch durch eine einfache Kreiselpumpe erzeugen.

Wer trotz allem einen Filter mit großer Oxidationskraft benutzen will oder muß (stark besetztes Becken), muß die entstehenden Nährstofflücken durch häufigere Düngung wieder auffüllen.

♦ *Richtige Nährstoffversorgung*

Vergleichende Analysen von tropischen Pflanzenbächen und hiesigem Leitungswasser zeigen, wie pflanzenfeindlich letzteres ist. Unser

Ein Filter sollte kein Kohlendioxid aus dem Wasser austreiben

Werden die Pflegeansprüche der Pflanzen erfüllt, sind der Phantasie bei der Gestaltung des Aquariums keine Grenzen gesetzt

Trinkwasser hat ein völlig anderes Ionenspektrum (zuviel Calcium und Magnesium, zuwenig Chlorid und Natrium). Was aber noch schlimmer ist: ihm fehlen wichtige Nährstoffe wie Ammonium, Eisen, Mangan, Kalium und Kohlensäure fast gänzlich. Wir können also nicht erwarten, daß Wasserpflanzen hierin gut gedeihen.

Im Aquarium kommen außerdem durch Fischkot und Futter reichlich Düngestoffe hinzu, die in Tropenbächen nur in Spuren vorhanden sind und deshalb von den Pflanzen kaum verwertet werden können und sie vielleicht sogar schädigen. Hierzu zählen Nitrat und Phosphat. Dagegen führen die im Becken ablaufenden Oxidationsprozesse zur unerwünscht hohen und schnellen Abnahme der sowieso kaum vorhandenen Nähr- und Spurensubstanzen.

In ihren natürlichen Biotopen werden Wasserpflanzen durch kleine, unterirdische Quellen mit der vollständigen Palette aller notwendigen Nährstoffe und Spurenelemente versorgt. Im Aquarium müssen wir die fehlenden Stoffe durch regelmäßig und gezielte Düngergaben ersetzen.

◆ *Anforderungen an gute Aquariendünger*

Unter Beachtung der eben genannten Unterschiede zwischen Heimatgewässern und Aquarienwasser müssen bei guten Düngepräparaten folgende Kriterien gegeben sein:

◆ Die im Leitungswasser zu gering oder überhaupt nicht vorhandenen Nährstoffe müssen ergänzt werden

◆ Die im Aquarium selbst gebildeten Nährsubstanzen dürfen im Dünger nicht enthalten sein (Ammonium, Nitrat und Phosphat)

◆ Die zugegebenen Nähr- und Spurenstoffe müssen durch Chelatoren stabilisiert sein, damit sie nicht zu schnell durch Oxidation ausgefällt werden

Im Handel gibt es Präparate, die speziell für die Aquaristik entwickelt wurden.

WICHTIG: Dünger für Landpflanzen sind für Aquarien schädlich und dürfen auf keinen Fall benutzt werden!

In der Natur stehen den Pflanzen alle benötigten Nährstoffe in ausgewogenem Verhältnis zur Verfügung

◆ *Bedeutung der Chelatoren*

Chelatoren können im Becken selbst vorhanden sein (organische Stoffe, die aus Stoffwechselprodukten von Pflanzen, Tieren und Bakterien entstehen, z. B. im Mulm) oder zugegeben werden (z. B. mit Pflanzendünger oder Wasseraufbereitungsmittel). Ihre Aufgabe ist, mit den sauerstoffempfindlichen Pflanzennährstoffen eine Komplexbindung einzugehen und ihre Oxidation durch Sauerstoff damit hinauszuzögern. Gänzlich verhindert werden kann sie nicht, weil auch Chelatoren mit der Zeit oxidiert werden. Wie schnell dies geschieht, hängt vor allem vom Sauerstoffgehalt des Wassers und von der Leistungskraft des Filters ab.

Chelatoren schützen Nährstoffe ...

Chelatoren – gleich ob künstliche oder natürliche – sind auch noch in anderer Hinsicht wichtig. Untersuchungen haben ergeben, daß sie außer Pflanzennährstoffen auch Schwermetallionen binden und damit deren Giftwirkung herabsetzen können. Wichtig ist das besonders für Aquarianer, die kupferhaltiges Leitungswasser haben (siehe dazu Seite 37).

... und verhindern Kupfervergiftungen

93

An den hellen Blättern der Anubia ist zu erkennen, daß sie an Eisenmangel leidet. Die Veralgung der Pflanze zeugt von ihrer verminderten Abwehrkraft

Die „Christbaumstruktur" der Pflanzen, wie sie auf diesem Bild deutlich zu sehen ist, weist auf Kaliummangel hin

◆ Düngepräparate
Im Handel angeboten werden Volldünger, Eisen- bzw. Spurenelementdünger, Bodengrunddünger und CO_2-Dünger.

Volldünger
Sie sollten die obengenannten Forderungen erfüllen. Nach Zusatz der auf der Packung empfohlenen Menge sollte das Wasser einen Eisengehalt von ca. 0,08 bis 0,1 mg/l aufweisen.

Die Wahl des richtigen Düngers ist wichtig für ein gutes Gedeihen der Pflanzen

Eisendünger
Ihn sollte man nicht über längere Zeit hinweg ausschließlich verwenden. Pflanzen benötigen ihre Nährstoffe und Spurenelemente in einem ausgewogenen Verhältnis, um optimal gedeihen zu können. Reine Eisendüngung ist zu einseitig und kann durch eine hohe Konzentration andere wichtige Stoffe verdrängen.

Bodengrunddünger
In der Regel gibt man sie bei der Einrichtung des Beckens dem Kies bei. Nachträglich können sie, mit etwas Lehm vermischt, zu kleinen Kügelchen gerollt und getrocknet (nicht gebrannt) in Wurzelnähe in den Boden gedrückt werden.

Kohlendioxiddünger
Er hat nicht nur sehr positive Auswirkungen auf das Pflanzenwachstum, sondern ermöglicht es auch, den pH-Wert in einer für die jeweiligen Fischarten passenden Höhe konstant zu halten.

◆ Die richtige Dosis macht's
Wie oft in einem Aquarium gedüngt werden muß, hängt unter anderem von der Menge der Pflanzen sowie von den Arten oder von Temperatur und Beleuchtung ab.
Bei der Dosierung der Präparate, die als Zusatz fürs Wasser gedacht sind, ist Vorsicht geboten. Viel hilft nicht viel, sondern schadet fast immer. Orientieren kann man sich an dem als optimal geltenden Eisenwert von 0,08 mg/l.

WICHTIG: Beim Wasserwechsel wird immer nur entsprechend der ausgetauschten Menge dosiert.

◆ Nahrhafter Bodengrund
Es gilt heute als gesichert, daß ein nahrhafter Bodengrund entscheidenden Einfluß auf ein gutes Pflanzenwachstum hat. Der sterile, ständig saubergehaltene Kies gehört der Vergangenheit an. Bodengrunddünger sind im Fachhandel erhältlich und können bei der Neueinrichtung dem Kies beigemischt werden. Aber auch der täglich im Aquarium anfallende Mulm stellt einen hervorra-

Im Bodengrund vorhandener Mulm bietet den Pflanzen ein gutes Nährsubstrat

◆ Je höher die Temperatur des Wassers, desto heftiger wird der Stoffwechsel der Pflanzen angeregt, das heißt, desto mehr Nährstoffe verbrauchen sie. Dadurch geraten sie schneller in ein Defizit und kümmern. Bei höheren Temperaturen muß man also häufiger düngen. Eine CO$_2$-Anlage erscheint hierbei fast unvermeidlich.

◆ Eine hohe Stoffwechselrate bedeutet aber auch, daß die Pflanze mehr Energie verbraucht. Folglich muß mit steigender Temperatur auch die Beleuchtungsintensität zunehmen.

Die Wassertemperatur muß sich natürlich in allererster Linie nach den gepflegten Fischarten richten, aber die für die meisten Tiere angenehmen 24–26 °C sind auch für die Pflanzen optimal. Dabei sollte das Temperaturgefälle zwischen Wasser und Boden nicht mehr als 2 °C betragen. Pflanzen mögen „kalte Füße" überhaupt nicht. Zuverlässige Abhilfe schafft ein im Boden verlegtes, schwaches Heizkabel.

Maßgebend für die Wassertemperatur sind primär die Bedürfnisse der Fische

genden Dünger dar und sollte deshalb nicht aus dem Boden entfernt werden.

Die im Bodengrund befindlichen Nährsalze kommen auch dem Aquarienwasser zugute. Boden und Wasser stehen in einem ständigen, wenn auch langsamen Austausch miteinander, so daß die im Boden gelösten Düngestoffe von den Pflanzen zusätzlich noch über die Blätter aufgenommen werden können.

Damit der Bodengrund seiner Funktion voll gerecht zu werden vermag, müssen bei seinem Aufbau einige Punkte berücksichtigt werden. Das Kapitel „Bodengrund" ging hierauf bereits ausführlich ein (siehe Seite 82 ff.).

◆ Optimale Temperatur

Als Bewohner tropischer und subtropischer Gegenden benötigen die meisten Aquarienpflanzen Temperaturen, die über unsere durchschnittliche Zimmertemperatur hinausgehen. Das Becken muß also geheizt werden. Dabei ist folgendes zu beachten:

Pflanzen im Barschbecken

Barschfreunde haben es zugegebenermaßen beim Aufbau einer prächtigen Unterwasserlandschaft etwas schwerer. Viele Barscharten sehen Pflanzen nämlich als willkommene Grünkost an oder räumen sie ganz einfach aus dem Weg. Trotzdem sollten wir versuchen, auch in einem Barschbecken die vielfältigen Vorteile von Aquarienpflanzen zu nutzen, selbst wenn die Tiere in ihren Heimatbiotopen damit nicht verwöhnt werden. Der Tanganjika- oder Malawisee läßt sich im Aquarium sowieso nicht kopieren. Warum also ausgerechnet bei den Pflanzen damit beginnen wollen?

Es hat sich herausgestellt, daß Pflanzen in Barschbecken eine größere Überlebenschance haben, wenn man ihnen vor Einsetzen der Fische genug Zeit gegeben hat, um sich sicher zu verankern, zu wachsen und sich zu vermehren. Die ohnedies gebotene fischlose Anlaufzeit eines Aquariums

Wegen ihres positiven Einflusses auf das Aquarienklima sollten Pflanzen auch im Barschbecken nicht fehlen

von 3–4 Wochen sollte also zum Nutzen der Fische und zur Freude des späteren Beobachters hier noch etwas verlängert werden. Auch scheint in Barschbecken, die karbonatreiches und alkalisches Wasser verlangen, eine CO_2-Düngung oft Wunder zu wirken. Auf die Einhaltung des für die gepflegten Tiere artgerechten pH-Wertes muß dabei natürlich geachtet werden.

Die Auswahl der richtigen Pflanzenarten ist für Barschbecken ganz wichtig. Es gibt durchaus Pflanzen, die aufgrund ihres bitteren Geschmacks nicht gern gefressen werden oder deren harte, lederne Blätter sie davor schützen. Im Anschluß an die Pflanzentabellen listet eine gesonderte Übersicht auf, welche Pflanzen sich für Barschbecken eignen (siehe Seite 109).

Für Barschbecken kommen nur bestimmte Pflanzen in Frage

AUS DER PRAXIS
Trotz der vielfältigen Bedeutung der Wasserpflanzen für das biologische Gleichgewicht im Aquarium war ca. ein Drittel der von mir untersuchten Becken nur dürftig bepflanzt, ein Viertel mangelhaft oder gar nicht. Das von den Besitzern oftmals beklagte Kümmern der Pflanzen ließ sich in den meisten Fällen auf folgende **Pflegefehler** *zurückführen:*

◆ *Auswahl der Pflanzen nach ihrem Aussehen und nicht nach ihren Ansprüchen*
◆ *von Anfang an zuwenig Pflanzen eingesetzt*
◆ *keine oder nur unregelmäßige Düngung, manchmal aber auch Überdüngung*
◆ *hoher pH-Wert*

Durch die Auswahl barschfester Pflanzen lassen sich Geröllhaufen zu attraktiven Becken umgestalten

- *pflanzenunfreundlicher Bodengrund (zu flach, kein Dünger, zu grober Kies, Durchflutung)*
- *zuwenig oder zuviel Licht*
- *zu hohe Temperatur*
- *zu starke Filterung ohne entsprechend häufige Nachdüngung*
- *Verwendung von Ausströmern und Diffusoren, plätschernder Filterrücklauf, starke Oberflächenbewegung*
- *ständige, das Klima störende Reinigungsarbeiten (z. B. Mulm aus dem Boden saugen)*

In manchen Becken führt die mehrmalige Verwendung von Volldünger zu Algenwachstum. Hier liegt der Verdacht nahe, daß der Dünger sträflicherweise Ammonium, Nitrit, Nitrat oder Phosphat enthält. Testen können Sie dies, indem Sie den Dünger der Dosierung entsprechend in 1 l Aqua dest. geben und das Gemisch mittels Meßreagenzien überprüfen. Falls sich die Vermutung bestätigt, müssen Sie unbedingt den Hersteller wechseln.

Aquarien mit einem vermulmten Bodengrund und wenig gepflegtem Filter weisen auch bei unregelmäßiger Düngung ein gutes Pflanzenwachstum auf. Hier sorgte die Anhäufung organischer Substanzen für eine gute Chelatwirkung. Im Interesse der Fische sollte in solchen Becken sowohl der Sauerstoff- als auch der Nitritgehalt häufiger überprüft werden, damit man davon ausgehen kann, daß stabile Verhältnisse herrschen.

AUF EINEN BLICK

- *Pflanzen sind für die biologische Stabilität eines Aquariums unentbehrlich*
- *Wachstumsprobleme lassen sich auf Fehler bei der Einrichtung, falsche Auswahl der Arten und Pflegefehler zurückführen*
- *Schlecht wachsende Pflanzen sind fast immer die Ursache für Algenprobleme*
- *Pflanzen verhindern Fäulnisbildung im Bodengrund durch ihren Sauerstoffeintrag über die Wurzeln*
- *Leitungswasser ist pflanzenfeindlich, deshalb die Pflanzen regelmäßig düngen*
- *Ein regelmäßiger Eisentest gibt einen Überblick über die Nährstoffsituation des Wassers und den Verbrauch der Pflanzen*
- *Den Dünger nur entsprechend der Menge des ausgetauschten Wassers dosieren*
- *Ein etwas „unsauberes" Becken (Mulm im Boden, nicht zu häufiger Filterwechsel) hat einen höheren Gehalt an nützlichen Chelatoren*
- *Bei Algenwachstum neben anderen Faktoren auch minderwertigen Dünger in Betracht ziehen (Test machen)*

Die richtige Auswahl

Wie bereits erwähnt, erfolgt die Auflistung der Pflanzenarten in diesem Buch nicht, wie sonst in der Literatur üblich, in alphabetischer Reihenfolge oder eingeteilt nach Hintergrund- und Vordergrundpflanzen. Hier wurde eine Gruppenbildung vorgezogen, die sich an den **Ansprüchen der Pflanzen** orientiert. Anhand dieser Gruppen kann jeder die für seine individuellen Verhältnisse optimalen Pflanzenarten heraussuchen, je nach eigenem Kenntnisstand und technischer Einrichtung. So sollen Frustrationserlebnisse aufgrund sterbender Pflanzen oder kümmernden Wuchs nach Möglichkeit verhindert werden.

Noch bevor man sich überlegt, welche Pflanzen man gern hätte, sollte man sich über die **Verhältnisse in seinem Aquarium** im klaren sein:

Becken: Wie groß und vor allem wie hoch ist mein Becken?

Wasser: Welche Härte (GH und KH) und welchen pH-Wert hat mein Wasser? Wird ausschließlich Leitungswasser benutzt oder steht zum Mischen aufbereitetes Wasser (Entsalzung), Aqua dest. oder Quellwasser zur Verfügung?

Bodengrund: Wie optimal ist mein Bodengrund (verwendetes Material, Körnung, Schichthöhe, Nährsubstrat, Bodenheizung)?

Beleuchtung: Wie stark wird das Aquarium beleuchtet? Werden Leuchtstoffröhren (gleichmäßige Ausleuchtung) oder HQL bzw. HQI-Lampen (punktförmige Ausleuchtung, Platz für Licht- und Schattenpflanzen) benutzt?

Düngung: Ist eine CO_2-Anlage vorhanden? Ist eine ausreichende Nährstoffversorgung der Pflanzen durch regelmäßige Düngung, vor allem mit Eisen, gewährleistet?

Je nach gegebenen Verhältnissen kann man Pflanzen mit verschiedenen Schwierigkeitsgraden in der Pflege aussuchen. Während der ersten Monate sollte jedes Becken mit anspruchslosen

Die Verhältnisse im Aquarium bestimmen die Auswahl der Pflanzen

und schnellwachsenden Arten bestückt werden. Wer möchte, kann sie danach langsam durch favorisierte Arten ersetzen, sollte dabei aber immer prüfen, ob diese auch wachsen. Das biologische Gleichgewicht des Aquariums darf nie aufs Spiel gesetzt werden.

Es kann immer wieder vorkommen, daß eine Pflanze – obwohl anscheinend all ihre Ansprüche erfüllt sind – in dem einen oder anderen Aquarium nicht gedeiht. Von dieser Art sollte man dann Abstand nehmen.

Die folgende Gruppeneinteilung vermag nur dann eine Hilfe zu sein, wenn Sie sich beim Kauf darauf verlassen können, daß die einzelnen Arten auch unter dem richtigen Namen gehandelt werden. Dies ist leider nicht immer der Fall. Wenden Sie sich daher an ein Zoofachgeschäft, das seine Pflanzen aus Großgärtnereien bezieht, die alle Sorten mit Namensschildchen versehen. Dann können Sie ziemlich sicher sein, die von Ihnen ausgewählte Art auch wirklich zu bekommen. Gleichzeitig verhindern Sie mit dem Kauf von Nachzuchten die Entnahme aus Naturbiotopen. Betont sei an dieser Stelle, daß auch Pflanzen Lebewesen sind, die man nicht einfach in die Toilette oder in den Abfall werfen sollte. Überschüssige, gesunde Pflanzen werden von anderen

Überlegen Sie vor
dem Kauf, welche
Wachstumsbedin-
gungen Sie Ihren
Pflanzen bieten
können

Rote und rasen-
bildende Pflanzen
benötigen in der
Regel viel Licht

99

Bei der gefürchteten Cryptocorynenfäule lösen sich Stengel und Blätter der Pflanze auf. Im Bild eine betroffene *C. affinis*

Aquarianern oder auch von Zoogeschäften gern übernommen (wenn nicht, sollten Sie Ihr Geschäft wechseln).

Zum Schluß noch einige **Tips,** die die Auswahl erleichtern können:

✦ Fast alle rasenbildenden und roten oder rotbraunen Aquarienpflanzen benötigen viel Licht zum Wachsen

✦ Die meisten **Aponogeton**-Arten brauchen nach gutem Wachstum eine Ruhephase, die sie durch Wachstumsstillstand anzeigen. Die Knollen sollten dann in einem Blumentopf mit feuchtem Sand für ca. 2 Monate dunkel und kühl (10–18 °C) aufbewahrt werden, bis sie wieder austreiben

✦ **Cryptocoryne** gedeihen am besten in tiefem, nährstoffreichen, warmem und feinkörnigem Bodengrund. Die Kontinuität ihrer Umweltbedingungen (Wasser, Licht, Sauerstoffgehalt, Standort usw.) muß gewährleistet sein, sonst kommt es zur gefürchteten **Cryptocorynenfäule**

✦ Manche Stengelpflanzen kümmern, wenn sie zu oft gekürzt werden. Man sollte sie hin und wieder an der Oberfläche entlangwachsen lassen, damit sie sich erholen

✦ Es sei hier noch einmal betont, daß alle Pflanzen, auch die anspruchslosen, bei einer optimalen Versorgung mit Nährstoffen besser gedeihen

Die Pflanzengruppen

Die nachstehende Auflistung von Pflanzen stellt nur eine Auswahl aus dem reichhaltigen Angebot an Aquarienpflanzen dar. Wer eine komplette Zusammenstellung sucht, muß auf entsprechende Spezialliteratur zurückgreifen.

Im Zoogeschäft nicht vorrätige Arten können bestellt werden.

Die im Text angegebenen Höhen der Pflanzen sind Maximalwerte und sollen helfen, die Arten nach ihrer Eignung für den Vorder- oder Hintergrund auszusuchen. Stengelpflanzen können auf die erforderliche Länge gekürzt werden.

GRUPPE 1
PFLANZEN

Pflanzen, die bei meinen Untersuchungen in fast allen Becken problemlos gewachsen sind und sich sehr gut für mittelmäßige Licht- und Nährstoffangebote eignen:

Anubias barteri var. nana (Zwergspeerblatt)	**Ceratophyllum demersum und submersum** (Gemeines Hornkraut)	**Echinodorus bleheri** (Große oder Breite Amazonasschwertpflanze)	**Echinodorus parviflorus** (Schwarze Amazonasschwertpflanze)	**Art**
tropisches Westafrika	Kosmopolit	Südamerika	Südamerika	**Heimat**
22–28°C	15–28°C	22–28°C	22–26°C	**Temperatur**
8–12 cm	bis 50 cm und mehr	bis 50 cm	bis 25 cm	**Höhe**
durch Seitensprosse am Rhizom oder durch Rhizomteilung	durch Seitentriebe	durch Adventivsprosse am Blütenstiel	durch Adventivsprosse am Blütenstengel	**Vermehrung**
gering bis mittel (0,2–0,5 W/l bzw. 20–35 lm/l)	gering bis mittel (0,2–0,5 W/l bzw. 20–35 lm/l)	mittel (0,3–0,5 W/l bzw. 25–35 lm/l)	mittel (0,3–0,5 W/l bzw. 25–35 lm/l)	**Lichtbedarf**
wächst sehr langsam; auch andere Anubias-Arten sind sehr anspruchslos; cichlidenfest	wurzellose Pflanze; treibt flutend, kann auch am (nicht im) Boden befestigt werden (z. B. mit Bleidraht oder einem Stein); sehr gut als Algenprophylaxe, sehr guter Nitratzehrer	Solitärpflanze	Die Variante tropica benötigt mehr Licht	**Bemerkungen**

Art	**Egeria densa** *(Dichtblättrige Wasserpest)*	**Hydrocotyle leucocephala** *(Brasilianischer Wassernabel)*	**Hygrophila corymbosa** *(Riesenwasserfreund, Kirschbäumchen)*	**Hygrophila polysperma** *(Indischer Wasserfreund)*
Heimat	Amerika, eingebürgert in Europa und Asien	Brasilien	Südostasien	Indien
Temperatur	1–28°C	22–28°C	22–28°C	18–28°C
Höhe	bis 60 cm	bis 60 cm	40–50 cm	bis 40 cm
Vermehrung	durch Stecklinge oder Seitentriebe	durch Seitensprosse	durch Stecklinge oder Seitentriebe	durch Stecklinge oder Seitentriebe
Lichtbedarf	mittel (0,3–0,5 W/l bzw. 25–35 lm/l)	mittel (0,3–0,5 W/l bzw. 25–35 lm/l)	mittel (0,3–0,5 W/l bzw. 25–35 lm/l)	mittel (0,3–0,5 W/l bzw. 25–35 lm/l)
Bemerkungen	sehr guter O$_2$-Spender. Vorsicht: biogene Entkalkung. Alle anderen *Egeria*-Arten brauchen mehr Licht	wächst auch schwimmend	Wenn man die Pflanze köpft, bilden sich viele Seitentriebe	Die mit Zusatznamen versehenen *H. polysperma*-Arten (z. B. *H. polysperma sunset* oder *H. polysperma* goldbraun) brauchen mehr Licht

Art	**Limnophila sessiliflora** *(Kleine Ambulie, Sumpffreund)*	**Microsorium pteropus** *(Javafarn)*	**Alle Myriophyllum-Arten** *(Tausendblatt-Arten)*	**Rotala rotundifolia** *(Kleine oder rundblättrige Rotala)*
Heimat	Südostasien	Südostasien	Südamerika, im südlichen Nordamerika eingebürgert	Südostasien
Temperatur	22–28°C	22–28°C	22–28°C	18–28°C
Höhe	bis 50 cm	bis 20 cm	bis 50 cm	bis 40 cm
Vermehrung	durch Stecklinge oder Seitentriebe	Tochterpflanzen oder Rhizome teilen	durch Stecklinge oder Seitentriebe	durch Stecklinge oder Seitentriebe
Lichtbedarf	mittel (0,3–0,5 W/l bzw. 25–35 lm/l)	gering bis mittel (0,2–0,5 W/l bzw. 20–35 lm/l)	mittel (0,3–0,5 W/l bzw. 25–35 lm/l)	mittel (0,3–0,5 W/l bzw. 25–35 lm/l)
Bemerkungen	recht einfach zu pflegender „*Cabombaersatz*", liebt klares Wasser und Eisendüngung; bei stärkerem Licht dichtere Quirle	wächst auf Wurzeln und Steinen; anfangs mit Zwirn festbinden, cichlidenfest	wird kräftiger, wenn sie fluten darf	bei Nährstoffmangel kleine, degenerierte Blätter

Sagittaria pusilla (Zwergpfeilkraut)	**Vallisneria gigantea** (Riesenvallisnerie)	**Vallisneria spiralis** (Gewöhnliche Vallisnerie)		**Art**
mittleres und östliches Nordamerika	Neuguinea, Philippinen	tropischer Kosmopolit		**Heimat**
20–28°C	18–28°C	18–28°C		**Temperatur**
7–10 cm	bis 2 m	bis 1 m		**Höhe**
durch Ausläufer	durch Ausläufer	durch Ausläufer		**Vermehrung**
mittel (0,3–0,5 W/l bzw. 25–35 lm/l)	mittel (0,3–0,5 W/l bzw. 25–35 lm/l)	gering bis mittel (0,2–0,5 W/l bzw. 20–35 lm/l)		**Lichtbedarf**
bei ausreichender Beleuchtung rasenbildend	nur für hohe Becken	Dies ist trotz ihres Namens nicht die spiralig gedrehte Form!		**Bemerkungen**

GRUPPE 2
PFLANZEN

Pflanzen, die laut Literaturangaben ebenfalls leicht zu pflegen sein sollen, die aber nicht in allen untersuchten Becken gut gewachsen sind:

Aponogeton boivinanus (Genoppte Wasserähre)	**Aponegeton crispus** (Krause Wasserähre)	**Crinum natans** (Breitblättrige afrikanische Wasserlilie)	**Crinum thaianum** (Thailändisches Wasser- oder Hakenlilie)	**Art**
Sri Lanka	Sri Lanka	Westafrika	Thailand	**Heimat**
22–26°C	22–28°C	22–28°C	22–28°C	**Temperatur**
45–50 cm	bis 50 cm	30–40 cm	bis 150 cm	**Höhe**
durch Samen	durch Samen	durch Tochterzwiebel	durch Tochterzwiebel	**Vermehrung**
mittel (0,3–0,5 W/l bzw. 25–35 lm/l)	mittel (0,3–0,5 W/l bzw. 25–35 lm/l)	mittel (0,3–0,5 W/l bzw. 25–35 lm/l)	mittel (0,3–0,5 W/l bzw. 25–35 lm/l)	**Lichtbedarf**
benötigt hohe Becken; wird meist als Knolle verkauft; Solitärpflanze	braucht wie fast alle Aponogetonarten eine Ruhephase	wächst sehr langsam (1 Blatt pro Monat); cichlidenfest	wächst sehr langsam (1 Blatt pro Monat); cichlidenfest	**Bemerkungen**

Art	Cryptocoryne beckettii (Becketts Wasserkelch)	Cryptocoryne walkeri (Walkeris Wasserkelch)	Cryptocoryne wendtii (Wendt'scher Wasserkelch)	Echinodorus osiris (Osiris-Schwertpflanze)
Heimat	Sri Lanka	Sri Lanka	Sri Lanka	südliches Südamerika
Temperatur	22–28°C	22–28°C	22–28°C	15–26°C
Höhe	20 cm	10–15 cm	je nach Züchtung zwischen 10 und 20 cm	40–50 cm
Vermehrung	durch Ausläufer	durch Ausläufer	durch Ausläufer	durch Adventivsprosse am Blütenstengel
Lichtbedarf	mittel (0,3–0,5 W/l bzw. 25–35 lm/l)	mittel (0,3–0,5 W/l bzw. 25–35 lm/l)	mittel (0,3–0,5 W/l bzw. 25–35 lm/l)	mittel (0,3–0,5 W/l bzw. 25–35 lm/l)
Bemerkungen	wächst auch gut in kiesigem Grund	etwas kleiner bleibende Art	inzwischen sehr viel verschiedene Züchtungen auf dem Markt	Die jungen Blätter sind rötlich, Solitärpflanze

Art	Echinodorus tennellus (Grasartige Zwergschwertpflanze)	Ludwigia repens (Schmalblättrige oder kriechende Ludwigie)	Sagittaria platyphylla (Breitblättriges oder grasartiges Pfeilkraut)	Sagittaria subulata (Flutendes Pfeilkraut)
Heimat	Brasilien bis USA	südliches USA, Mittelamerika	Nordamerika	Nord- und Mittelamerika
Temperatur	20–28°C	18–28°C	20–26°C	20–26°C
Höhe	5–8 cm	bis 50 cm	10–20 cm	30–40 cm
Vermehrung	durch Ausläufer	durch Stecklinge oder Seitentriebe	durch Ausläufer	durch Ausläufer
Lichtbedarf	mittel bis hoch (0,3–0,8 W/l bzw. 25–60 m/l)	mittel (0,3–0,5 W/l bzw. 25–35 lm/l)	mittel (0,3–0,5 W/l bzw. 25–35 lm/l)	mittel (0,3–0,5 W/l bzw. 25–35 lm/l)
Bemerkungen	nur bei ausreichendem Licht befriedigende Rasenbildung	wird bei viel Licht rötlich	bei stärkerem Licht flach, sonst senkrecht wachsend; cichlidenfest	soll alkalisches Wasser besser vertragen als Vallisnerien

				Art
Vallisneria americana (Kleine Schrauben- vallisnerie)	**Vesicularia dubyana** (Javamoos)			
Südostasien	Südostasien			**Heimat**
22–28°C	20–28°C			**Temperatur**
15–20 cm	bildet Polster			**Höhe**
durch Ausläufer	durch Teilen der Polster			**Vermehrung**
mittel (0,3–0,5 W/l bzw. 25–35 lm/l)	gering bis mittel (0,2–0,5 W/l bzw. 20–35 lm/l)			**Lichtbedarf**
Bei zuwenig Licht verliert sich die Drehung	liebt keine zu sauberen Becken auf Steinen und anderem Dekor festbinden			**Bemerkungen**

GRUPPE 3
PFLANZEN

Vom Handel oft angebotene Pflanzen, die hohe Ansprüche an das Licht, das Wasser (weich, leicht sauer) und/oder die Nährstoffversorgung (vor allem Eisen und CO_2-Düngung) stellen:

				Art
Alternanthera reineckii (Papageienblatt)	**Ammannia gracilis** (Zierliche Kognakpflanze)	**Aponogeton madagascariensis** (Gitterpflanze)	**Bacopa caroliniana** (Großes Fettblatt)	
Südamerika	tropisches Afrika	Madagaskar	südliches Nordamerika	**Heimat**
22–28°C	22–28°C	20–22°C	18–26°C	**Temperatur**
bis 50 cm	8–12 cm	20–40 cm	30–40 cm	**Höhe**
durch Stecklinge	durch Stecklinge oder Samen, Seitensprossen	durch Samen	durch Stecklinge	**Vermehrung**
sehr hoch (über 0,8 W/l bzw. über 60 lm/l)	sehr hoch (über 0,8 W/l bzw. über 60 lm/l)	gering (0,2–0,3 W/l bzw. 20–25 lm/l)	hoch (0,6–0,8 W/l bzw. 40–60 lm/l)	**Lichtbedarf**
braucht sehr gute Nährstoff- versorgung	braucht weiches Wasser, CO_2, Eisen	sehr schwierige Pflanze; liebt kühles Wasser und schattigen Standort; das Wasser muß sehr weich, bewegt und extrem klar sein	braucht frisches Wasser und viel Nährstoffe	**Bemerkungen**

Art	Barclaya longifolia (Langblättrige Barclaya)	Alle Cabomba-Arten (Haarnixen)	Cardamine lyrata (Japanisches Schaumkraut)	Cryptocoryne balansae (Genoppter Wasserkelch)
Heimat	tropisches Ostasien	Mittel- und Südamerika	China, Japan, Korea	Thailand, Vietnam
Temperatur	22–26°C	22–26°C	15–24°C	23–28°C
Höhe	20–30 cm	40–50 cm	bis 40 cm	25–40 cm
Vermehrung	durch Samen	durch Stecklinge	durch Stecklinge oder Selbstverzweiger	durch Ausläufer
Lichtbedarf	mittel (0,3–0,5 W/l bzw. 25–23 lm/l), rote Variante: hoch (0,6–0,8 W/l bzw. 40–60 lm/l)	mittel bis sehr hoch (0,3 bis über 0,8 W/l bzw. 25 bis über 60 lm/l)	bei tropischen Temperaturen (ab 200°C) sehr hoch (über 0,8 W/l bzw. über 60 lm/l), sonst mittel (0,3–0,5 W/l bzw. 25–23 lm/l)	mittel (0,3–0,5 W/l bzw. 25–23 lm/l)
Bemerkungen	braucht CO_2- und Eisendüngung; verträgt keine hohen Redox-(Sauerstoff-)werte	wächst nur in weichem Wasser unter guten Nährstoffbedingungen, braucht vor allem CO_2	liebt kühleres, weiches Wasser, empfindlich gegen Medikamente	braucht nahrhaften, lockeren, warmen Boden und CO_2-Düngung

Art	Echinodorus horizontalis (Horizontale Amazonas)	Echinodorus major (Riesenamazonas)	Eichhornea azurea (Arzurblaue Wasserhyazinthe)	Eleocharis parvulus (Nadelsimse)
Heimat	Südamerika	Brasilien	Südamerika	Südeuropa
Temperatur	22–28°C	22–28°C	22–28°C	22–26°C
Höhe	20–30 cm	40–50 cm	bis 60 cm	10–12 cm
Vermehrung	durch Adventivsprosse, schwierig	durch Adventivsprosse	durch Stecklinge, aber schwierig	durch Ausläufer
Lichtbedarf	hoch (0,6–0,8 W/l bzw. 40–60 lm/l)	mittel (0,3–0,5 W/l bzw. 25–35 lm/l)	sehr hoch (über 0,8 W/l bzw. über 60 lm/l)	sehr hoch (über 0,8 W/l bzw. über 60 lm/l)
Bemerkungen	oft Schwierigkeiten beim Anwachsen; braucht Eisen	braucht warmen, nahrhaften, lockeren Boden mit Eisenzusatz; nur für hohe Becken	braucht weiches, nährstoffreiches Wasser; nur die Jugendform der Pflanze ist schön	Kultur sehr schwierig; braucht viel Eisen

Hemianthus micranthemoides (Amerikanisches Perlkraut)	**Heteranthera zosteraefolia** (Trugkölbchen)	**Lobelia cardinalis** (Kardinalslobelie)	**Limnophila aquatica** (Riesenambulie)	Art
Kuba, südöstliche USA	Südamerika	Nord- und Mittelamerika	Indien, Sri Lanka	**Heimat**
22–28°C	22–26°C	10–28°C	22–28°C	**Temperatur**
10–15 cm	bis 40 cm	5–30 cm	bis 60 cm	**Höhe**
durch Stecklinge oder Seitensprosse	durch Stecklinge	durch Stecklinge oder Seitensprosse	durch Stecklinge	**Vermehrung**
mittel bis hoch (0,3–0,8 W/l bzw. 25–60 lm/l)	hoch (0,6–0,8 W/l bzw. 40–60 lm/l)	hoch (0,6–0,8 W/l bzw. 40–60 lm/l)	hoch (0,6–0,8 W/l bzw. 40–60 lm/l)	**Lichtbedarf**
hält sich bei mäßigem Licht nur begrenzte Zeit; sehr empfindlich gegen Medikamente und Kupfer	benötigt guten Volldünger und Eisen	verträgt auch etwas härteres Wasser	braucht sehr weiches Wasser, CO_2-Düngung und viel Eisen	**Bemerkungen**

Ludwigia arcuata (Schmalblättrige Ludwigia)	**Myriophyllum mattogrossense** (Rotes Tausendblatt)	**Nymphaea lotus „rot" und „grün"** (Roter und Grüner Tigerlotus)	**Rotala macrandra** (Rote, große Rotala)	Art
östliche USA	Südamerika	Ostafrika, Südostasien	Indien	**Heimat**
18–25°C	22–28°C	22–28°C	25–30°C	**Temperatur**
20–30 cm	bis 60 cm	rot: 30–40 cm, grün: bis zur Wasseroberfläche	bis 50 cm	**Höhe**
durch Stecklinge oder Selbstverzweiger	durch Stecklinge oder Seitentriebe	durch Tochterpflanzen aus der Knolle	durch Stecklinge	**Vermehrung**
hoch (0,6–0,8 W/l bzw. 40–60 lm/l)	sehr hoch (über 0,8 W/l bzw. über 60 lm/l)	mittel (0,3–0,5 W/l bzw. 25–23 lm/l)	sehr hoch (über 0,8 W/l bzw. über 60 lm/l)	**Lichtbedarf**
nicht zu warm halten. Braucht hohes Nährstoffangebot	benötigt weiches Wasser, CO_2- und Eisendüngung	braucht weiches, nährstoffreiches Wasser, CO_2, freien Stand	benötigt hohes Nährstoffangebot und reduzierende Filterung; sehr empfindlich gegen Verletzungen	**Bemerkungen**

Art	**Samolus parviflorus** *(Amerikanische Bunge, Unterwasserfeldsalat)*	**Vallisneria asiatica var. biwaensis** *(Große Schraubenvallisnerie)*
Heimat	Nord- und Südamerika, Westindien	Japan
Temperatur	20–24 °C	22–26 °C
Höhe	6–10 cm	bis 50 cm
Vermehrung	durch Samen	durch Ausläufer
Lichtbedarf	sehr hoch (über 0,8 W/l bzw. über 60 lm/l)	hoch (0,6–0,8 W/l bzw. 40–60 lm/l)
Bemerkungen	braucht nährstoffreiches Wasser und freien Standplatz; verträgt nur mäßige Wärme	behält ihre schönen Drehungen nur bei starker Beleuchtung bei; liebt etwas härteres Wasser

GRUPPE 4
PFLANZEN

Schwimmpflanzen helfen, gezielt bestimmte Bereiche des Aquariums abzuschatten. Außerdem sind sie zusätzliche Nitratzehrer und bieten durch ihre Wurzeln Jungfischen Schutz. Die Abdeckscheibe sollte hier zwecks Tropfwasserverhinderung und besserer Luftzirkulation leicht schräg liegen.

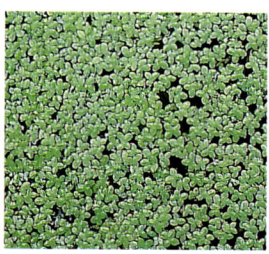

Art	**Ceratopteris cornuta, thalictroides, froesii** *(Horn- oder Sumatrafarn)*	**Lemna minor** *(Wasserlinse)*	**Pistia stratiotes** *(Muschelblume)*	**Riccia fluitans** *(Teichlebermoos)*
Heimat	Tropen Afrikas, Asiens und Nordaustraliens	Kosmopolit	alle Tropen	Kosmopolit
Temperatur	18–28 °C	10–30 °C	20–28 °C	18–30 °C
Höhe	bis 50 cm (im Aquarium kleiner)	Blätter 3–4 mm lang	je nach Licht und Nahrungsangebot 3–15 cm	bildet Polster, die sich teilen lassen
Vermehrung	durch Adventivsprosse	durch Sproßverzweigung	durch Ableger	durch Teilen der Polster
Lichtbedarf	mittel (0,3–0,5 W/l bzw. 25–23 lm/l)	mittel (0,3–0,5 W/l bzw. 25–23 lm/l)	mittel bis hoch (0,3–0,8 W/l bzw. 25–60 lm/l)	mittel bis hoch (0,3–0,8 W/l bzw. 25–60 lm/l)
Bemerkungen	wächst auch im Boden. Die einzelnen Formen unterscheiden sich durch die Form der Wedel	oft mit Tümpelfutter ein- geschleppt; kann schnell zur Plage werden, ist aber ein ausgezeichneter Nitratzehrer	lange Wurzeln bieten gute Versteckmöglichkeiten. Die Pflanze ist ein Eisen- indikator: Bei Eisenmangel kümmert sie und wird gelb	ideale Nestbaupflanze; liebt nährstoffreiches Wasser

Ein bepflanztes Barschbecken mit vielen Anubias

Salvina auriculata
(Büschelfarn)

tropisches Amerika

20–27 °C

Sproßachse bis 20 cm,
Blätter bis 2 cm

durch Seitensprosse

mittel
(0,3–0,5 W/l bzw. 25–23 lm/l)

gut als pflanzliche Beikost;
verträgt keinen Hitzestau
unter der Scheibe und kein
Kondenswasser

Sondertabelle:
Pflanzen für Barschbecken:

bedingt verwendbar	cichlidenfest
Ceratopteris-Arten	Anubias-Arten
Ceratophyllum-Arten	Bolbitis heudelotti
Cryptocoryne-Arten	Crinum natans
Echinodorus barthii	– thaianum
– bleherie	Cryptocoryne aponogetifolia
– cordifolius	Echinodorus horemanii
– major	– uruguayensis
– osiris	Langenandra ovata
– parviflorus	Microsorium pteropus
– rigidifolius	
Vallisneria gigantea	
– spiralis	
Schwimmpflanzen	

ALGEN UND

SCHNECKEN

Algen sind im Aquarium nicht nur unschön, sondern sie schädigen auch die Wasserpflanzen, indem sie ihnen Nährstoffe und Licht entziehen. Als niedere Pflanzen sind sie keine Parasiten, sondern Konkurrenten der Aquarienpflanzen, was eine Bekämpfung ohne deren Schädigung so schwierig macht. Nahezu aussichtslos ist es, ein Becken gänzlich algenfrei halten zu wollen. Ihre Sporen finden sich überall und werden über Fische, Pflanzen und Wasser eingeschleppt.

Schnecken sind eine große Hilfe bei der biologischen Bekämpfung der Algen. Sie gehören zu den nützlichen Bewohnern eines Aquariums. Eine gewisse Anzahl ist biologisch sinnvoll, weil sie sich von Algen, Futterresten, faulenden Pflanzenteilen usw. ernähren. Auch bei der Beseitigung eventueller Fischkadaver helfen sie und entlasten so das Wasser. Sie stellen in gewissem Maße eine Gesundheitspolizei dar

Die Algen:
Ursachen, Prophylaxe und Bekämpfung

Das **Auftreten** von Algen und speziell ihre Vermehrung wird auf eine Verschlechterung des Aquarienmilieus zurückgeführt. Während die Aquarienpflanzen hierauf mit Wuchsstörungen reagieren, profitieren die anspruchsloseren Algen davon. Eine algenfreundliche Milieuveränderung kann vielschichtige Gründe haben (Überdüngung, Licht, CO_2-Mangel usw.). In Aquarien mit kräftigem, gesundem Pflanzenwuchs treten Algenplagen wesentlich seltener auf. Die beste Vorbeugung besteht demnach darin, während der kritischen Anlaufphase nach dem Einrichten mit Hilfe vieler schnellwüchsiger Pflanzen gleich ein pflanzenfreundliches Milieu zu schaffen und es durch optimale Pflege aufrechtzuerhalten.

Schnecken und bestimmte Fischarten können zur Prophylaxe eingesetzt werden

Auch Schnecken können bei der **Prophylaxe** sehr hilfreich sein. Unermüdlich raspeln sie aufkommenden Algenrasen ab. Das Einsetzen algenfressender Fischarten muß man dagegen etwas kritischer sehen. Vor ihrem Kauf ist zu prüfen, ob sie überhaupt in die jeweilige Aquariengemeinschaft passen (Wasserwerte!, eventuelle Vergesellschaftungsprobleme, Besatzdichte und Endgröße – siehe dazu auch Seite 140 f.). Ebenso müssen ihre sozialen Bedürfnisse berücksichtigt werden. So ist es z. B. mit dem Einsetzen eines einzelnen algenfressenden Fisches nicht getan, wenn es sich hierbei um einen Schwarmfisch handelt.

Dieses Bild offenbart die möglichen Ursachen für ein Veralgen: durch einen Mangel an Nährstoffen (vor allem an Eisen) geschädigte Pflanzen, langsam wachsende Arten (*Cryptocoryne* und *Microsporum*), nur mäßige Bepflanzung

Schnecken sind unermüdliche Helfer im Kampf gegen die Algen

WICHTIG: Überlegen Sie bereits **vor** dem Kauf algenfressender Fische, was mit ihnen geschehen soll, wenn die Algen verschwunden sind. Kurzfristige „Mittel zum Zweck"-Anschaffungen sind alles andere als tierschutzgerecht und deshalb abzulehnen.

Außerdem sei noch erwähnt, daß sich manche Fische zwar optimal zur Algenprophylaxe eignen, bei einer bereits bestehenden Algenplage jedoch meist nichts mehr ausrichten können. Und es gibt Literaturangaben, nach denen die Sporen der gefressenen Algen nicht verdaut werden, sondern nach Passage des Magen-Darm-Kanals unvermindert keimfähig sind.

mer eins. Durch die Zufütterung von zuviel Fischfutter werden erwachsene Exemplare allerdings leicht zu faul. Nicht verwechseln mit der **Schönflossigen Rüsselbarbe** (E. kallopterus, vier Barteln, durchgehende Streifen, Schwarmfisch), die weit weniger Algen vertilgt

◆ **Welse** der Gattungen *Ancistrus* (Antennenwelse), *Peckoltia* (Zwergschilderwelse) und *Otocinclus* (Saugwelse, empfindlicher als die beiden anderen). Harnischwelse benötigen ein Holzstück im Wasser, um ihren Zellulosebedarf zu decken. Der öfter empfohlene Schilderwels *Plecostomus (Hypostomus) punctatus* wird mit über 30 cm Länge für die meisten Aquarien zu groß

Rüsselbarben sind gute Algenvertilger, müssen aber im Schwarm gehalten werden und sind ausgewachsen recht groß

Als **Algenfresser** kommen folgende Arten in Frage:
◆ **Siamesische Rüsselbarbe** (*Crossocheilus* – früher *Epalzeorhinchus* – *siamensis*, zwei Tastbarteln am Maul, Längsstreifen bis zur Schwanzwurzel, Schwarmfisch). Sie ist bei allen fadenförmigen Algen der Vertilger Num-

◆ **Lebendgebärende Zahnkarpfen,** also Black Molly (*Poecilia sphenops*), Platy (*Xiphophorus maculatus*), Guppy (*Poecilia reticulata*) und Schwertträger (*Xiphophorus helleri*)
◆ Bei den **Barschen** *Tropheus duboisi, Herotilapia multispinosa* und verschiedene *Pseudotropheus*-Arten

Für den Black Molly bedeuten Algen eine willkommene Ergänzung seines Futterplans

Zur Algen-bekämpfung eingesetzte Chemikalien schädigen auch die Wasser-pflanzen

Die **Algenbekämpfung** auf chemischem Wege ist eine sehr problematische Angelegenheit. Da Algen und Wasserpflanzen sehr nahe verwandt sind, kann es kein Präparat zur Algenvernichtung geben, das nicht auch die Pflanzen schädigt, auch wenn es behauptet wird. Die einen tun es nur et-

Der Blaue Antennenwels (hier ein Männchen mit seinen geweihartigen Tentakeln) schabt die Algen mit seinem hornplattenbesetzten Maul von Blättern und Gegenständen

was mehr als die anderen, wobei die Mittel, die ihre Inhaltsstoffe langsam über einen längeren Zeitraum hinweg abgeben, sicher von Vorteil sind. Generell erscheint es sinnvoller, bei der Entstehung von Algenplagen nach der Ursache zu forschen und sein Aquarium wieder ins Gleichgewicht zu bringen, anstatt zusätzlich schädigende Chemie anzuwenden.

Algenbekämpfung und Fische

Nach Möglichkeit sollte man die Fische während forcierter Behandlungsmethoden (ständiger Wasserwechsel, CO_2-Begasung mit rapider pH-Wert-Senkung, langes Abdunkeln und ähnliches) in einem Becken, das man immer für Notfälle parat haben sollte, in Sicherheit bringen (gleiches Wasser benutzen!). Ansonsten müssen zumindest täglich die wichtigsten Wasserparameter nachgemessen werden, vor allem Sauerstoffgehalt, Ammonium, Nitrit und pH-Wert.

114

Die Algenarten

Algen gelten als Bioindikator für ein biologisches Ungleichgewicht im Aquarium und können uns deshalb helfen, Pflegefehler aufzudecken – vorausgesetzt, wir sind imstande, die Algen zu erkennen und zu bestimmen.
Es gibt über tausend verschiedene Algenarten, von denen erfreulicherweise nur wenige in unseren Aquarien vorkommen und dort zur Plage werden können. Anhand ihres Aussehens lassen sie sich gut voneinander unterscheiden.

Blaualgen (Cyanophyceae)

Blaualgen stehen vom Aufbau her den Bakterien nahe, denn sie besitzen ebenfalls keinen echten Zellkern. Ihre Verbreitung beginnt meist am Bodengrund, später überwuchern sie auch Pflanzen und Dekorationsmaterial. Ihre Beläge sind blaugrün bis bräunlich, flächig zusammenhängend, fühlen sich schmierig an und lassen sich leicht von der Unterlage loslösen. Deshalb sind sie auch problemlos abzusaugen, was aber als alleinige Bekämpfungsmaßnahme nicht ausreicht.

Spezielle Entstehungsursachen
In der Literatur werden verschiedene Ursachen für die Entstehung von Blaualgenfeldern gehandelt, wie zu hohe organische Belastung des Wassers – vor allem durch Nitrat und Phosphat –, Kaliummangel der Pflanzen, zuviel Trockenfutter, faulender Bodengrund, zuviel Licht, zuwenig Kohlendioxid und ein zu hoher pH-Wert (siehe aus *AUS DER PRAXIS* Seite 120).

Bekämpfung
Folgende Bekämpfungsmethoden sind bekannt, führen aber leider nicht immer zum Erfolg:
   völliger Lichtentzug für 5–7 Tage (Becken mit Decken zuhängen); zusätzlich mehrere Male Wasserwechsel

Blaualgen überziehen Boden und Pflanzen mit einem blaugrünen, schmierigen Belag. Sie können Toxine (Gifte) bilden

- einen Beutel mit Weizen- oder Gerstenstroh ins Wasser hängen
- Zugabe von 1–2 Teelöffeln Kaliumsulfat oder -chlorid pro 100 l
- Überprüfung des Bodengrundes (faulende Stellen?) und des pH-Werts (ein saurer pH wird von Blaualgen schlecht vertragen)

Grüne Punktalgen auf einem Anubiablatt

Diese Pelzalgen bilden einen kurzen, dichten Rasen

Grünalgen (Chlorophyceae)

Grünalgen können auf ein günstiges Klima im Aquarium hindeuten

Grünalgen stehen den höheren Pflanzen am nächsten und lassen sich deshalb nur selten ohne deren Beschädigung chemisch bekämpfen. Sie werden aber auch nur selten zur Plage. Einige Grünalgen im Becken deuten sogar auf ein wuchsfreundliches Klima hin.

Die verschiedenen Arten

◆ *Grüne Punktalge*
Sie bildet hellgrüne, bis 3 mm große, runde Scheibchen, die sehr fest haften. Sie siedelt meist auf älteren Blättern oder an den Scheiben des Aquariums.

◆ *Pelzalge*
Sehr dünne, hellgrüne oder grüngraue, unverzweigte Fäden sitzen einzeln sehr dicht auf aktiven Blatteilen und bilden einen fest verwachsenen, pelzartigen Belag. Die einzelnen Fäden werden 2–20 mm lang.

◆ *Büschelalge*
Aus einem Ansatzpunkt steigen zahlreiche hellgrüne, nicht oder nur mäßig verzweigte Fäden auf, die 2–3 cm lang werden. Sie besiedeln vorwiegend totes Material (Steine, Holz) und auch Schneckengehäuse und sind mit ihrer Unterlage nur locker verbunden, das heißt, sie lassen sich leicht abzupfen.

◆ *Fadenalge*
Hellgrüne, lange Fäden fluten frei im Wasser und umschlingen dabei die Wasserpflanzen. Sie sind niemals festgewachsen. Diese Alge gilt als ein Indikator für gute Wasserqualität.

◆ *Knäuelalge*
Dünne, hellgrüne Fäden verfilzen zu watteähnlichen Knäueln, die meist am Boden, aber auch zwischen den Pflanzen liegen. Sie sind ebenfalls nie festgewachsen.

◆ *Grüne Schwebalge*
Sie verursacht die sogenannte Wasserblüte, bei der das Wasser durch Millionen dieser winzigen Schwebalgen eine grüne Trübung bekommt.

Büschelalgen sind sehr dekorativ. Diese hier zieht mit einer Schnecke durchs Becken

Fadenalgen können sehr lang werden

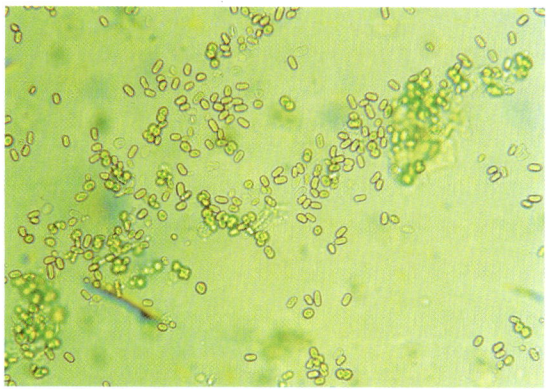

Einzellige Schwebalgen unter dem Mikroskop

Frei zwischen den Pflanzen liegende Knäuelalgen

Spezielle Entstehungsursachen

Lange Zeit galt eine starke Beleuchtung als Auslöser einer Grünalgenzunahme. In meinen Untersuchungen traten sie allerdings auch bei Lichtstärken von 0,2 oder 0,3 W/l (Standardleuchtstoffröhren) auf. Entscheidender scheint eine zu gute Nährstoffversorgung mit Nitrat und Phosphat zu sein.

Bekämpfung

Nicht alle Grünalgen müssen unbedingt bekämpft werden

- durch Schnecken sowie durch pflanzen- bzw. algenfressende Fische, die Grünalgen sehr gerne aufnehmen
- Verringern der Lichtzufuhr versuchen
- Nitrat- und Phosphatwert überprüfen; bei zu hohem Wert Wasserwechsel durchführen
- von der **Pelzalge** befallene Blätter sollten möglichst gleich zu Anfang aus dem Becken entfernt werden, da sich diese Alge sehr schnell verbreiten kann
- Die **Grüne Punktalge** an den Aquarienscheiben läßt sich leicht mit einer Rasierklinge abschaben. An der Rückwand sollte man sie als pflanzliche Kost für Fische und Schnecken stehen lassen
- Die **Grüne Schwebalge** kann durch das Einsetzen von Wasserflöhen oder das Filtern über Kieselgur (Diatomic-Filter) oder UV-Wasserklärer beseitigt werden (siehe dazu die Seiten 65 und 77)

- **Faden- und Knäuelalgen** lassen sich gut mit einer alten Zahnbürste entfernen. Wer will, kann sie als hervorragendes Versteck für frischgeschlüpfte Fischlarven im Becken belassen
- Die **Büschelalge** ist sehr dekorativ und kann ebenfalls im Becken bleiben. Sie beherbergt meist winzige Infusorien, die von Fischen gern als Zusatzkost aufgenommen werden.

Rotalgen (Rhodophyceae)

Rotalgen kommen vorwiegend im Meer vor, nur wenige Arten sind Süßwasserbewohner. Im Aquarium zählen sie zu den lästigsten und zugleich resistentesten Algenarten.

Die roten Pigmente der Rotalgen, die meist durch eine schmutzig-grüne Färbung überdeckt werden, treten wieder zutage, wenn man die Alge in Spiritus legt. Auf diese Weise läßt sie sich im Zweifelsfall auch gut von den Grünalgen unterscheiden, die im Spiritus grün bleiben.

Die verschiedenen Arten

- *Schwarze Punktalge*

Sie bildet kleine, schwarzgrüne, sehr fest sitzende Punkte, die zu Kolonien verschmelzen können. Häufig befällt sie dickliche oder lederne Blätter, die langsam wachsen.

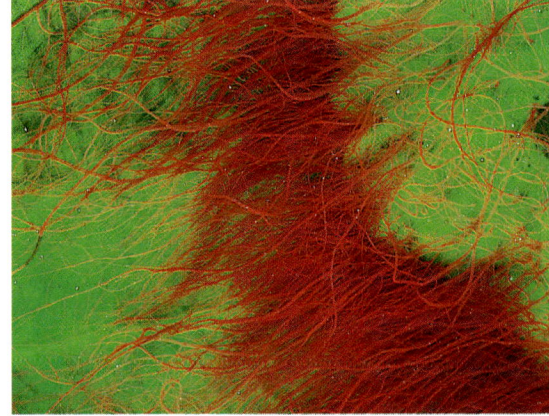

Rotalgen (hier einige Bartalgen) sind fest mit ihrer Unterlage verbunden

Wird das Chlorophyll der Rotalgen (auch hier Bartalgen) zerstört, tritt das namensgebende Rot zutage

◆ Pinselalge

Bei dieser schwarzfarbenen Rotalge wachsen aus einem Ansatzpunkt zahlreiche Fäden empor, die fest mit ihrer Unterlage verbunden sind, wodurch sie sich zusätzlich zur Farbe leicht von der Büschelalge unterscheidet. Besiedelt werden alle toten Gegenstände im Aquarium (Boden, Dekorationsmaterial, Filter, Heizung) sowie Blattränder. Die Pinselalge bildet **zwei Formen** aus:

- ✦ eine mit nur bis zu 5 mm langen Fäden
- ✦ eine mit Fäden von bis zu 20 mm Länge

◆ Bartalge

Sie besteht aus kaum verzweigten Fäden, die bis zu 15 cm lang werden können und eine graubraune Farbe haben. Bartalgen haften besonders gern an Blatträndern und sind mit diesen fest verwachsen. Stehen mehrere nebeneinander, bilden sie einen wallenden Bart.

Spezielle Entstehungsursachen

Während Bartalgen eher hartes, alkalisches Wasser bevorzugen, wachsen Pinselalgen auch in weichem und saurem. Sehr nährstoffreiches Wasser (Nitrat, Phosphat, Hydrogencarbonat) soll allen Rotalgenarten bekommen. Ebenso hat die Strömung im Becken ziemlich starken Einfluß auf ihr vermehrtes Auftreten. Darin liegt auch die Erklärung dafür, daß Rotalgen erst nach der „technischen Revolution" in Aquarien zum Vorschein kamen. In der Natur treten sie in der Tat in klaren, sauerstoffreichen Fließgewässern mit starker Strömung auf.

Bekämpfung

Rotalgen werden von **Schnecken,** der **Grünflossigen Rüsselbarbe** und *Tropheus duboisi* gefressen. Von erfolgreicher Vernichtung wird durch die Zugabe von CO_2 (vor allem bei der Bartalge) und durch Drosselung des Filterstroms berichtet; stark befallene Blätter müssen aber vorher entfernt werden. Gerade bei Rotalgen gilt: Wehret den Anfängen!

Droht eine Rotalgenplage, dann sofort Gegenmaßnahmen ergreifen

Kieselalgen (Diatomeae)

Kieselalgen werden oft auch als **Braunalgen** bezeichnet. Sie bilden relativ fest haftende braune, flächige Überzüge auf Steinen, Holz und Pflanzen und fühlen sich rauh an.

Spezielle Entstehungsursachen

Ein zu hoher pH-Wert und schwache Beleuchtung gelten als Grund für ihr Auftreten.

Bekämpfung

Kieselalgen werden fast nie zur Plage und lassen sich durch eine Verstärkung der Lichtzufuhr (über 0,15 bis 0,2 W/l hinaus) leicht bekämpfen.

Schwarze Punktalgen sind auf einem Stück Holz zu dichten Kolonien verschmolzen

Dichter Bartalgenbewuchs auf den Blättern des Wasserefeus *(Hydrocotyle leucocephala)*

AUS DER PRAXIS
Bei meinen Untersuchungen am häufigsten vertreten waren Rotalgen, gefolgt von Grün-, Blau- und Kieselalgen. In manchen Becken kamen bis zu drei verschiedene Algenarten gemeinsam vor. Interessant war, daß 78 % der Becken mit vermehrtem Algenwuchs mit sogenannten Pflanzenstrahlern (Gro Lux, Fluora usw.) beleuchtet wurden.
Viel zu selten wird in der Praxis die **biologische Algenbekämpfung** *durch Schwimmpflanzen betrieben. Wasserlinsen, Hornkraut, Moosfarn, Büschelfarn und Muschelblume eignen sich bestens dafür, überschüssige Nährstoffe aus dem Wasser zu ziehen, ohne die sowieso meist zu niedrige CO₂-Reserve der Becken anzugreifen. Das Lichtbedürfnis der darunter wachsenden Pflanzen muß natürlich berücksichtigt werden.*

Beobachtungen zu den einzelnen Algenfamilien
✦ *zu den* Blaualgen:
Alle Becken mit Blaualgen wiesen einen alkalischen pH-Wert auf. Stark verdichteter Bodengrund konnte häufiger festgestellt werden. Ein Zusammenhang zwischen Nitrat- oder Phosphatwerten ließ sich nicht feststellen, wie die Tabelle auf Seite 121 oben zeigt. GH, KH und Lichtverhältnisse waren in den betroffenen Becken sehr unterschiedlich.

✦ *zu den* Rotalgen:
Bartalgen kamen bei meinen Untersuchungen fast nur bei alkalischem, Pinselalgen auch bei saurem Wasser vor. Zusammenhänge mit Nitrat, Phosphat, GH, KH und Licht ließen sich nicht erkennen. Festzustellen war dagegen in fast allen Becken eine starke Filterung oder eine heftige Strömung. Die mittlere Tabelle auf Seite 121 gibt einige Beispiele.

✦ *zu den* Grünalgen:
Grünalgen entwickelten sich nicht zur Plage. Meist traten sie in Becken mit gutem Pflanzenwuchs auf. Ein Zusammenhang zwischen den verschiedenen Arten und dem Faktor Licht ließ sich nicht bestätigen. Überhöhte Düngekonzentrationen (vor allem Nitrat) spielen dagegen öfter eine Rolle (siehe die untere Tabelle auf Seite 121).

✦ *zu den* Kieselalgen:
Diese Algenart wurde nur in Becken gefunden, die eine Beleuchtungsstärke von 0,2 W/l oder weniger aufwiesen.

AUF EINEN BLICK
✦ *Algen treten nur dann massenweise auf, wenn das Gleichgewicht im Aquarium gestört ist*
✦ *Die beste Algenprophylaxe besteht in einem dichten, gesunden Pflanzenbestand*
✦ *Es gibt nach wie vor keine allgemeingültigen Bekämpfungsmaßnahmen, aber überprüfen Sie folgende Punkte:*
✦ **Bei Blaualgen:** *Ist der pH-Wert zu hoch (über 7,5)?*
✦ **Bei Rotalgen:** *a) bei Pinselalgen: Sind Strömung oder Filterung zu stark? b) bei Bartalgen: Ist das Wasser zu alkalisch? Ist die Strömung zu stark?*
✦ **Bei Grünalgen:** *Enthält das Wasser zuviel Nitrat und Phosphat?*
✦ **Bei Braunalgen:** *Ist die Beleuchtung zu schwach (0,2 W/l und weniger)?*

Wasserparameter bei Becken mit **Blaualgenwachstum**
(Angaben in mg/l außer bei pH-Wert)

Becken	pH-Wert	Nitrat	Phosphat	CO$_2$
1	7,9	0	0,25	10
2	7,7	15	0,5	16
3	8,3	25	0,5	6
4	>8,6	25	1,2	8
5	7,9	100	1,1	10
6	>8,6	25	0,25	4
7	8,3	50	0,1	8

Wasserparameter und Häufigkeit des Filterdurchlaufes für Becken mit starkem **Rotalgenwachstum**

Becken	pH-Wert	Nitrat	Phosphat	CO$_2$	Durchfluß*	Alge
1	7,4	25	0,6	8	3,8 + Turbelle	Bartalge
2	7,9	0	0,3	10	2,2	Bartalge
3	7,4	50	0,8	10	7,2	Bartalge
4	7,3	80	2,0	10	2,2	Bartalge
5	7,6	200	1,2	10	2,7	Pinselalge
6	6,9	25	0,15	34	1,6	Pinselalge
7	>8,6	25	0,25	4	6,9	Pinselalge
8	7,0	90	0,7	6	2,5	Bartalge + Pinselage

Durchfluß: gibt an, wie oft das gesamte Aquarienwasser pro Stunde durch den Filter durchläuft (T = Turbelle)

Wasserparameter und Lichtstärke für Becken mit vermehrtem **Grünalgenwachstum**

Becken	pH-Wert	Nitrat	Phosphat	CO$_2$	W/l	Algenart
1	8,1	100	0,8	6	0,3	Pelzalge
2	7,5	25	0,25	8	0,2	Pelzalge
3	7,2	150	1,0	9	0,5	Pelzalge
4	6,8	80	>2,0	16	0,3	Pelzalge
5	7,9	80	0,1	12	0,15	Pelzalge
6	7,7	80	0,8	6	0,4	Fadenalge
7	7,9	50	>2,0	12	0,3	Büschelalge
8	7,4	80	0,5	8	0,3	Pelzalge
9	>8,6	25	0,15	4	0,5	Knäuelalge
10	7,4	0	0,1	16	0,3	Fadenalge

Die Schneckenarten

Die meisten Schneckenarten brauchen nicht ins Aquarium eingesetzt werden. Sie oder ihr Laich haftet bereits an den gekauften Pflanzen. Zur Panik besteht dabei wirklich kein Grund. Erst bei Massenvermehrung entwickeln sie sich zu Pflanzenschädlingen, und dann auch nur, wenn das sonstige Futter knapp wird. Dies gilt übrigens nach meinen Erfahrungen auch für die allseits verschrieene Schlammspitzschnecke.

Apfelschnecken (hier: *Ampullarius spec.*) sind nicht immer leicht zu halten

Posthornschnecken (Helisoma spec.) sind anspre-
chend gefärbt. Es gibt unter ihnen braune und rote
Varianten

Die wichtigsten im Aquarium vorkommenden
Schneckenarten sind:

✦ **Posthornschnecke** (Helisoma nigricans)
✦ **Apfelschnecke** (Ampullarius australis)
✦ **Turmdeckelschnecke** (Melanoides tuber-
   culata)
✦ **Tellerschnecke** (Tropidiscus planorbis)
✦ **Spitzhornschnecke** (Lymnaea stagnalis)

Tellerschnecken (Tropidiscus spec.) sind nur 3–5 mm
lang, flach spiralig und besitzen mehr Windungen als
die Posthornschnecke

Die **Turmdeckelschnecken** gehören zu den lebendgebärenden Schneckenarten. Sie halten
sich vor allem am Bodengrund auf, den sie nach
Nahrung durchpflügen. Dabei helfen sie, ober-
flächlichen Mulm in tiefere Schichten einzuarbeiten, wo er besser zersetzt und zu Pflanzennährstoffen umgearbeitet werden kann. Deshalb sollten sie in keinem Aquarium fehlen.

Turmdeckelschnecken (Melanoides spec.) leben meist
im oder am Boden. Im Gegensatz zu anderen Arten
sind sie lebendgebärend

Eine Schnecke mit vielen verschiedenen deutschen
Namen: Spitzhorn-, Schlammspitz- oder Spitz-
schlammschnecke (Lymnaea spec.)

Kugelfische benötigen Schnecken zur artgemäßen Ernährung. Haben sie alle Schnecken eines Aquariums gefressen, müssen ihnen ständig neue zugefüttert werden

Von den **Apfelschnecken** wird meist die südamerikanische Gattung *Ampullarius* gehalten, seltener die Gattung *Pila* aus Südostasien. Apfelschnecken sind nicht ganz pflegeleicht und sterben in unseren Aquarien oft aus nicht geklärten Ursachen, weshalb sie schon aus Tierschutzgründen nicht ohne Einschränkungen empfohlen werden können. Wegen ihrer stattlichen Größe führt ihr Tod leicht zu einer hohen Belastung des Wassers mit Fäulnisstoffen, was für die restlichen Bewohner sehr gefährlich werden kann. Wer aber auf die Haltung dieser Schnecken nicht verzichten will, sollte seine Exemplare zur Sicherheit täglich zählen.

124

Schneckenbekämpfung

Eine zu starke Vermehrung der Schnecken deutet immer auf Überfütterung hin, meist mit Flockenfutter. Zur Reduzierung dieser Tiere sollte man deshalb die Fütterung auf ein natürliches Maß beschränken und einzelne Exemplare absammeln. Das geschieht am einfachsten, indem man sie mit Pflanzenkost (einer Scheibe Schlangengurke, Kohlrabi, Salat oder ähnlichem) ködert. Allerdings sollte man sie danach nicht einem langsamen und unter Umständen qualvollen Tod aussetzen, indem man sie wenig tierschutzgerecht in den Mülleimer oder die Toilette schüttet. Besitzer von Kugelfischen (auch Zoohandlungen) sind zur artgerechten Ernährung dieser Fische auf Schnecken als Futter angewiesen und somit dankbare Abnehmer. Am besten lassen Sie es aber durch sachgemäße Fütterung der Fische gar nicht erst soweit kommen.

Schneckenvertilgungsmittel, auch solche, die fürs Aquarium vorgesehen sind, enthalten immer auch für Fische giftige Substanzen und sollten deshalb nicht verwendet werden. Außerdem verpesten die massenweise absterbenden Schnecken das Wasser. Auch das Einsetzen von schneckenfressenden Fischarten, wie z. B. von *Botia* oder Kugelfischen, bringt Probleme mit sich. Erstens machen sie allen Schnecken den Garaus, was wegen deren wichtiger biologischer Funktion nicht erwünscht ist. Zweitens widerspricht es dem Tierschutzgedanken, Fische nur zu einem bestimmten Zweck einzusetzen, ohne zu berücksichtigen, ob sie mit schon vorhandenen Arten zusammenpassen. Außerdem werden sie nach getaner Arbeit oft lästig und werden dann bestenfalls weitergereicht, schlimmstenfalls jedoch landen sie in der Toilette.

AUS DER PRAXIS
Wer einen gut wachsenden Pflanzenbestand hat, braucht sich über Schneckenfraß keine Gedanken zu machen. Eigenen Beobachtungen zufolge greifen die Tiere nur Blätter an,
die schon vorgeschädigt sind. Gesunde Blätter „belästigen" sie nicht, sondern befreien sie im Gegenteil von aufsitzenden Algen.
Auffällig war, daß Aquarien mit Turmdeckelschnecken wesentlich weniger Mulm auf dem Boden liegen hatten als solche ohne diese hilfreichen Tierchen.
Schneckenplagen sind bei meinen Untersuchungen nur in Becken aufgetreten, die übermäßig mit Flockenfutter oder Futtertabletten versorgt wurden.

AUF EINEN BLICK
- *Schnecken sind die Gesundheitspolizei des Aquariums*
- *Einige Schnecken sollten in jedem Becken zu Hause sein*
- *Turmdeckelschnecken ersetzen den Regenwurm im Aquarium*
- *Schneckenplagen kommen nur bei Überfütterung vor*

FISCHE

Jahrzehntelang ist die Diskussion um eine artgerechte Tierhaltung an der Aquaristik vorbeigelaufen. Fische wurden (und werden leider noch) ohne die geringsten Grundkenntnisse über ihre Bedürfnisse gekauft, wahllos miteinander vergesellschaftet und in jedes beliebige Wasser gesetzt. Die Verluste sind entsprechend hoch und werden mit erschreckender Selbstverständlichkeit hingenommen.

Artgerechte Zierfischhaltung

Vor dem Hintergrund zunehmender Umweltzerstörung sind die Menschen für Themen des Arten- und Tierschutzes sensibilisiert worden, vor allem seit uns täglich neue Schreckensnachrichten über aussterbende und bedrohte Tierarten oder über Tierquälereien erreichen. Auch die oftmals falschen Haltungsbedingungen unserer Heimtiere geben Tierschützern Grund zur Klage. Hierbei spielt nicht so sehr die böse Absicht des Besitzers, sondern vielmehr seine Unkenntnis bezüglich der Bedürfnisse seiner Pfleglinge eine entscheidende Rolle. Besonders bei den in den letzten Jahren in immer größer werdender Vielfalt importierten Exoten ist Spezialwissen gefragt, um diesen Tieren art- und tierschutzgerechte Lebensbedingungen in unseren Wohnzimmern bieten zu können.

Die Unterwasseraufnahme des Malawisees zeigt, wie die als Aquarienfische beliebten Mbuna-Barsche in der Natur leben

Zierfische als Heimtiere

Fast alle der im Handel angebotenen Fische stammen aus Importen, wobei sie entweder direkt der Natur entnommen werden oder aus den vor allem in Südostasien, aber auch in Florida und Südafrika ansässigen riesigen Fischzuchtfarmen kommen. In letzter Zeit werden Aquarienfische außerdem aus den früheren Ostblockländern eingeführt.

Auch Zierfische zählen zu den Exoten, deren Haltung gewisse Grundkenntnisse voraussetzt, möchte man nicht mit dem Tierschutzgesetz in Konflikt geraten und unnötigerweise Krankheits- und Todesfälle begünstigen. Außer der Wasserbeschaffenheit sind die Art der Vergesellschaftung, die Besatzdichte, die Beachtung des Sozialverhaltens (Schwarmfisch oder Einzelgänger) und die Ansprüche der Tiere an Dekoration und Technik (Wurzeln, Steinaufbauten, Strömung, Beleuchtung usw.) ausschlaggebend für ihr Wohlbefinden. Diese Punkte werden weiter unten ausführlich besprochen und in den sich anschließenden Fischtabellen mit aufgeführt, um jedem Zierfischbesitzer einer art- und tierschutzgerechte Haltung seiner Pfleglinge zu ermöglichen.

Die Natur als Vorbild

Trotz zahlreicher Fangexpeditionen gibt es leider nur sehr wenige genaue Biotopbeschreibungen und Wasseranalysen der Heimatgewässer unserer Aquarienfische. Dies mag daran liegen, daß man sich in früherer Zeit um artgerechte Tierhaltung nur sehr wenig Gedanken gemacht hat. Zierfische wurden (und werden immer noch!) ohne ausreichende Kenntnis ihrer Lebensgrundlagen importiert. Die Aquaristik sollte es sich zur Regel machen, Fische erst **nach** eingehender Biotopuntersuchung und einem von Spezialisten durchgeführten Test auf Aquarientauglichkeit (Größe der ausgewachsenen Exemplare, Freß- und Vermehrungsgewohnheiten usw.) in größeren Zahlen einzuführen, um Verluste zu begrenzen und Tierquälereien auszuschließen.

Die einzelnen Zierfischarten haben sich im Laufe der Evolution an bestimmte Wasserwerte ange-

Zierfische werden leider oft immer noch nach dem Versuch- und-Irrtum-Prinzip gehältert

Nach wie vor werden viele unserer Zierfische direkt der Natur entnommen. Dicht gepackt in kleinen Beuteln (Bild rechts) treten sie dann eine Reise um die halbe Welt an. Die transportbedingten Verluste sind teilweise recht hoch

Ein für den Tanganjikasee typisches weitläufiges Geröllfeld. Beachten Sie, wieviel Platz die Tiere haben

zutragen. Jeder wirkliche Tierfreund sollte seine Fische deshalb so naturnah wie möglich pflegen. Die Fischtabellen ab Seite 171 liefern hierzu wertvolle Angaben.

Eine verhaltensbiologisch interessante Frage ist, ob die Aggressionen macher Fischarten im Aquarium wirklich artbedingt sind, wie immer behauptet wird, oder ob falsche Umweltbedingungen (Wasser, Licht, Strömung, Futter, Vergesellschaftung) zu streßbedingten Überreaktionen führen. Fundierte Aussagen über das Verhalten von Tieren können nur aufgrund von Beobachtungen in Freiheit gemacht werden.

Die natürlichen Verhältnisse im Biotop lassen sich nicht kopieren, sollten aber als Richtlinie dienen

paßt, die für ihr Gesundbleiben und ihre Vermehrungsfähigkeit wichtig sind. Die Parameter ihrer natürlichen Herkunftsgewässer sollten uns deshalb bei der Haltung im Aquarium als Leitfaden dienen. Eine exakte Nachahmung der natürlichen Verhältnisse läßt sich jedoch im begrenzten Raum des Beckens kaum durchführen. So können z. B. die oft extremen Werte der Schwarzwasserflüsse – Heimat bekannter Salmler- und Barscharten – mit einer nicht nachweisbaren Härte und einem pH-Wert von teilweise unter 4,0 im Aquarium nicht imitiert werden.

Bei einem Vergleich zwischen Aquarien- und Heimatgewässern ist allerdings zu berücksichtigen, daß viele Arten mittlerweile aus Zuchtanlagen stammen oder seit Generationen im Aquarium gepflegt werden. Diese Spezies gelten im allgemeinen als sehr robust und können, bedingt durch ihre jahrelange Selektion, auch bei ungünstigen Wasserwerten einige Zeit überleben. Aber: Sie sind in solchem Wasser vermehrt krankheitsanfällig, haben eine kürzere Lebenserwartung und lassen sich oft nicht zur Vermehrung bringen. Zu bedenken bleibt daher bei jeder Art, daß ihre Zeit als Aquarienfisch im Vergleich zur Evolution verschwindend gering ist. So kann man z. B. von einer Spezies aus dem Amazonasgebiet, die seit Millionen von Jahren in saurem, weichem Wasser lebt, ganz sicher nicht erwarten, daß sie auf Dauer in unserem alkalischen und oft sehr harten Leitungswasser schwimmt, ohne Schäden davon-

Voraussetzungen für die artgerechte Haltung

◆ Richtige Wasserbeschaffenheit

Leider stellt immer noch sehr viel Aquarienliteratur die Bedürfnisse der einzelnen Fischarten so dar, daß es scheint, als könnte man alle möglichen Spezies in jedem beliebigen Wasser miteinander vergesellschaften (z. B. Angaben zur Härte: weich bis hart oder zum pH-Wert; 6,5–8). Solche ungenauen Angaben machen es dem Leser unmöglich, seine Fische artgerecht zu halten.

Im selben Becken sollten nur solche Arten gepflegt werden, die auch annähernd die gleichen Ansprüche an die Wasserbeschaffenheit stellen. Ausschlaggebend und auch von jedem nachzumessen sind vor allem Gesamthärte, pH-Wert und Karbonathärte. Stickstoff- und Phosphatbelastung kommen in den Biotopen unserer Aquarienfische so gut wie nie vor und sollten deshalb für alle Arten so gering wie möglich sein.

Niemand käme allen Ernstes auf die Idee, einen Eisbären in der Sahara oder einen Löwen in der Antarktis halten zu wollen. Dagegen erscheint es Aquarianern als vollkommen normal, z. B. südamerikanische Salmler und Welse in teilweise stark alkalisches oder Lebendgebärende in sehr weiches, saures Wasser zu setzen. Daß wir uns über die großen Unterschiede zwischen einem Wasser von geringer Härte und einem pH-Wert

Alle Fische dieses Beckens passen von ihren Ansprüchen an die Wasserqualität her zusammen

von z. B. 6,5 und einem mit höherer Härte und einem pH von 7,8 bisher zuwenig Gedanken gemacht haben, liegt sicher unter anderem daran, daß Wasser nicht unser Lebenselement ist.

Die hohe Verlustrate bei Aquarienfischen beweist, daß bezüglich der Haltung viele Fehler begangen werden. Um den Tieren das Erreichen ihrer natürlichen Altersgrenze zu ermöglichen, sollten die Wasserwerte des Aquariums so nahe wie möglich an denen der Naturgewässer liegen.

Die nun folgende Einteilung faßt die unterschiedlichen Ansprüche unserer Aquarienfische an das Wasser anhand von Gruppen zusammen, wobei das aquaristisch Machbare im Auge behalten wurde. Sie zeigt recht deutlich, daß Mitglieder der verschiedenen Gruppen aufgrund der großen Unterschiede nicht in einem Becken miteinander vergesellschaftet werden können. Die Wertangaben beziehen sich nicht auf Wasseranalysen der Heimatgewässer, sondern sind Grenzwerte für eine optimale Haltung im Aquarium.

Die empfohlenen Werte stellen eine Anlehnung an die Naturbiotope der einzelnen Fische dar. Es ist unbestritten, daß manche Arten auch bei ungünstigeren Wasserbedingungen einige Zeit überleben können, allerdings mit verkürzter Lebenserwartung und erhöhter Krankheitsanfälligkeit. In solchen Fällen kann man aber nicht von einer artgerechten Haltung im Sinne des Tierschutzgesetzes sprechen.

● = H^+-Ionen (Säuren)   ● = OH^--Ionen (Laugen)

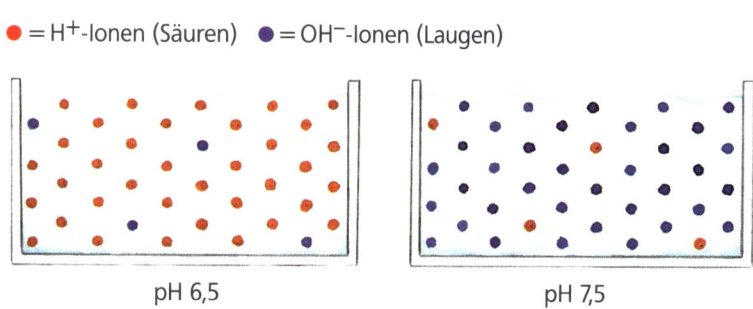

pH 6,5   pH 7,5

Diese Zeichnung soll verdeutlichen, wie unterschiedlich Wasser mit verschiedenen pH-Werten ist

Gruppeneinteilung der Fische nach Wasserbeschaffenheit

GRUPPE 1	GRUPPE 2	GRUPPE 3	GRUPPE 4	GRUPPE 5
Fischarten, die in der Natur in weichem, saurem Wasser leben (pH unter 7,0 und GH 0–8°d)	Fischarten, die in mittelhartem bis hartem, alkalischem Wasser leben (pH 7,3–8,3 und GH 12–30°d)	Fischarten, die in sehr alkalischem Wasser mit mittlerer Gesamthärte und hoher Karbonathärte leben (pH 7,8–9,0; GH 8–12°d; KH 16–18°d)	Fischarten, die in sehr alkalischem, aber weichem Wasser leben (pH 7,8–8,7; GH 3–8°d; KH 5–7°d)	Fischarten, die in Brackwasser leben (Salzzusatz von ca. 0,5%, Wasser meist hart und alkalisch: GH 10–30°d; pH 7,5–8,5, KH 20–30°d, Leitwert bis 4000 μS/cm)
z. B. Salmler, Welse und die meisten Cichliden aus Südamerika Barben, Bärblinge und Schmerlen aus Südostasien (außer Südchina) Killifische viele Regenbogenfische die meisten Labyrinthfische	z. B. fast alle lebendgebärenden Zahnkarpfen Cichliden aus Mittelamerika Barben aus Südchina die meisten Ährenfische	z. B. Cichliden aus dem Tanganjikasee Welse aus dem Tanganjikasee	z. B. Cichliden aus dem Malawisee Welse aus dem Malawisee	z. B. *Poecilia velifera* (Segelkärpfling) *Brachygobius doriae* (Goldringelgrundel) *Tetraodon nigroviridis* (Grüner Kugelfisch) *Monodactylus argenteus* (Silberflossenblatt) *Scatophagus argus* (Grüner Argusfisch)

Als eine Art **Sondergruppe** seien nun noch die Fischarten zusammengefaßt, die im Handel zwar angeboten werden, aber auf Grund ihrer hohen Empfindlichkeit bzw. ihrer besonderen Pflegeansprüche (Wasser, Futter, Sozialverhalten, Größe des Beckens usw.) aus Tierschutzgründen den Spezialisten unter den Aquarianern vorbehalten bleiben sollten (siehe dazu auch die Übersicht „Spezialistenfische" auf Seite 191):
z. B. *Balantiocheilus melanopterus* (Haibarbe), *Gnathonemus petersi* (Elefanten-Rüsselfisch), *Sphaerichtys osphromenoides* (Schokoladengurami), *Paratrygonidae-Arten* (Süßwasserrochen)

Die Fische der Sondergruppe sollten nur von Spezialisten gepflegt werden

Das Kapitel „Wasseranalyse" (Seite 17 ff.) geht ausführlich darauf ein, wie man die einzelnen Wasserparameter verändern kann, um ein der jeweiligen Fischart zuträgliches Milieu zu schaffen.

♦ *Optimale Temperatur*
Sicher versteht jeder, daß Fische, die in der Natur in flachen Tümpeln und Gräben leben, ein anderes Temperaturoptimum haben als solche aus Quellgebieten mit schnellfließendem Wasser oder aus tiefen Seen. Die Bedeutung der richtigen Temperatur für die Gesunderhaltung der Tiere

wurde im Kapitel „Wassertemperatur" bereits besprochen (siehe Seite 40 f.). Für die in den Tabellen ab Seite 171 aufgezählten Fischarten werden die Temperaturbereiche, in denen man sie halten kann, angegeben.

Schokoladenguramis gelten als sehr empfindliche Pfleglinge, deren Ansprüche an das Wasser genau beachtet werden müssen

Schwarmfische wie der Längsbandziersalmler müssen nicht unbedingt wie ein Sardinenschwarm ziehen, sondern können innerhalb des Schwarms kleine Reviere besetzen

WICHTIG: Nicht vergesellschaften sollte man Fische, deren Temperaturoptima voneinander abweichen.

◆ *Beachtung der sozialen Ansprüche*
Betrachtet man das Sozialverhalten der Fische, so muß man zwischen dem Verhalten innerhalb einer Art (*intra*spezifisch) und dem der verschiedenen Arten untereinander (*inter*spezifisch) unterscheiden.

◆ *Verhalten innerhalb einer Art:*
Wenn man eine bestimmte Fischart pflegen will, sollte man sich vor dem Kauf erkundigen, ob der Fisch in der Natur im Schwarm, in einer Gruppe oder im Harem (ein Männchen und mehrere Weibchen) lebt, ob er eine feste Paarbindung eingeht oder ob er Einzelgänger ist.
Schwarmfische, die einzeln oder in nur kleinen Gruppen leben müssen, stehen unter Dauerstreß und entwickeln Verhaltensstörungen. Sie wirken schreckhaft und blaß, sind krankheitsanfälliger und kümmern häufig. Um sie artgerecht zu halten, muß man ihnen in jedem Fall die Möglichkeit bieten, in einem größeren Verband zu schwimmen. Die Literatur geht hierbei von 10 oder besser noch mehr Individuen aus.

Im Gegensatz dazu gibt es Arten, die ein großes Revier für sich beanspruchen und deshalb in kleineren Becken nur **einzeln** gehalten werden können – was allerdings auch unnatürlich ist, denn es fehlt der Geschlechtspartner, der zur Laichzeit aufgesucht wird.

Bei vielen Barschen ist zur Laichzeit eine feste **Paarbildung** beobachtet worden, ohne die sie ihr Verhaltensrepertoire nicht ausleben können. Bei Fischen mit **Haremsbildung** müssen immer mehrere Weibchen auf ein Männchen eingesetzt werden (nähere Angaben siehe Fischtabellen), denn sonst bedrängt das Männchen das eine Weibchen so stark, daß dieses regelrecht zu Tode gehetzt werden kann.

Intraspezifisches Verhalten:
– **Schwarmbildung**
– **Einzelgängertum**
– **Paarbildung**
– **Haremsbildung**

133

Erwachsene Feuerschwänze sind untereinander recht aggressiv. Sie sollten nur in großen Becken (ab 300 l) zu mehreren gehalten werden

Der Purpur-Prachtbuntbarsch wird als Paar gepflegt. Bei richtiger Haltung stellt sich bald zahlreicher Nachwuchs ein

Skalare und Neon nie in einem Becken halten

♦ *Verhalten verschiedener Arten untereinander*
Um die Fische in einem Becken richtig zu vergesellschaften, muß man z. B. wissen, welche Tiere sich nicht miteinander vertragen. Generell trifft dies auf Spezies zu, die in einem Räuber-Beute-Verhältnis zueinander stehen, wie etwa größere Barsche und kleine Salmler. Die kleineren Tiere würden in ständiger Todesangst leben (am häufigsten wird der Fehler begangen, Skalare und Neon in einem Becken gemeinsam zu halten.) Auch sollte man sich keine als Flossenzupfer bekannten Arten (manche Barben) anschaffen, wenn man schleierschwänzige Zuchtformen oder Fadenfische pflegt. Manche Fischarten, vor allem Barsche, werden während der Brutpflege sehr aggressiv, weil sie in dieser Zeit dann große Platzansprüche stellen. Ruhige, bedächtige Fische sollte man nicht mit hektischen, unruhig umherschwimmenden vergesellschaften, denn diese gehen ersteren regelrecht auf die Nerven.
Das Wissen um das Verhalten der einzelnen Fischarten kann der Aquarianer auch dahingehend nützen, daß er die verschiedenen Wasserschichten seines Beckens mit Arten besetzt, die einander ihren Lebensraum nicht streitig machen. Es gibt Spezies, die sich vorwiegend im oberen Bereich des Wassers aufhalten, solche, die in der Mitte leben und solche, die den unteren Aquarienbereich bevorzugen. Auf diese Weise lassen

sich mehrere Fischarten im Aquarium kombinieren, ohne daß es zu Streitereien wegen territorialer Ansprüche kommt. Die Fischtabellen auf den Seiten 171–191 zeigen Ihnen unter der Rubrik „Wasserbereich", welche Wasserzone von der jeweiligen Fischart bevorzugt aufgesucht wird.

Beispiel für falsche Vergesellschaftung: Die Fünfgürtelbarbe zupft manchmal gern an den langen Flossen der Skalare

Killifische halten sich vorwiegend am Boden auf. Sie lieben dunkle Becken und weiches, durch Torf angesäuertes Wasser

Durch sorgfältige Beobachtung lassen sich weitere Vergesellschaftungsfehler im Aquarium schnell feststellen, etwa daß verschiedene Fischarten einander beständig jagen oder daß ein Fisch einen anderem nur ein Minirevier überläßt etc.

✦ Keine zu hohe Besatzdichte

Um die organische Belastung des Aquariums zu begrenzen und gleichzeitig den Fischen die Möglichkeit zur Entfaltung ihrer arteigenen Verhaltensformen zu geben, sollte eine bestimmte Anzahl von Individuen pro Becken nicht überschritten werden. Zu hohe Besatzdichte bedeutet nämlich nicht nur Streß für die Tiere und dadurch bedingt erhöhte Anfälligkeit gegenüber Krankheiten, sondern sie verhindert auch, daß ein biologisch stabiles Gleichgewicht im Aquarium zustande kommt.

Am praktischsten ist die Angabe der Besatzdichte in Zentimeter Fisch pro Liter Wasser, wobei man bei sehr hochrückigen Tieren (z. B. bei Diskus und Skalaren) die doppelte Länge rechnen sollte. Die Länge der Fische läßt sich mit einem vor das Aquarium gehaltenen Zentimetermaß leicht schätzen. Die auf der nächsten Seite folgende Übersicht gibt Auskunft über die Einteilung der Besatzdichten.

Überbesatz führt durch Streß zu einer Beeinträchtigung der Fische in ihrem Wohlbefinden

Barschbecken sind fast immer überbesetzt

Einteilung der Besatzdichten	
schwach besetzt	bis 0,3 cm/l
normal besetzt	0,3–0,5 cm/l
stark besetzt	0,6–1,0 cm/l
überbesetzt	> 1,0 cm/l

Als tierschutzgerecht kann man nur solche Aquarien bezeichnen, in denen keine Massentierhaltung vorkommt. Je weniger Fische, desto besser für die Tiere und für die biologische Stabilität des Beckens (Ansprüche der Schwarmfische beachten!). Ein Besatz von 0,5 cm/l sollte als absolute Obergrenze angesehen werden.

◆ Keine zu große Artenvielfalt

Höchstens 5 Arten auf 100 l Wasser

Auch bei der Gesellschaftung zu vieler verschiedener Arten wird das artspezifische Verhalten unterdrückt. Außerdem wächst die Gefahr, daß Tiere mit sehr unterschiedlichen Ansprüchen an das Wassermilieu oder unverträgliche Arten miteinander kombiniert werden.

Pro 100 l Wasser sollten nicht mehr als 5 verschiedene Arten zusammenkommen, wobei auf die Verteilung auf unterschiedliche Wasserschichten zu achten ist (siehe Seite 134).

◆ Artentsprechende Einrichtung des Aquariums

Je nach Herkunftsbiotop verlangen die einzelnen Fischspezies eine bestimmte Strukturierung ihrer Unterwasserlandschaft. Hier einige Beispiele:

◆ Viele **Barsche** brauchen Steinaufbauten als Versteck, Revierbegrenzung und Brutstätte. Dabei ist darauf zu achten, daß für Höhlenbrüter geschlossene Höhlen mit nur *einem* Zugang gestaltet werden und für Offenbrüter und Maulbrüter solche mit zwei Zugängen. Manche Arten benutzen leere Schneckengehäuse als Brutstätte. Sandcichliden benötigen eine freie Fläche mit feinkörnigem Kies oder Sand

Pflegt man zu viele verschiedene Arten in einem Becken, schleichen sich schnell Haltungsfehler ein (nicht zusammenpassende Arten, Überbesatz usw.)

Malawisee-Barsche sind Maulbrüter und benutzen die Steinaufbauten im Gegensatz zu den Tanganjikasee-Barschen nur als Versteck

Harnischwelse wie dieser *Ancistrus* benötigen Wurzeln im Becken, um ihren Zellulosebedarf zu decken

- Flach aufeinandergelegte Steine bieten mit den zwischen ihnen entstehenden Spalten und Ritzen **Schmerlen** und **Welsen** Unterschlupf
- Pflegt man **gründelnde Fische**, sollte das Bodengrundmaterial feinkörnig und auf keinen Fall scharfkantig oder rauh sein
- **Welse** verstecken sich gern unter Wurzeln. Manche Arten brauchen sie, um ihren Zellulosebedarf zu decken
- **Zwergcichliden** aus Südamerika und Afrika halten sich in der Natur über oder in einer Schicht Fallaub auf, die im Aquarium durch Eichen- oder Buchenblätter am Grund imitiert werden kann
- **Fischarten**, die **aus verkrauteten Gewässern** stammen, sollte man außer einem Pflanzen-

dickicht immer auch Schwimmpflanzen als Deckung zur Verfügung stellen. Labyrinthfische z. B. benutzen Schwimmpflanzen auch zum Bau ihrer Schaumnester

Die Fischtabellen bieten in der Rubrik „Biotop/ Besonderes/Haltung" Angaben zu den Herkunftsgewässern, an denen man sich bei der Einrichtung des Aquariums orientieren kann.

♦ *Richtige Technik*

Ein Becken mit größer werdenden Barscharten, das zudem in der Praxis zumeist übersetzt ist, benötigt wegen der stärkeren organischen Belastung eine größere **Filteranlage** als ein dicht bepflanztes Aquarium mit kleinen Salmlern. Allerdings kann in Barschbecken mit guter Bepflanzung und maßvollem Besatz auch mit einem kleinen Filter gute Wasserqualität und ein stabiles Gleichgewicht herrschen.

Auch die **Beleuchtung** sollte sich nach den gepflegten Fischarten richten. Tiere, die in der Natur in mehr schummrigem Licht leben, werden in hellerleuchteten Becken sehr schreckhaft und blaß. Will oder kann man an einer zu hellen Beleuchtung nichts ändern, lassen sich mittels Schwimmpflanzen dunklere Ecken im Aquarium schaffen. Ganz wesentlich können sich Fischbiotope voneinander unterscheiden, wenn man den Umweltfaktor **Strömung** betrachtet. Während die meisten Fischarten lieber ruhige Gewässerzonen

Stärkere organische Belastung bedingt den Einsatz einer größeren Filteranlage

Zwergcichliden lieben ihrem Heimatbiotop entsprechend eine Fallaubschicht auf dem Boden

Glühlichttetras sind ein Beispiel für Fische, die sich nur in gedämpftem Licht wohl fühlen

besiedeln, gibt es auch Spezies, die sich an schnellfließende Gewässer und Stromschnellengebiete angepaßt haben. Will man letztgenannte Tiere pflegen, muß eine zusätzliche Kreiselpumpe für genügend Wasserbewegung sorgen. Für Fische, die stehende Gewässer lieben, sollte ein kleiner Filter benutzt werden. Dadurch entstehen Ruhezonen im Becken, die die Tiere von selbst aufsuchen.

◆ Artgerechtes Futter

Sich gleich beim Kauf über die Freßgewohnheiten informieren

Die richtige Ernährung unserer Aquarienfische ist so wichtig, daß sich ein eigenes Kapitel damit befaßt. An dieser Stelle sei nur noch kurz erwähnt, daß beim Kauf der Fische auf ihre Freßgewohnheiten geachtet werden sollte. So benötigen z. B. Lebendgebärende, Welse und manche Barsche zusätzliche Pflanzenkost. Wildfänge und Killifische nehmen kein Flockenfutter an, und einige Barsche aus Südamerika sowie einige Killifische müssen ausschließlich mit Lebendfutter versorgt werden. Daß solche Spezialisten aufwendiger und auch teurer in der Pflege sind, sollte man sich

vor ihrem Erwerb überlegen. Sind Sie im Zweifel darüber, ob eine Fischart totes Futter frißt oder nicht, bitten Sie den Verkäufer, die Tiere in Ihrem Beisein zu füttern.

WICHTIG: Besitzen Sie sehr scheue oder nachtaktive Fische, müssen Sie darauf achten, daß auch diese eine ausreichende Ration bekommen (z. B. Welse im Dunkeln füttern). So mancher scheue Wels ist schon im Aquarium verhungert.

Die Auswahl des Fischbesatzes

Leider verführt das große Angebot von Zierfischen im Zoohandel zahlreiche Käufer dazu, möglichst viele von ihnen im eigenen Becken halten zu wollen. Wie sich aus Gesprächen ergab, kaufen die meisten Aquarianer ihre Pfleglinge nach dem Aussehen, ohne sich vorher anhand von Literatur über die verschiedenen Zierfischarten und ihre Ansprüche informiert zu haben. Eine weitere Gruppe holt sich Anregungen bei be-

Fragen Sie beim Kauf Ihrer Fische, ob es sich um Wildfänge oder um Nachzuchten handelt. Das Foto zeigt eine Großzuchtanlage in Südostasien

freundeten Aquarienbesitzern oder läßt sich vom Fachhandel beraten. Leider verfügt dieser nicht in allen Fällen über gut geschultes Personal, so daß man bei der Auswahl seines Stammzoogeschäftes sehr kritisch sein sollte.

◆ Die Herkunft der Tiere beachten

Auf den Kauf von Fischen, die weder im Aquarium noch von den großen Zuchtanstalten auf natürliche Weise nachgezüchtet werden können,

sollten Sie verzichten (Angaben hierzu in den Fischtabellen Seite 171 ff.), denn solche Arten werden ausschließlich der Natur entnommen. Ihre fehlende Vermehrungsfreudigkeit zeigt, daß wir ihnen im Aquarium nicht den richtigen Lebensraum schaffen können. Das Angebot ist auch ohne diese Tiere überreichlich.

Die durch Hormonspritzen erzwungene Nachzucht muß aus Tierschutzgründen abgelehnt werden. Die Elterntiere überleben diese Prozedur selten über längere Zeit hinweg.

Erkundigen sollte man sich vor dem Kauf eines Fisches also nicht nur nach seinem natürlichen Biotop, sondern auch nach seiner direkten Herkunft: z. B. **Naturentnahme, Massenzucht** aus Asien oder Südafrika, **inländische Nachzucht, Hobbyzucht**.

Bei Fischen aus Direktimporten ist die Verlustrate und die Gefahr der Einschleppung von Krankheitskeimen wesentlich höher als bei Tieren, die zuvor bei einem Fischgroßhändler an die veränderten Wasser- und Lebensbedingungen gewöhnt wurden.

Fragen Sie unbedingt nach inländischen Hobbynachzuchten. Es gibt sehr viele engagierte Aqua-

Auf den Kauf von Wildfängen verzichten!

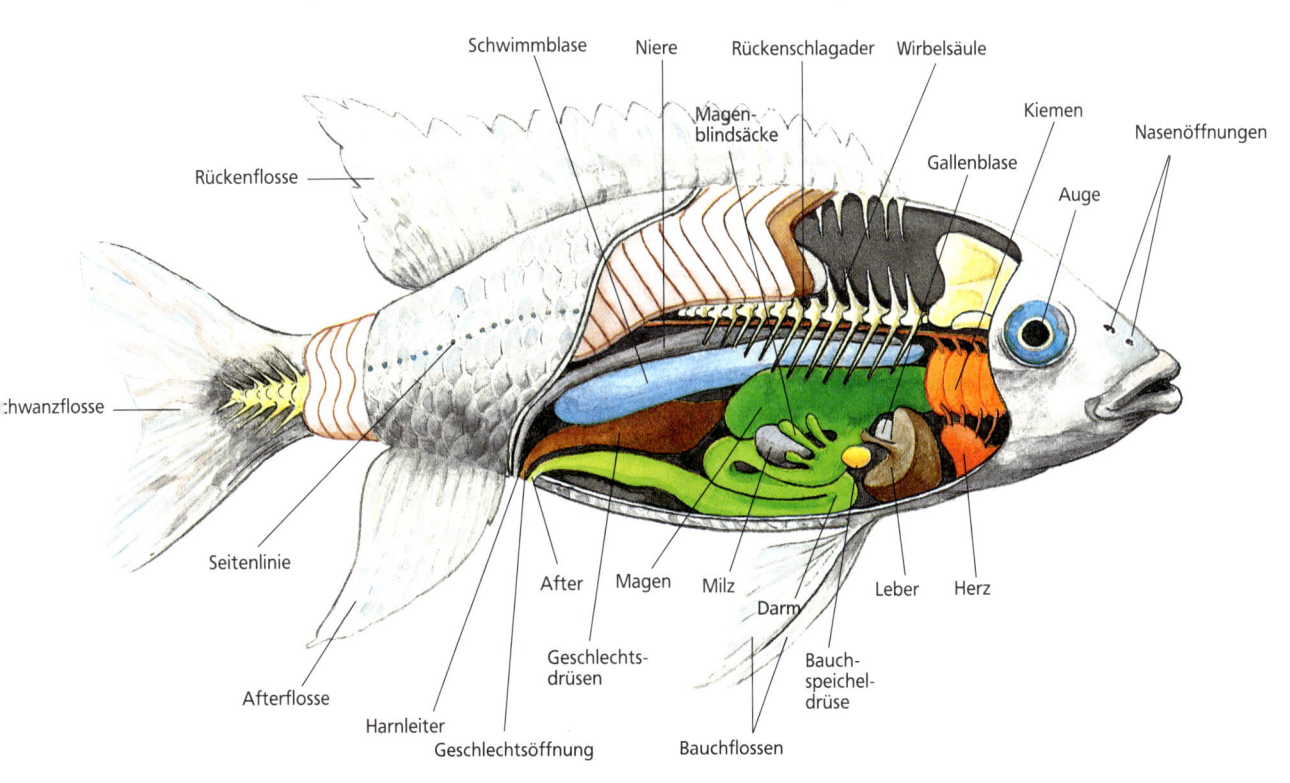

Schwimmblase   Niere   Rückenschlagader   Wirbelsäule

Magenblindsäcke

Kiemen

Nasenöffnungen

Gallenblase

Rückenflosse

Auge

Schwanzflosse

Seitenlinie

After   Magen   Milz   Leber   Herz

Darm

Afterflosse

Geschlechtsdrüsen

Bauchspeicheldrüse

Harnleiter

Geschlechtsöffnung

Bauchflossen

Nach Möglichkeit Fische aus inländischen Hobbynachzuchten kaufen

rienbesitzer, die bestrebt sind, die von ihnen erworbenen Tiere zu vermehren und damit Importe wenigstens zu einem kleinen Teil überflüssig zu machen. Diese Tiere sind nicht nur gesünder (kein Einsatz von Mastfutter, Farbstoffen oder Antibiotika) und an Aquarienbedingungen (begrenzter Lebensraum, künstliches Licht und Futter usw.) besser gewöhnt, sie sind auch vom ökologischen und tierschutzrechtlichen Gesichtspunkt her vertretbarer als Massenimporte oder Naturentnahmen. Fordern Sie Ihr Zoofachgeschäft auf, solche Nachzuchten durch Verkauf oder Vermittlung zu unterstützen.

◆ *Auswahl nach den Pflegebedingungen*
Auf alle Fälle müssen die bereits angeführten Voraussetzungen für eine artgerechte Fischpflege für jede gekaufte Art gewährleistet sein. Am besten fragen Sie beim Kauf nach dem natürlichen Biotop des ausgesuchten Fisches, um sich ein Bild von seinen Haltungsbedingungen zu machen. Gehen Sie beim Literaturstudium immer

von den Zuchtbedingungen als optimaler Voraussetzung für die erfolgreiche Pflege aus.
Möchte man das Aquarienwasser direkt aus der Leitung entnehmen und sich keine Arbeit mit dem Einstellen der Wasserwerte machen, sucht man sinnvollerweise von Anfang an die entsprechenden Fischarten aus (siehe Fischtabellen Seite 171 ff.). Die Auswahl ist in allen Bereichen gut.

WICHTIG: Fast alle Fische werden im Handel als Jungtiere angeboten. Es ist deshalb ratsam, sich nach ihrer Endgröße zu erkundigen, um unliebsame Überraschungen zu vermeiden. Lesen Sie im Zweifelsfalle nach.

Fische sollten auch keinesfalls nur als Mittel zum Zweck gekauft werden, wie das bei algen- oder schneckenfressenden Arten oft propagiert wird. Nach Erfüllung ihrer Aufgabe werden sie nicht selten lästig und werden dann wenig tierschutzgerecht entsorgt. Planen Sie die betreffenden Arten von vornherein fest in den Bestand Ihres

Die Lebenserwartung unserer Aquarienfische wird oft unterschätzt. Viele Arten werden 10 und mehr Jahre alt. Sterben sie frühzeitig, ist das fast immer auf Pflegefehler zurückzuführen

Beckens mit ein, wobei natürlich auch hier alle Bedingungen für eine artgerechte Haltung gegeben sein müssen. Möchten Sie diese Fische nicht auf Dauer pflegen, sollten Sie sie von vornherein gar nicht kaufen.

◆ Qualität und Preis

Sehr nachdenklich sollten die vielerorts üblichen Sonderangebote an Aquarienfischen stimmen (z. B. ein Neon für 99 Pfennig). Nicht nur, daß das „Verramschen" eines Lebewesens zu Niedrigstpreisen moralisch sehr anstößig ist und einen Einblick in die „tierfreundliche" Gesinnung des betreffenden Geschäftes gewährt, man kann auch wie überall auf dem freien Markt nicht erwarten, für wenig Geld Qualität zu bekommen. Die Gefahr, sich mit solchen Sonderangeboten Krankheiten einzuschleppen, die den gesamten Bestand gefährden, ist sehr hoch, ebenso die Verlustrate.

Vertretbar und sinnvoll sind dagegen Preisnachlässe, wenn Schwarmfische in größerer Stückzahl gekauft werden.

Lebenserwartung der Aquarienfische

Über die Lebenserwartung unserer Aquarienfische ist noch viel weniger bekannt als über ihre Biotope. Fest steht nur, daß die Verhältnisse in der freien Natur mit denen in unseren Aquarien nicht zu vergleichen sind, weil sowohl saisonbedingte Trockenzeiten mit sehr niedrigem Futterangebot und teilweise austrocknenden Tümpeln als auch Freßfeinde fehlen.

Die Lebenserwartung der Fische ist, wie bei allen in Gefangenschaft gepflegten Tieren, von Haltungsform und Pflege abhängig. Je artgerechter sie sind, desto älter kann das betreffende Tier werden.

Daß die Lebenserwartung unserer Aquarienfische in den meisten Fällen sehr unterschätzt wird, zeigt eine Zusammenstellung von Wolfgang Voigt, die er 1990 in der Fachzeitschrift „Das Aquarium" veröffentlicht hat (siehe nachste-

hende Tabelle). Obwohl es sich hierbei nicht um die am häufigsten gehaltenen Arten handelt, läßt die Übersicht doch eine Schätzung zu, wie alt Fische werden können. Die hohe Lebenserwartung von Salmlern, Barben und Welsen vermag ich aus eigener Erfahrung zu bestätigen (in meinem Bestand finden sich zur Zeit Kupfersalmler: 11 Jahre, Kaisertetra: 8 Jahre, Schillerbärblinge: 10 Jahre, Ancistrus: 10½ Jahre, Zwergschilderwels: 16 Jahre).

Zierfische können viel länger leben, als allgemein angenommen wird

Lebenserwartung von Aquarienfischen in Jahren

Familie	Art	mögl. Alter
Salmler	Hyphessobrycon bifasciatus	9
	Ctenobrycon spilurus	14
	Moenkhausia oligolepis	15
	Leporinus friderici	18
	Erythrinus erythrinus	22
Karpfenfische	Barbus semifasciolatus	10
	Rasbora einthoveni	11
	Barbus ticto	13
	Labeo bicolor	17
Schmerlen	Acanthophthalmus kuhlii	12
	Botia sidthimunki	15
	Botia macracanthus	11–25
Welse	Corydoras meyersi	13
	Brochis splendens	13
	Synodontis nigriventris	13
	Dianema longibarbis	14
	Synodontis malimaculatus	26
Killifische	Rivulus geayi syn. strigatus	3
	Rivulus agilae	3
	Aphyosemion coeleste	3,5
	Aplocheilus panchax	3–4
	Roloffia occidentalis	3–4
Lebendgebärende Zahnkarpfen	Heterandria formosa	1,5
	Xiphophorus evelynae	2–3
	Xiphophorus signum	3–4
	Xenotoca eiseni	5
Labyrinther	Trichopsis vittatus	3–6
	Trichogaster leeri	10
Cichliden	Apistogramma borellii	3,5
	Aequidens pulcher	6
	Symphysodon discus	8–12
	Astronotus ocellatus	17
Sonstige	Enneacanthus chaetodon	8
	Melanotaenia nigrans	16

Die Angaben stammen von bekannten Aquarianern, von öffentlichen Schauaquarien, Zoologischen Gärten und aus Fachzeitschriften

Text: Wolfgang Voigt
Quelle: Das Aquarium, 248, Februar 1990

Nicht artge-
rechte Haltung
trägt viel zum
verfrühten
Sterben unserer
Aquarien-
fische bei

Technisches Versagen ausgenommen, trägt der Aquarianer selbst an der oft stark verkürzten Lebensdauer seiner Pfleglinge die Schuld. Im Vordergrund steht sicher die nicht artgerechte Haltung (schlechte Wasserbedingungen, Vergesellschaftungsprobleme, Überbesatz usw.), sowie unsachgemäße Fütterung. Auch die Unart mancher Aquarianer, ständig eine andere Fischart halten zu wollen, läßt dem vorhandenen Bestand keine Chance, sein biologisch mögliches Alter zu erreichen.

Das Argument, daß manche Fische in der Natur auch nicht viel älter als 1 Jahr werden, kann nicht als Entschuldigung für das vorzeitige Eingehen von Aquarienfischen aufgrund von Pflegefehlern gelten. Schließlich kommt auch niemand auf die Idee, daß die Lebenserwartung des als Heimtier beliebten Kaninchens mit 1 Jahr hoch genug sei, weil es in der Natur oftmals innerhalb seiner ersten Lebensmonate gerissen wird.

Sehr wahrscheinlich ist der etwas zu sorglose Umgang mit unseren Aquarienfischen auf ihren niedrigen Preis zurückzuführen, der in unserer Gesellschaft automatisch mit dem Aspekt der Wertlosigkeit verbunden ist. Der Tod eines teureren Exemplares, wie z. B. eines Diskus, erregt vielsagenderweise die Gemüter wesentlich mehr als der Verlust eines Neon. Vielleicht sollte im Zuge einer neuen Preisgestaltung einmal generell darüber nachgedacht werden, ob ein Lebewesen billiger sein darf als eine Schachtel Zigaretten.

Gesellschaftsbecken, Biotopaquarium oder Artenbecken?

Solange in einem **Gesellschaftsaquarium** Fische zusammen gehalten werden, die die gleichen Ansprüche an Wasser, Technik und Einrichtung stellen und sich untereinander vertragen, ist gegen einen Besatz aus verschiedenen Ländern und Kontinenten nichts einzuwenden.

Die perfekte Zusammenstellung eines der Natur nachempfundenen Biotops mit ausschließlich dort vorkommenden Fisch- und Pflanzenarten –

Biotopaquarium genannt – oder eines **Artenbeckens,** bei dem die ganze Einrichtung auf die Bedürfnisse ausschließlich einer gepflegten Art zugeschnitten ist, kommt einer artgerechten Haltung noch näher, ist vom biologischen Gesichtspunkt für den Beobachter interessanter und zeugt immer von einer intensiven Beschäftigung mit diesem Hobby. Letztendlich aber bleibt die Wahl zwischen Biotop-, Arten- oder Gesellschaftsaquarium eine Frage des Geschmacks und des Könnens des einzelnen.

Gestaltung von Biotopen

Im Folgenden sollen kurz einige Biotope zur Nachahmung im Aquarium vorgestellt werden. Eine 100prozentige Imitation ist aufgrund der im Vergleich zur Natur kleinen Wassermenge und der eigenen Gesetzmäßigkeiten eines Aquariums nicht möglich.

In den Fischtabellen sind bei allen Fischarten die jeweiligen Biotope angegeben, wodurch der Aquarianer die Möglichkeit erhält, das Becken ihren Bedürfnissen entsprechend zu gestalten. Wer kein Biotop- oder Artenbecken einrichten möchte, kann mit etwas Geschick und guter Planung ein Gesellschaftsbecken durchaus so gestalten, daß Fische aus zwei oder sogar drei verschiedenen Biotopen zusammen gepflegt werden können; ihre Ansprüche an das Wasser müssen dabei natürlich die gleichen sein. Hier einige Beispiele:

- Hintergrund und Seiten dicht bepflanzen = **verkrautetes Gewässer**
- in der Mitte dichtes Wurzelwerk mit schattenspendenden Schwimmpflanzen = **Wurzelbiotop**
- im Vordergrund eine freie Kiesfläche mit einigen großen Kieseln, nischenbildenden Steinplatten oder Buchenblättern = **Uferzone**
- wenn bei gleicher Vordergrundgestaltung ohne Blätter eine etwas stärkere Strömung an der Frontscheibe vorbeigeführt wird = **Flußbiotop**

Fluß- und Uferzonenbiotop in Brasilien

Einrichtungs-
beispiel für ein
Stromschnellen-
biotop

Stromschnellen und schnelle Fließgewässer

Solche Biotope ahmt man in langen Becken mit starker Strömung nach. Das Wasser sollte sauerstoffreich und nicht zu warm sein (höchstens 24°C). Der Bodengrund besteht aus Kies und großen, runden Steinen, die Verstecke bieten und Reviere abteilen. Sie können Spalten und Höhlen miteinander bilden. Eine Moorkienwurzel, die sich zwischen den Steinen verkeilt hat, vermag das Ganze aufzulockern.

Pflanzen dürfen wegen ihrer großen Vorteile für das Aquarium nicht fehlen, auch wenn sie in der Natur wegen der hohen Strömungsgeschwindigkeit selten in Stromschnellengebieten zu finden sind. Empfohlen werden können sehr robuste Arten wie beispielsweise Zwergspeerblatt (*Anubias*-Arten), Vallisnerien oder Javafarn (*Microsorium*). Auch *Crinum*- und einige *Echinodorus*-Arten (*E. bleherni, E. parviflorus*) können eingesetzt werden.

Beispiel für die
Gestaltung eines
Fluß- und Bach-
biotops

So kann eine nachgebildete Uferzone aussehen

Fluß- und Bachbiotope

Hier ist die Strömung weniger stark als im vorgenannten Biotop. Es bilden sich Kehrwasser- und Ruhezonen, die die Fische gern aufsuchen. Der Bodengrund besteht aus Kies, auf dem größere Steine und vereinzelte Wurzeln zu liegen kommen. Pflanzen im Hintergrund, im Randbereich des Beckens und zwischen den Steinen helfen mit, Verstecke zu bilden und Reviere abzugrenzen. Viel Schwimmraum lassen.

Uferzonen

Die Uferzonen vieler tropischer Bäche sind durch überhängende Büsche, Bäume und Gräser charakterisiert, die die Oberfläche beschatten. Auf dem Boden befinden sich eine Schicht Fallaub und verschiedenes Geäst. Während sich zum Ufer hin für die Fische viele Versteckmöglichkeiten ergeben, steht ihnen in Richtung Bachmitte oder am Ufer entlang freier Schwimmraum zur Verfügung.

Weiteres Beispiel für Biotopkombinationen in der Natur: Dichte Cryptocorynenbestände bilden einen verkrauteten Bachlauf. Am Rand ein Uferbiotop mit Fallaub

145

Die Rote Mangrove bildet unter Wasser ein dichtes Wurzelgewirr, das vielen kleinen Fischen Schutz bietet

Für ein solches Becken benötigen wir nur eine schwache Strömung und eine mittlere Beleuchtung. Hintergrund und Randzonen sollten dicht bepflanzt sein. Die Mitte bleibt frei und wird durch einige Wurzeln aufgelockert. Der Boden kann mit Eichen- und Buchenblättern abgedeckt werden.

Wurzelbiotope

In diesen Biotopbecken stellen Wurzeln den wichtigsten Einrichtungsgegenstand dar. Sie bilden Höhlen, Spalten und Nischen miteinander und sind ein ausgezeichnetes Versteck für Fische. In der Natur entsteht das Wurzelgewirr dadurch, daß die Strömung im Laufe der Jahre den Uferbe-

reich unterspült und so zahlreiche Wurzeln freilegt. Das Wasser ist meist bernsteinfarben und wirkt aufgrund der Beschattung durch die Urwaldbäume dunkel.

Pflanzen kommen in derartigen Biotopen fast nie vor, dürfen aber im Aquarium wegen ihrer wichtigen Aufgaben nicht fehlen. Einsetzen sollte man solche Arten, die wenig Licht benötigen (siehe Pflanzenporträts Seite 101 ff.). Die vom Holz abgegebenen Gerbstoffe führen mitunter zu Wuchsstörungen, denen man durch häufigeren Wasserwechsel vorbeugen kann.

Mäßige Strömung und Beleuchtung schaffen im Aquarium die Grundlage für das Anlegen eines solchen Biotops.

Beispiel für die Einrichtung eines Aquariums, in dem Fische aus Wurzelbiotopen gehalten werden

Verkrautete Gewässer

Mit Pflanzen zugewachsene Gewässer bieten einer großen Anzahl von Tieren Schutz und Nahrung. Oft findet man solche Gewässer an hellen Standorten, wobei das Licht im Wasser selbst wegen der vielen Pflanzen eher diffus ist. Die Nachahmung eines solchen Biotops kommt der Vorstellung am nächsten, die die meisten Aquarianer von einem schönen Pflanzenbecken haben.

Das Aquarium wird im Hintergrund und am Rand dicht bepflanzt. Kleinbleibende Pflanzenarten bedecken den Vordergrund. Wieviel Schwimmraum in der Mitte frei bleiben muß, hängt von den gepflegten Fischarten ab. Schwimmpflanzen sollten nicht fehlen, damit das Licht an einigen Stellen gedämpft wird und so etwas dunklere Rückzugsgebiete für die Fische entstehen. Auf Strömung kann man weitestgehend verzichten.

Einrichtungsbeispiel für ein verkrautetes Gewässer

147

So können Sie ein Felslitoralaquarium gestalten

Felslitoral

Diese Art von Biotop werden sich Aquarianer einrichten, die Mbuna-Cichliden aus dem Malawisee in Afrika pflegen möchten. Wichtigstes Dekorationsmaterial sind Steine, die möglichst viele senkrechte und waagerechte Spalten bilden sollten (keine Höhlen mit nur *einem* Eingang!). Mbuna-Cichliden sind Aufwuchsfresser, die ständig Algen mit den dazwischen befindlichen Kleinstlebewesen von den Steinen abraspeln. Die Oberfläche der Steine muß deshalb glatt sein, damit sich die Tiere nicht verletzen.

Pflanzen sind nicht ganz biotopgerecht, sollten aber wegen ihrer wichtigen Aufgaben im Aquarium auf keinen Fall vergessen werden. Geeignet sind z. B. Zwergspeerblatt (*Anubias*), Javafarn (*Microsorium pteropus*), Riesenvallisnerien (*Vallisneria gigantea*), *Cryptocoryne aponogetifolia* und *Crinum*-Arten.

Der Lichtbedarf solcher Becken ist recht hoch, damit sich auf den Steinen Grünalgen bilden können. Die Strömung kann mäßig bis stark sein. Sie variiert in den Heimatbiotopen der Fische je nach Wetter.

WICHTIG: Die Filtergröße muß sich am Fischbesatz orientieren.

Das Felslitoral ist die richtige Gestaltungsform für Mbuna-Cichliden

Geröllzone

Dieses Biotop entspricht dem Uferbereich des afrikanischen Tanganjikasees. Es besteht aus Sandboden mit großen, runden Kieseln darauf und aus höhlenbildenden Steinen (*ein* Höhleneingang). Ungehinderter Sonneneintritt sorgt in der Natur für Grünalgenwuchs. Die Strömung ist wetterabhängig, meist stark. Pflanzen kommen im natürlichen Biotop nicht oft vor, sollten im Aquarium aber aufgrund der kleinen Wassermenge eingesetzt werden (Arten wie im Felslitoralbiotop).

Einrichtungsbeispiel für ein Tanganjikaseebecken (Geröllzone)

Sandflächen

Freie Sandflächen finden sich in vielen Flußläufen, aber auch zwischen den Steinen der großen afrikanischen Seen. Je nach Größe der gewählten Fische kann man ein Becken komplett als Sandbiotop gestalten oder mit Geröllzone oder Felslitoral im Hintergrund kombinieren. Auf jeden Fall aber sollte man die Sandfläche groß und tief genug anlegen. Möchte man Schneckenbuntbarsche (*Lamprologi*) pflegen, müssen einige leere Schneckengehäuse (Weinbergschnecke) auf dem Sandboden verteilt werden.

Die Beleuchtung ist meist intensiv, die Strömung mäßig bis stark. Pflanzen helfen nicht nur, den wüstenartigen Charakter dieses Biotops aufzulockern, sie sorgen auch für eine gute Wasserqualität. In Frage kommen die beim Felslitoralbiotop erwähnten Arten.

Das Sandflächenbiotop läßt sich mit der Geröllzone oder dem Felslitoral kombinieren

Möglichkeit der Einrichtung eines Sandflächenbiotops

Töten von Aquarienfischen

Die Frage nach einer tierschutzgerechten Tötung von Aquarienfischen wird sehr oft an mich herangetragen. Voraussetzung für das Töten eines Tieres und nach § 1 des Tierschutzgesetzes auch zwingend notwendig ist das **Vorliegen eines vernünftigen Grundes** wie z. B. eine unheilbare Krankheit oder Verletzungen, die dem Tier große Schmerzen bereiten und nicht mehr zu heilen sind. Keinesfalls als vernünftiger Grund gilt, daß der Fisch fürs Aquarium zu groß geworden ist oder man lieber eine andere Art halten möchte!

Ein Tier darf nur getötet werden, wenn wirklich zwingende Gründe wie ein qualvolles Leiden vorliegen

Auch die Untersuchung eines kranken Fisches auf Bakterien-, Parasiten- oder Pilzbefall hin setzt nicht unbedingt seine Tötung voraus. § 4 des Tierschutzgesetzes bestimmt weiter, daß Wirbeltiere – und hierzu gehören Fische – nur unter Betäubung oder sonst nur unter Vermeidung von Schmerzen getötet werden dürfen. Ein Wirbeltier töten darf nur, wer die dazu notwendigen Kenntnisse und Fähigkeiten besitzt.

Wer seinen Fisch nicht selbst töten möchte oder kann, wird ihn zu diesem Zweck sicher in sein Stammzoogeschäft zurückbringen dürfen. Ansonsten empfehle ich, das Tier *unmittelbar* nach dem Herausfangen durch einen schnellen Schlag mit einem schweren Gegenstand von seinen Qualen zu erlösen. Kleine Aquarienfische werden

Kranke Aquarienfische, die nicht mehr zu retten sind, sollten getötet werden, damit ihnen weitere Qualen erspart bleiben

auf diese Weise sofort getötet, größere Barsche eventuell nur betäubt, weshalb man im Zweifelsfall bei ihnen durch einen Scheren- oder Messerschnitt das Genick durchtrennen sollte.

Natürlich können Fische, bevor man sie durch einen Scherenschnitt tötet, auch betäubt werden, z. B. mit 3800 mg/l Chloralhydrat oder 150 mg/l Tricain (MS-222). Die genannten Medikamente erhalten Sie bei einem Tierarzt.

WICHTIG: Barbarische Tötungsmethoden, wie das feige Hinunterspülen in der Toilette, das Aussetzen in unsere Gewässer oder das Hineinwerfen in kochendes Wasser, in Benzin, Formaldehyd oder dergleichen sind vollkommen **indiskutabel** und sollten einem Aquarianer nicht einmal andeutungsweise in den Sinn kommen!!

Tierversuche mit Aquarienfischen

Laut § 8 des Tierschutzgesetzes sind Versuche mit Wirbeltieren, also auch mit Aquarienfischen, genehmigungspflichtig, das heißt, der geplante Versuch muß bei der zuständigen Behörde schriftlich beantragt und von dieser genehmigt werden. Außerdem stellt das Gesetz an die ausführende Person und die benötigten Einrichtungen hohe Anforderungen.

Durchforstet man die Veröffentlichungen der Aquarienzeitschriften, so stößt man häufiger auf Ergebnisse, die anhand von Tierversuchen ermittelt wurden. Ohne Genehmigung der zuständigen Behörden macht sich der Aquarianer bei der Durchführung solcher „Tests" strafbar.

AUS DER PRAXIS
Meine Befragung der Zierfischhalter über eventuelle Verluste ergab ein recht erschreckendes Bild. Großteils sehen Aquarianer gelegentliche Todesfälle bei Zierfischen als normal an und kaufen ohne große Überlegungen neue Tiere. Als Grund für das Sterben wird oft das Alter der Fische angegeben. Unruhig werden die Besitzer erst, wenn Massenverluste

Schwertträger kommen aus den harten, alkalischen Gewässern Mittelamerikas, Skalare und Trauermantel-salmler benötigen hingegen weiches, saures Wasser

innerhalb kürzester Zeit auftreten und der ganze Bestand gefährdet ist.
Die folgende Übersicht – bezogen auf die von mir untersuchten Becken – verdeutlicht die

beängstigende Verlustbilanz. 32 % dieser Becken wiesen im genannten Zeitraum Fisch-verluste auf. Diese Anzahl liegt den Angaben in der Tabelle als Ausgangswert zugrunde.

Schachbrettschmerlen zählen zu den Schwarm-fischen. Sie einzeln oder nur paarweise zu halten ist nicht artgerecht

	Fischverluste innerhalb von 2–3 Monaten	
Ursache	bekannt	21,2 %
	unbekannt	78,8 %
Umfang	vereinzelte Verluste	27,3 %
	gehäufte Verluste	36,4 %
	starke Verluste	36,3 %
Zeitraum	schlagartig gestorben	6,3 %
	innerhalb kurzer Zeit gestorben	53,0 %
	immer mal wieder einige gestorben	40,7 %

(alle Prozentangaben beziehen sich auf die betroffenen Becken)
© Dr. Jutta Etscheidt 1995

Fischverluste lassen sich durch Vermeiden von Pflegefehlern verhindern

Übereinstimmend mit den Fischgesundheitsdiensten der Veterinärämter und den Forschungsergebnissen der Universitäten kann gesagt werden, daß die weitaus meisten Fischverluste durch Pflegefehler bedingt sind und bei entsprechender Kenntnis und Beachtung der Bedürfnisse der Fische durchaus vermeidbar wären.

Die häufigsten Fehler waren:

+ *falsche Härtegrade und pH-Werte*
+ *zu hoher Nitratgehalt*
+ *falscher Temperaturbereich*
+ *Wasserwerte wegen fehlender Messungen nicht bekannt*
+ *zu hohe Besatzdichte (56 % lagen über 0,5 cm Fisch/l!)*
+ *großes Durcheinander von Arten (bis zu 32 verschiedene Arten in 100 l)*
+ *zu geringe Zahl von Schwarmfischen (s. u. Übersicht über Schwarmgrößen)*
+ *Vergesellschaftungsfehler*

Durchschnittliche Schwarmgrößen

Spezies	Anzahl der Fische
Corydoras (Panzerwels)	2
Paracheirodon innesi (Neon)	4
Paracheirodon axelrodi (Roter Neon)	9
Gymnocorymbus ternetzi (Trauermantelsalmler)	3
Brachydanio rerio (Zebrabärbling)	2
Rasbora heteromorpha (Keilfleckbärbling)	3
Puntius (Barbus) tetrazona (Sumatrabarbe)	3

AUF EINEN BLICK

+ *Die Forderung des Tierschutzgesetzes nach artgerechter Haltung und Pflege gilt auch für unsere Aquarienfische*
+ *Die Verluste an Aquarienfischen sind jedes Jahr enorm und lassen sich vor allem auf Haltungs- und Pflegefehler zurückführen*
+ *Nur ganz wenige Zierfische erreichen ihr biologisch mögliches Alter*
+ *Sich erst informieren, dann kaufen!!!*
+ *Bei der Auswahl der Fische muß man die Gegebenheiten seines Aquariums (Wasser, Beleuchtung, Strömung, Einrichtung usw.) und die eigene Erfahrung berücksichtigen*
+ *Sowohl bei Besatzdichte als auch bei Artenvielfalt gilt: je weniger, desto besser*
+ *Das Sozialverhalten der Tiere muß zur Vermeidung von Streß und Krankheit unbedingt beachtet werden*
+ *Beim Kauf nach dem natürlichen Biotop, dem direkten Herkunftsort, der Ernährungsweise und der Endgröße des ausgewählten Fisches fragen*
+ *Fische sollte man nur dort kaufen, wo man seine Nachzuchten auch wieder verkaufen kann*
+ *Die Pflege neu importierter Fischarten (z. B. L-Welse) sollte man unbedingt Spezialisten überlassen*

Ernährung der Aquarienfische

Wie bei Tieren, die sich in der Obhut des Menschen befinden und ihr Futter nicht mehr selbst suchen können, hat auch bei den Aquarienfischen die durch den Besitzer getroffene Auswahl der Futtermittel entscheidenden Einfluß auf Gesundheit, Wohlbefinden, Lebensdauer und Fruchtbarkeit.

Laut § 2 des Tierschutzgesetzes muß jeder, der ein Tier hält oder betreut, es seiner Art und seinen Bedürfnissen entsprechend ernähren. Wie sieht nun eine artgerechte Ernährung unserer Fische aus?

Die richtige Ernährung der Fische hat entscheidenden Einfluß auf ihre Gesundheit

Insekten bilden in der Heimat unserer Aquarienfische als Anflugnahrung das ganze Jahr über eine wichtige Nahrungsquelle

Blüten, Samen und Früchte, die aufs Wasser fallen, bieten den Fischen eine abwechslungsreiche Ernährung

Was fressen Aquarienfische in der Natur?

Leider gibt es nur sehr wenige Untersuchungen darüber, was unsere Aquarienfische in der freien Natur fressen. Die Erkenntnisse, die man aus Ma-genuntersuchungen von vor Ort gefangenen Fischen gewonnen hat, stellen immer nur eine Momentaufnahme dar, die je nach Jahreszeit, Wasserstand (Regen-, Trockenzeit), Wetter usw. sehr variieren kann. Deshalb greifen Futtermittelhersteller meist auf Informationen aus der Nutzfischzucht (Forellen, Karpfen) zurück, was aber eher als Verlegenheitslösung zu sehen ist.

Fest steht, daß Fische in ihren tropischen Heimatgewässern keineswegs ständig im Überfluß leben. Während sich mit dem Einsetzen der Regenzeit ein immer größer werdendes Angebot an tierischem Plankton, Kleinkrebsen und Mückenlarven entwickelt, herrschen in der Trockenzeit durchweg Futtermangel und dadurch bedingte längere Hungerperioden. In dieser Zeit sind die Fische besonders auf die das ganze Jahr über auftretenden Insekten als Anflugnahrung angewiesen.

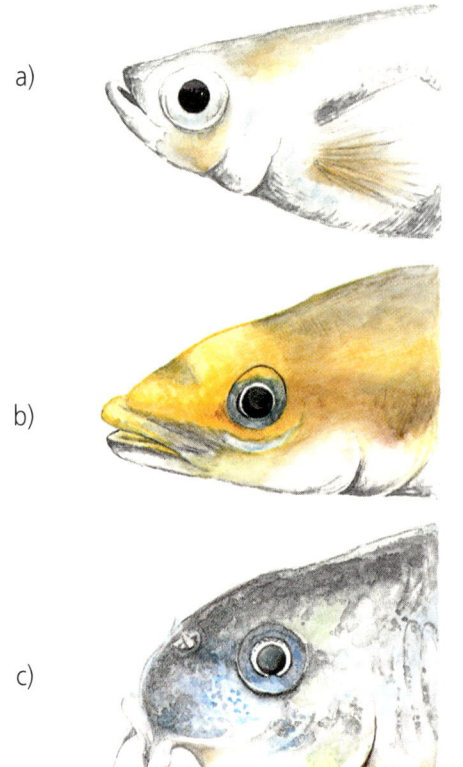

a)

b)

c)

Die **Maulform** gibt wichtige Hinweise auf die Ernährungsweise unserer Fische:
a) oberständiges Maul: Die Nahrung wird hauptsächlich von der Oberfläche „gefischt" (z. B. Insekten)
b) endständiges Maul: Die Nahrung befindet sich überwiegend im freien Wasser
c) unterständiges Maul: Die Nahrung wird vor allem vom Boden genommen

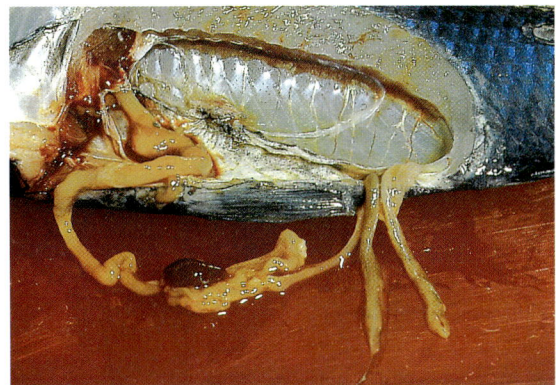

Fische, die sich vorwiegend pflanzlich ernähren, haben wegen der aufwendigen mikrobiellen Verdauung einen wesentlich längeren Darm als Fleischfresser

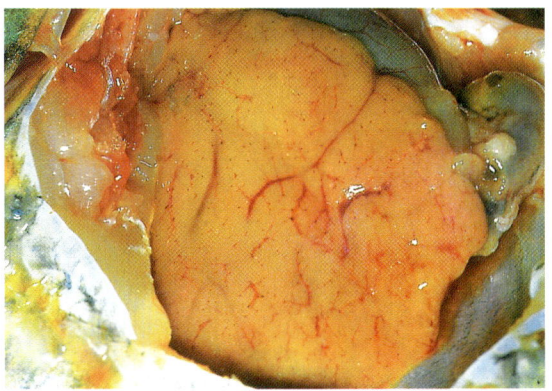

Leberverfettung wird bei der Sektion von Aquarienfischen sehr häufig festgestellt. Sie gilt als Zeichen falscher Ernährung

Bei den Magenuntersuchungen hat sich auch herausgestellt, daß Aquarienfische in ihrer Heimat in weit größerem Maße Vegetarier sind, als bisher angenommen wurde. Außer den im Wasser vorkommenden Algen und Pflanzenresten fressen sie auch Samen und Früchte, die von den Urwaldbäumen auf das Wasser fallen.

Konsequenzen für die Fütterung

Für uns Aquarianer bedeuten diese Untersuchungsergebnisse, daß wir unsere Pfleglinge – abgesehen von wenigen Futterspezialisten – möglichst abwechslungsreich füttern sollten. Dabei sind geringere Mengen mehrmals am Tag bei

Einen abwechslungsreichen Futterplan zusammenstellen

Einen zwei- bis dreiwöchigen Urlaub des Besitzers kann jedes gut gepflegte Aquarium spielend überstehen

Der Zoohandel führt ein reichhaltiges Sortiment an verschiedenen **Futtermitteln:**

Flockenfutter

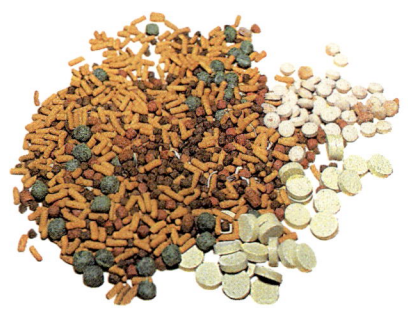

Sticks, Granulat und Tabletten

Auch bei Fischen kann Überfütterung zur Verfettung führen

den kleinen Mägen der Fische auf jeden Fall besser als eine große Ration. Beachtet werden sollte der Ernährungstyp des Fisches (vorwiegend Fleischfresser, vorwiegend Pflanzenfresser usw.). Durch den jahreszeitlich bedingten Futtermangel in ihren Biotopen sind unsere Aquarienfische zu wahren Hungerkünstlern geworden. Gut genährte und gepflegte Fische überstehen deshalb Urlaubszeiten ihrer Besitzer von 2–3 Wochen durchaus ohne Schaden.

Dauernde Überfütterung hingegen vertragen sie schlecht. Es kommt hierbei zur Verfettung der Tiere, wobei Leber und Geschlechtsorgane besonders betroffen sind. Leberverfettung stellt den wichtigsten Nebenbefund bei der Sektion verstorbener Zierfische dar. Füttern Sie deshalb möglichst sparsam und auch nur soviel, wie die Fische innerhalb weniger Minuten fressen können. Pro Woche sollten Sie sogar 1 Hungertag einlegen.

WICHTIG: Achten Sie darauf, daß alle Tiere etwas abbekommen, füttern Sie eventuell an mehreren Stellen gleichzeitig.

Futtermittel

Für unsere Aquarienfische steht uns heute eine breite Palette an verschiedenen Futtermitteln zur Verfügung.

Trockenfutter

Hierzu zählen alle Arten an Flocken, Granulat, Pellets und Tabletten. Die Qualität des Trockenfutters kann je nach Firma sehr unterschiedlich sein. Es gibt Futter, das wertvolle Krebstierchen und Algen enthält, aber leider auch Produkte, die wegen der größeren Gewinnspanne mit Billigzutaten gestreckt werden. Lassen Sie sich von einem gut ausgebildeten Fachverkäufer beraten.

◆ *Beim Kauf zu beachten*

Manche Trockenfutterhersteller geben weder die Zusammensetzung (Grundkomponenten, Analysenwerte) noch das Verfallsdatum oder, was noch besser wäre, das Herstellungsdatum ihrer Ware auf der Verpackung an. Doch jedes Futter verändert sich bei längerer Lagerung sehr ungünstig und kann Ihre Tiere schädigen. Kaufen Sie deshalb nicht die Katze im Sack, und nehmen Sie keine Produkte ohne ausreichende Information. Denken Sie auch daran: Je länger eine Ware haltbar ist, desto mehr Konservierungsstoffe müssen ihr zugesetzt sein.

Berücksichtigen Sie beim Kauf von Trockenfutter die Ernährungsgewohnheiten Ihrer Pfleglinge (Fleischfresser, Pflanzenfresser, Allesfresser). Manche Hersteller bieten entsprechende Sorten an. Verzichten Sie auf Futter mit Zusätzen an künstlichen Farbstoffen (E-Nummern, die mit einer 1 beginnen), künstlichen Konservierungsstoffen (E-Nummern, die mit einer 2 beginnen) und

Frostfutter

an Antioxidantien E 320 (BHA), E 321 (BHT) sowie an Ethoxiquin (Konservierungsmittel). Ihre Wirkung auf Zierfische ist nicht untersucht. Als natürliche Antioxidantien können Vitamin C und E eingesetzt werden. Sprechen Sie Zoohändler und Hersteller darauf an.
Trockenfutter sollte der besseren Qualität wegen immer in einer lichtundurchlässigen Dose luftdicht verpackt sein. Bei jedem Öffnen der Dose gelangt Sauerstoff an das Futtermittel, wodurch es schneller verdirbt. Kaufen Sie deshalb kleine Dosen, entnehmen Sie das Futter möglichst nicht mit den Fingern, sondern schütteln Sie einfach einige Flocken in die Hand, und verschließen Sie die Dose sofort wieder. Kühl aufbewahrt hält sich das Futter am längsten.

Frostfutter
Einige der wichtigsten Futtertiere, wie rote, weiße und schwarze Mückenlarven, Wasserflöhe, Artemia usw. (keine Meerestiere wie z. B. Krill oder Mysis verfüttern!), stehen dem Zierfischbesitzer heute als Tiefkühlkost zur Verfügung. Sie haben nahezu den gleichen Nährwert wie Lebendfutter, vorausgesetzt sie sind schockgefroren und werden, auch beim Transport, durchgehend bei – 20 °C gelagert. Eine entsprechende Garantie zusammen mit dem Aufdruck eines Verfalldatums sollten Sie vom Futtermittelhandel fordern; sprechen Sie also bei nächster Gelegenheit Ihren Zoohändler darauf an.

Gefriergetrocknetes Futter

WICHTIG: Einmal aufgetautes Futter dürfen Sie nicht wieder einfrieren (niemals Frostfutter mit deutlichem Gefrierbrand kaufen!). Außerdem dürfen Sie es nicht in gefrorenem Zustand verfüttern, weil die Fische sonst eine oft tödliche Darmentzündung bekommen können. Als hilfreich hat sich ein kleines Kaffeesieb erwiesen, in das die abgebrochenen Futterstückchen gelegt werden. Sie lassen sich unter fließendem Wasser schnell auftauen und gleichzeitig abspülen.

Frostfutter nie in gefrorenem Zustand verfüttern!

Falls Sie über ein Tiefkühlfach verfügen, stellen die verschiedenen Arten des Frostfutters eine gute, preiswerte und bequeme Alternative zu den übrigen Futterarten dar.

Gefriergetrocknetes Futter
Hierbei handelt es sich um Lebendfutter, das zuerst gefroren und dann in Kälte dehydriert wurde. Durch diesen Trocknungsvorgang ohne Erwärmung werden die Nährstoffe und Vitamine in besonderem Maße geschont. Unter der Voraussetzung, daß die Gefriertrocknung nach dem neuesten Stand der Technik durchgeführt wurde und daß die so aufbereiteten Tiere kühl und trocken gelagert wurden, entsteht auf diese Weise ein gutes Fischfutter.

WICHTIG: Gefriergetrocknete Futtertiere sollten Sie wie alle Futtermittel nur in einer luft- und lichtundurchlässigen Verpackung kaufen.

157

Larven und Puppen der Stechmücke benötigen atmosphärischen Sauerstoff, sonst ersticken sie im Wasser

Die rote Zuckmückenlarve ist oft schadstoffbelastet und sollte nicht zu häufig verfüttert werden

Lebendfutter

Gutes Lebendfutter ist für eine optimale Zierfischhaltung unerläßlich. Es enthält alle notwendigen Nährstoffe ganz frisch und in natürlicher Zusammensetzung und entspricht der Ernährung der meisten Fische in freier Natur. Außerdem ergibt sich bei seiner Verfütterung für die Fische die Notwendigkeit des Beutefangens und somit die Möglichkeit, normale Verhaltensmuster ablaufen zu lassen.

Auch für die Zucht ist Lebendfutter unabdingbar. Bei vielen Arten stellt es nicht nur die Grundvoraussetzung für die Laichbereitschaft dar, sondern es dient auch der Aufzucht der Fischlarven, die weiterverarbeitetes Futter noch nicht aufnehmen können. Interessanterweise sind auch bei den Pflanzenfressern unter den Fischen die Jungtiere zunächst Fleischfresser.

Für die Aquaristik wichtig sind folgende Lebendfutterarten:

◆ *Schwarze Mückenlarven*

Sie sind die Larven der Stechmücken und im Sommer reichlich zu finden bzw. in einem im Freien aufgestellten Eimer Wasser und einigen darin untergetauchten Brennesseln oder etwas Mist bequem selbst zu „züchten". Schwarze Mückenlarven stellen ein hervorragendes Futter dar, das auch in der Heimat der Zierfische massenhaft vorkommt. Viele Fischarten reagieren darauf mit baldiger Laichbereitschaft.

Lebendfutter braucht man unbedingt, wenn man züchten will

◆ *Rote Mückenlarven*

Sie stammen von der nicht stechenden Zuckmücke und bewohnen das freie Wasser oder den schlammigen Grund träge fließender Gewässer. Oft findet man sie auch in Abwasserkanälen, weshalb sie mit Schwermetallen und Kohlenwasserstoffen belastet sein können. Deshalb sollte man sie nicht im Übermaß verfüttern.

◆ *Weiße Mückenlarven*

Sie gehören zur Gattung der Büschelmücken und halten sich freischwimmend in sauberen Gewässern auf. Da sie größer sind als die übrigen Mückenlarven, eignen sie sich nicht für kleine Mäuler.

◆ *Tubifex*

Die roten Bachröhrenwürmer finden sich meist in Abwässergräben, wo sie im Schlamm in Massen zusammenklumpen. Auch sie sind aufgrund der Verhältnisse in ihrem Lebensraum mit Giftstoffen belastet. Außerdem haben sie einen relativ hohen Fett- und Eiweißgehalt, der bei Fischen zu schleimigem Kot führt. Deshalb sollte man sie nur ab und zu verfüttern. Würmer, die nicht gefressen werden, graben sich in den Boden ein und verwesen dort.

◆ *Wasserflöhe*

Besonders zur Sommerzeit gibt es sie in sauberen, fischarmen Teichen oder Tümpeln. Mit rund 1% Fett, 2–3% Eiweiß und 95% Wasser sind

Büschelmückenlarven, auch Glasstäbchen genannt, sind in sauberen Gewässern zu finden

Tubifex können für Fische gefährlich sein, weil sie oft mit Giftstoffen belastet sind

Wasserflöhe kein sehr nahrhaftes Futter, aber ihr Chitinpanzer und ihr mit einzelligen Algen gefüllter Darmkanal stellen für viele Fischarten einen wertvollen Ballaststoff dar.

◆ Artemia

Die Eier der Salinenkrebse werden in den großen Salzseen der Erde gesammelt, anschließend getrocknet und vakuumverpackt. Sie können so bis zu 10 Jahre überdauern. In eine 3prozentige, gut durchlüftete (Membranpumpe) Kochsalzlösung (ca. 4 gestrichene Teelöffel *jodfreies* Salz pro Liter) verbracht, quellen sie auf, und die winzigen Krebslarven – Nauplien genannt – können schlüpfen. Diese sind ein ausgezeichnetes Jungtierfutter. An- und Aufzuchtmethoden teilt Ihnen jedes Zoofachgeschäft mit.

Da Artemia Salzwasser benötigen, halten sie sich im Aquarium nur wenige Stunden. Sie sollten deshalb stets nur in kleinen Mengen und dafür öfters verfüttert werden.

Im Vergleich zu den anderen Lebendfutterarten haben Salinenkrebschen den Vorteil, daß bei ihrer Verfütterung keine Krankheitskeime oder Parasiten mit eingeschleppt werden können.

Keine leeren Schalen den Salinenkrebse verfüttern

WICHTIG: Die leeren Schalen der Nauplien dürfen nicht mitverfüttert werden, denn sie verstopfen den Darm von Jungfischen und können zu teils hohen Verlusten in der Aufzucht führen.

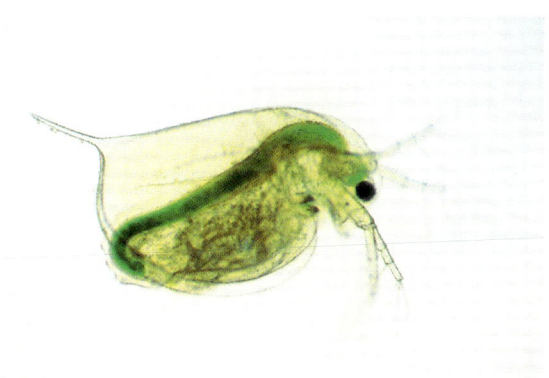

Wasserflöhe gibt es im Sommer in sauberen Tümpeln und Seen

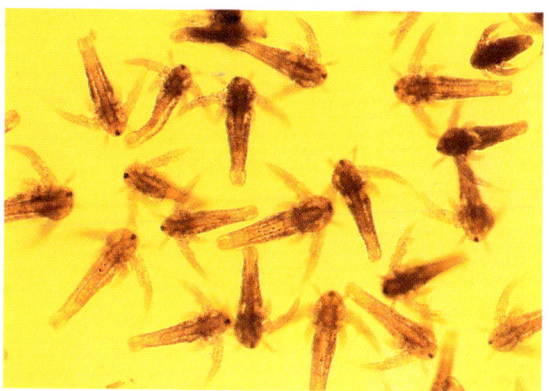

Artemia sind ideal für die Jungfischaufzucht, aber auch erwachsene kleinere Fische mögen sie

Mikrowürmchen lassen sich auf einem Brei aus Haferflocken und Milch züchten

Blick in eine Enchyträenkultur; die Zucht der Würmchen ist einfacher als es aussieht

◆ *Enchyträen, Grindalwürmchen, Mikrowürmchen, Drosophila-Fliegen*

All diese Lebendfutterarten sind als Zuchtansatz zusammen mit der Zuchtanleitung im Fachgeschäft oder über den Versandhandel (Adressen finden Sie in Aquarienzeitschriften) zu beziehen. Ihre Kultivierung ist sehr einfach und kann von jedem Aquarianer problemlos zu Hause durchgeführt werden.

Während Grindal- und Mikrowürmchen an Jungfische und kleinere Arten verfüttert werden, sind Enchyträen auch für größere Fische geeignet. Allerdings sollte man letztere sparsam verwenden, weil sie wegen ihres hohen Fettgehaltes zu Verdauungsstörungen und zu Verfettung führen. Mikrowürmchen halten sich im Aquarium ungefähr 6–8 Stunden, Grindalwürmchen und Enchyträen 1 Tag.

Vorsicht bei Enchyträen – sie haben einen hohen Fettgehalt

◆ *Infusorien*

Diese Kleinstlebewesen wie Augentierchen, Pantoffeltierchen, Rädertierchen und andere werden als Erstfutter für die Aufzucht von Fischbrut genommen. Auch für sie gibt es Zuchtansätze und Kultivierungsvorschläge.

◆ *Mehlwürmer*

Fische fressen sie aufgrund ihres harten Panzers ziemlich ungern. Außerdem führen sie schnell zur Verfettung und sollten deshalb nur sehr sparsam verfüttert werden.

Über die hier genannten Lebendfuttersorten hinaus gibt es noch eine Vielzahl anderer, die jedoch nur äußerst selten verfüttert werden (Wiesenplankton, Asseln, Regenwürmer u. a.).

Ameisen und deren Eier, Kaulquappen und Jungfische dürfen laut Gesetz nicht der Natur entnommen und verfüttert werden. Natürlich sollte man auch keine Schmetterlingslarven absammeln. Überhaupt sollte jeder Aquarianer bei seiner Suche nach Lebendfutter bestimmte ökologische Grenzen im Auge behalten. Die sehr empfindliche Ufervegetation eines Gewässers ist so weit wie möglich zu schonen. Auch sollte man immer nur so viele Tiere entnehmen, wie man tatsächlich braucht oder ohne große Verluste für einige Tage hältern kann. Mitgefangene, aber nicht verfütterbare Insekten, gibt man wieder ins Wasser zurück.

WICHTIG: Suchen Sie zum Fangen von Lebendfutter möglichst Tümpel ohne Fischbesatz auf, um zu vermeiden, daß Fischinfektionen und Parasiten eingeschleppt werden.

Pflanzliche Futtermittel

Pflanzen sind für viele Fische eine wichtige zusätzliche, für einige Arten sogar eine hauptsächliche Nährstoffquelle. Dabei sollten Sie Wasserpflanzen (Wasserlinse, Laichkraut, Wasserpest usw.) und Algen immer den Vorzug vor Landpflanzen geben. Sie können sie kurz überbrüht

Fruchtfliegen werden von fast allen Fischen gern gefressen

Mehlwürmer sollte man nur sparsam verfüttern, da sie schnell zur Verfettung führen

oder in getrocknetem Zustand zerrieben verfüttern. Auch Blattsalat, Spinat, Grünkohl, Kohlrabi- und Schlangengurkenscheiben (mit Bleidraht aus dem Zoogeschäft beschweren), Haferflocken und ähnliches eignen sich als pflanzliches Futter.

Sonstiges Futter

Manche Aquarianer stellen einen Teil ihres Futters nach eigenen Rezepten her. So werden z. B. afrikanische Barsche oder Diskusfische vielfach mit einem Gemisch aus Rinderherz, Eigelb und Vitaminen gefüttert. Will man sein Futter über längere Zeit selbst zubereiten, sind profunde Kenntnisse über die genaue Zusammensetzung der Rohstoffe und über die Bedürfnisse der Fische unabdingbar, um Mangelerscheinungen zu vermeiden (Rinderherz enthält z. B. sehr viel Phosphor, dafür zuwenig Rohfasern).

AUS DER PRAXIS

Trotz vielfältigen Angebots kann von einer artgerechten und abwechslungsreichen Ernährung unserer Zierfische zur Zeit leider keine Rede sein. In 94 % der von mir untersuchten Becken wurde fast nur Flockenfutter verabreicht. Auf die ebenfalls sehr bequem zu fütternden Alternativen Frostfutter und gefriergetrocknetes Futter griffen nur die wenigsten Aquarianer zurück, Lebendfuttergaben bildeten die Ausnahme. Auch wenn die verschiedenen Trockenfuttersorten sicher das Futter der Wahl bleiben, so ent-

spricht ihre alleinige Gabe bestimmt nicht der Forderung nach artgerechter und ausgewogener Nahrung.

AUF EINEN BLICK

- ◆ *Eine optimale, abwechslungsreiche Ernährung verhindert Krankheiten und Verluste*
- ◆ *Das Angebot an Futtermittelarten ist groß (Trockenfutter, Gefrierfutter, gefriergetrocknetes Futter, Lebendfutter)*
- ◆ *Kein Trockenfutter (Flocken, Sticks, Tabletten) ohne Angaben zu Inhaltsstoffen, Analysen und zum Verfallsdatum kaufen*
- ◆ *Fragen Sie nach der Zusammensetzung Ihres Futters (Krebstierchen, Rindfleisch oder nur Sojamehl, wertvolle Futteralgen, Vitamine usw.)*
- ◆ *Kein Gefrierfutter mit Gefrierband mitnehmen*
- ◆ *Kein gefrorenes Futter verfüttern*
- ◆ *Öfter kleine Mengen füttern und ab und zu einen Hungertag einlegen*
- ◆ *Bei scheuen und nachtaktiven Tieren (vor allem Welsen und Schmerlen) unbedingt darauf achten, daß sie ihre Futterration bekommen*

161

Die Fischtabellen

Die Zusammenstellung der Fische in den Tabellen erfolgte nach der Gruppeneinteilung im Kapitel „Artgerechte Zierfischhaltung" gemäß ihren unterschiedlichen Ansprüchen an das Wasser (siehe Seite 132). Es sei hier nochmals darauf hingewiesen, daß Fische aus den verschiedenen Gruppen aufgrund der großen Unterschiede zwischen den Wasserparametern nicht miteinander vergesellschaftet werden sollten.

Die einzelnen Spalten der Tabelle enthalten viele weitere Informationen, die dem Besitzer die artgemäße Unterbringung seiner Pfleglinge erleichtert.

Eine vollständige Auflistung aller im Handel angebotenen Arten war leider aus Platzgründen nicht möglich. Sollten Sie daher den von Ihnen favorisierten Fisch nicht finden, fragen Sie Ihren Zoofachhändler, ob man ihn einer der genannten Arten zuordnen kann.

Salmler sind sehr beliebte Aquarienfische. Das Foto zeigt einen Schwarm von Blutsalmlern

Kurzinformationen über die einzelnen Fischfamilien

Salmler

Sie zählen zu den beliebtesten und ältesten Fischfamilien (ca. 80–150 Millionen Jahre alt) und kommen in Süd- und Mittelamerika sowie in Afrika vor. Salmler sind sehr lebhaft, leben meist in Schwärmen, sind überwiegend Fleischfresser und meist friedlich. Vergesellschaftet werden können sie mit anderen kleineren und friedlichen Fischen, die ebenfalls aus weichem, saurem Wasser stammen (Zwergbuntbarsche, Barben, Welse u. a.). Die Becken sollten langgestreckt, mit viel Schwimmraum und nicht zu hell sein.

Barben

Die meisten dieser Arten leben im Schwarm und sind Allesfresser. Viele benötigen aber zusätzliche Pflanzenkost. Ausschließliche Flockenfütterung führt zu vermindertem Wachstum und zum Verblassen der Farben. Die *Brachydanio*-Arten lieben Licht und Sonne, der Rest bevorzugt nicht zu helle Becken, dicht bepflanzt, aber mit Schwimmraum. *Puntius*-Arten gründeln gern und knabbern außerdem gern an langen Flossen, z. B. bei Skalaren oder Fadenfischen; daher sollte man sie nicht zusammen pflegen. Vergesellschaften kann man Barben und Bärblinge gut untereinander oder mit friedlichen, genauso temperamentvollen Fischen, die das gleiche Wasser brauchen.

Schillerbärblinge gehören wie alle Barben zu den Karpfenfischen, der artenreichsten Fischfamilie

Schmerlen und Dorngrundeln

Beides sind vor allem dämmerungsaktive Tiere (abends füttern), die ihr Futter vom Boden aufnehmen und dabei gern gründeln; daher benötigen sie einen weichen, nicht scharfkantigen Bodengrund. Sie sind Allesfresser. In der Natur kommen Schmerlen und Dorngrundeln in Schwärmen vor, wobei die Individuen der *Acanthophtalmus*-Arten gern ein kleines Revier für sich beanspruchen. Beide Familien vermehren sich in Gefangenschaft nicht oder nur per Zufall. Die Tiere müssen deshalb immer der Natur entnommen oder in Zuchtanstalten durch Hormonspritzen zum Ablaichen gebracht werden, was sie allerdings selten lange überleben.

Gut zu vergesellschaften mit Fischen der mittleren und der oberen Wasserregionen. *Botias* sind anfällig für die Pünktchenkrankheit.

Schmerlen und Dorngrundeln lassen sich praktisch nicht züchten

Welse

Sie können sehr alt und zum Teil auch sehr groß werden, daher sollten Sie beim Kauf unbedingt nach der Endgröße fragen. Viele Arten sind nachtaktiv und müssen bei Dunkelheit gefüttert werden. Welse suchen den Boden nach Nahrung ab, weshalb das Substrat feinkörnig und rund sein sollte. Manche Arten benötigen unbedingt vegetarische Zusatzkost, die meisten sind aber Allesfresser (siehe Tabelle Seite 171 ff.).

Das Becken sollte viele Versteckmöglichkeiten enthalten. Welse sind friedliche Tiere, die mit allen ebenfalls friedlichen Fischen, die das gleiche Wasser verlangen und nicht die untere Wasserregion bevölkern, vergesellschaftet werden können.

Welse der *Synodontis*-Art kommen aus Afrika, sind teils sehr empfindlich und nichts für Anfänger. Sie brauchen je nach Art sehr unterschiedliches Wasser, weshalb sie sowohl in Gruppe 1 als auch in Gruppe 3 und 4 zu finden sind.

WICHTIG: Viele Welsarten lassen sich nicht nachzüchten. Zur Zeit werden außerdem sogenannte L-Welse importiert, über deren Pflege man wenig weiß und die noch nicht einmal Namen, sondern nur Nummern haben. Auf ihren

L-Welse werden importiert, ohne genügend erforscht zu sein

Die Pflege von Killifischen erfordert spezielle Kenntnisse

Kauf sollte man aus Tierschutzgründen verzichten, bis ihre Haltung besser erforscht ist und sie nachgezüchtet werden.

Labyrinthfische

Ihr Name leitet sich von dem Labyrinth gut durchbluteter Hautfalten ab, das oberhalb der Kiemen liegt und sie befähigt, Sauerstoff aus der Luft aufzunehmen, weshalb sie auch in sauerstoffarmen Gewässern überleben können. Im Aquarium muß man bei der Benutzung einer CO_2-Anlage darauf achten, daß sich dieses Gas nicht unter der Deckscheibe ansammelt und von den Fischen beim Luftholen eingesogen wird. Auch zu kalt darf die Luft nicht sein, weil sich die Tiere sonst erkälten (Vorsicht bei offenen Aquarien).

Die meisten Arten fühlen sich in abgedunkelten (Schwimmpflanzen), strömungslosen Becken mit dichter Bepflanzung wohl. Sie sind friedlich, allerdings beanspruchen die Männchen in der Laichzeit ein kleines Revier. Am besten mit ruhigen, nicht revierbildenden Bodenbewohnern und Schwarmfischen vergesellschaften.

Labyrinthfische sind anderen Fischarten gegenüber friedlich und können als Paare oder zu mehreren Paaren gehalten werden

Killifische (eierlegende Zahnkarpfen)

Sie fühlen sich in torfgefilterten, dunklen, strömungsarmen Becken mit dichter Bepflanzung, Torf- oder Mulmboden und Wurzelverstecken wohl, weshalb sie weniger für ein Gesellschafts-, sondern eher für ein Artenbecken geeignet sind. Killifische müssen im Harem gehalten werden.

Die Männchen sind meist untereinander sehr aggressiv (Ausnahme: Leuchtaugenfisch aus dem Tanganjikasee; liebt Strömung, lebt im Schwarm). Die Nahrung muß je nach Art hauptsächlich oder lediglich aus Lebendfutter bestehen. Killifische sollte man nur mit kleinen, ruhigen, nicht revierbildenden Fischen vergesellschaften.

Bei den Killifischen gibt es Boden- und Haftlaicher. Erstere benötigen eine dicke Schicht ausgekochten Torfes am Boden, in den sie eintauchen, um ihre Eier zu legen. Sie leben in der Natur in Tümpeln, die zeitweise austrocknen. Während die Elterntiere sterben, überleben die Eier im feuchten Boden bis zur nächsten Regenzeit. Haftlaicher legen ihre Eier an Pflanzen, Wurzeln oder Steine. Sie leben in Gewässern, die auch während der Trockenperiode Wasser führen.

Regenbogenfische, Blauaugen und Ährenfische

Diese Fischfamilien bestechen durch ihre prachtvollen Farben, die allerdings erst bei den Erwachsenen voll zur Geltung kommen. Es sind sehr lebhafte Schwarmfische, die viel Schwimmraum brauchen. Das Becken sollte in der Nähe eines Ostfensters stehen, weil die Fische bevorzugt in der Morgensonne balzen und ablaichen. Alle drei Familien gehören zu den Dauerlaichern, die während der Fortpflanzungszeit jeden Tag einige Eier abgeben. Vergesellschaftet werden können sie mit friedlichen Fischen, die nicht zuviel Ruhe brauchen.

Regenbogenfische faszinieren durch ihre Farben

Regenbogenfische und Blauaugen sind besonders in weichen und sauren Gewässern zu finden, aber auch schon in mittelhartem, leicht alkalischem Wasser gefangen worden. Im Aquarium können sie bei beiden Wasserwerten gehalten und nachgezüchtet werden. Ährenfische kommen aus Gewässern der Gruppe 2.

Lebendgebärende Zahnkarpfen
Lebendgebärende zählen zu den beliebtesten Fischen und gelten als gute Anfängerfische. Auf die gängigsten Arten trifft dies auch zu (Ausnahme: Hochzuchten), weil sie mit unserem meist mittelharten, leicht alkalischen Leitungswasser gut zurechtkommen, sich leicht züchten lassen und vollentwickelte Junge zur Welt bringen. Dabei können die Weibchen den Samen der Männchen für mehrere Würfe benutzen.
Die meisten Lebendgebärenden sind Schwarmfische, wobei immer mehr Weibchen als Männchen vorhanden sein sollten. Die Arten benötigen

Becken mit dichter Randbepflanzung, genügend Schwimmraum und Grünfutterzugabe. Sie sind problemlos in der Vergesellschaftung, solange die Wasserwerte stimmen. Am besten aber hält man mehrere Arten dieser Familie in einem Becken.

Solange die Wasserwerte stimmen, lassen sich Lebendgebärende gut mit anderen Fischarten vergesellschaften

Lebendgebärende wie die Guppys (auf dem Bild sind Guppymännchen zu sehen) gibt es in vielen Zuchtrichtungen

Schmetterlingsbuntbarsche gehören zu den Zwerg-buntbarschen

Buntbarsche (Cichliden)

Will man Bunt-barsche züchten, so ist zu beach-ten, daß sie in der Laichzeit sehr aggressiv werden können

Je nach Wasserwerten läßt sich folgende Eintei-lung nach Verbreitungsgebieten vornehmen:
✦ Zwergbuntbarsche aus Südamerika und Afrika
✦ Tanganjikasee-Buntbarsche
✦ Malawisee-Buntbarsche
✦ Buntbarsche aus Mittelamerika

Sie faszinieren alle durch ihre bunten Farben und ihr unterschiedliches Brutpflegeverhalten (siehe hierzu auch Seite 168). Buntbarsche beanspru-chen vor allem zur Laichzeit ein großes Territo-rium und können dann sehr aggressiv werden (eventuell zeitweise mittels einer durchlöcherten Plexiglasscheibe trennen, aber nicht aus dem Becken entfernen! Das Zurücksetzen scheitert meist am Gruppenverhalten der zurückgebliebe-nen Barsche). Viele Verstecke sind eine absolute Notwendigkeit (siehe Biotopbeschreibungen).
Während sich Zwergbuntbarsche gut mit Schwarmfischen des mittleren und oberen Was-serbereiches vergesellschaften lassen, sollten die Buntbarsche des Malawi- oder des Tanganjika-sees, nach Wasseransprüchen getrennt, unter sich bleiben bzw. nur mit Fischen zusammenge-bracht werden, die auch in ihrem Biotop vorkom-men (siehe Tabelle Seite 171 ff.).

Hinweise zur Interpretation der Tabellen

Größe: Angegeben ist in dieser Rubrik die End-größe der Tiere. Mit ihr sollte man sich vor dem Kauf unbedingt vertraut machen, damit die ent-sprechende Spezies nicht womöglich in einem zu kleinen Aquarium gehalten wird – das wäre Tier-quälerei.

Wasserbereich: Jede Fischart bevorzugt einen anderen Bereich des Beckens – entweder den oberen (o), den mittleren (m) oder den unte-ren (u). Mit diesem Wissen läßt sich der Platz in einem Aquarium optimal ausnutzen.

Temperaturbereich: Die Temperaturoptima der vergesellschafteten Arten sollten überein-stimmen.

Futter: Um die Fische artgemäß zu ernähren, muß man über ihre Futtervorlieben Bescheid wissen:
✦ Fressen sie hauptsächlich oder ausschließlich Lebendfutter (L)?
✦ Benötigen sie vegetarische Kost (V)?
✦ Brauchen sie Wasserpflanzen (P) zur Deckung ihres Nährstoffbedarfs?
✦ Oder lassen sie sich auch gut mit totem Futter (T) wie Flocken, Tabletten, Frostfutter und Ge-friergetrocknetem ernähren?
Die Reihenfolge der Auflistung in der Tabelle ent-spricht den Futterprioritäten der jeweiligen Fisch-art. Eingeklammerte Futtersorten werden nur be-dingt oder als Notlösung genommen.

Licht: Diese Spalte gibt Auskunft darüber, ob die Fischart
✦ lieber in dunklem, schummrigem Licht schwimmt ((+))
✦ auch mit der gängigen Aquarienbeleuchtung von 0,3 – 0,5 W/l zurechtkommt (+)
✦ oder in der Natur zumindest teilweise in vol-lem Sonnenlicht lebt (++), was im Becken ei-nem freien, gut ausgeleuchteten Schwimm-raum entsprechen würde

Strömung: Die Strömungsverhältnisse bestimmen erheblich mit, ob sich ein Fisch in unserem Aquarium wohl fühlt oder nicht. Es gibt Arten aus

✦ stehendem Gewässer (–)

✦ aus ruhigen Kehrwasserzonen oder langsamfließenden Bächen (+)

✦ aus Quell- oder Stromschnellengebieten (++).

Durch geschickte Einrichtung lassen sich verschiedene solcher Zonen in einem Becken realisieren.

Sozialverhalten: Diese Spalte bringt Angaben zur Lebensweise der jeweiligen Fischart in der Natur. Fische leben

✦ im Schwarm (S)

✦ im Harem (H); mehrere Weibchen auf ein Männchen

✦ in einer Gruppe (G)

✦ als Paar (P)

✦ als Einzelgänger (E)

Dieses Wissen ist unbedingt nötig, um die Tiere art- und tierschutzgerecht zu halten. Es kann vorkommen, daß sich eine Verhaltensweise beim Erwachsenwerden ändert (mit einem → gekennzeichnet) oder daß zwei verschiedene Haltungsformen möglich sind.

Zucht: Die Nachzucht von Aquarienfischen ist die Krönung dieses schönen Hobbys. Entsprechend den vielen verschiedenen Fischarten bestehen aber auch zahlreiche Unterschiede im Laich- und Brutverhalten, die hier zu erläutern den Rahmen dieses Buches sprengen würde. Details müssen daher in der Spezialliteratur nachgelesen werden.

Die folgenden Angaben, die in den Fischtabellen den jeweiligen Arten zugeordnet sind, geben aber wertvolle Informationen und helfen vor allem, das Becken den Zuchtbedürfnissen der Art gemäß einzurichten.

✦ *Freilaicher (F):*

Die entsprechenden Fischarten laichen im freien Wasser ab und stellen somit keine besonderen Ansprüche an die Einrichtung. Die befruchteten Eier werden allerdings gern gefressen, auch von den Elterntieren. Daher empfiehlt es sich, möchte man einige Nachzuchten erhalten, das laichwillige Paar in ein Extrabecken mit einigen deckungsgebenden Pflanzen umzuquartieren und den Boden mit größeren, runden Kieseln, Glasmurmeln, Perlongespinsten oder Javamoos so zu gestalten, daß die Eier dazwischen vor dem Gefressenwerden geschützt sind. Die Elterntiere setzt man gleich nach dem Ablaichen ins große Becken zurück.

✦ *Substratlaicher (S):*

Sie benötigen zum Ablaichen ein bestimmtes Substrat, z. B. feinfiedrige oder breitblättrige Pflanzen, einen bestimmten Bodengrund, Steine usw., an dem die Eier haftenbleiben.

Skalar beim Bewachen seines Geleges. Hier bildet ein Stein das Laichsubstrat

Bei den Killifischen gibt es sogenannte Haftlaicher, die ihre Eier an feinfiedrigen Pflanzen, ersatzweise auch an einem im Wasser hängenden Wollmop oder einem porösen, mit Spalten versehenen Bimsstein ablegen (Haft), und solche, die zum Ablaichen in den Bodengrund eintauchen (B), was natürlich ein besonderes Substrat erforderlich macht (z. B. eine Schicht ausgekochten Torfes).

Bei den Barschen unterscheidet man zwischen Höhlenbrütern (H) und Offenbrütern (O). Erstere brauchen Höhlen mit nur *einem* Zugang (nach

Freilaicher zum Ablaichen in ein Extrabecken umsetzen

167

Der Schneckenbuntbarsch bewohnt leere Schneckengehäuse

Maulbrüter bieten ihren Jungtieren auch nach dem
Schlupf noch Schutz in ihrer Maulhöhle

hinten geschlossene Steinhöhlen, je nach Größe
auch Kokosnußschalen, Blumentöpfe u.a.), die
Verstecke der Offenbrüter sollten zwei Zugänge
haben.

Das **Brutpflegeverhalten** ist bei **Barschen** sehr
ausgeprägt. Je nach Familienzusammenschluß
unterscheidet man:

- Elternfamilie (E): die Eltern teilen sich alle Aufgaben
- Vater-Mutter-Familie (V-M): das Weibchen
  betreibt Brutpflege, das Männchen verteidigt
  das Revier
- Mann-Mutter-Familie (M-M): das Männchen
  verteidigt ein Revier mit mehreren brutpfle-
  genden Weibchen
- Mutter- bzw. Vater-Familie (M bzw. V): nur ein
  Elternteil übernimmt die Brutpflege
- Eltern-Geschwister-Familie (E-G): neben den
  Eltern beteiligen sich auch ältere Geschwister
  an der Aufzucht der Jungen

Barsche haben je nach Familienzusammenschluß ein sehr unterschiedliches Brutpflegeverhalten

♦ *Maulbrüter (M):*
Maulbrüter nehmen entweder gleich die abge-
setzten Eier *(ovophil)* oder erst die bereits geschlüpften Larven *(larvophil)* ins Maul, um ihnen
bis zum Freischwimmen Schutz zu gewähren.
Fast immer übernimmt das Weibchen diese Aufgabe. Da es während des Erbrütens der Eier im
Maul nichts frißt, sollte es vor Zuchtbeginn in einem guten Allgemein- und Ernährungszustand
sein.

♦ *Schaumnestbauer (Sch):*
Die Männchen vieler Labyrinther-Arten bauen
Schaumnester aus schleimumhüllten Luftblasen,
die sie entweder an der Wasseroberfläche oder
an der Decke von Höhlen zusammensetzen. Als
„Gerüst" benutzen sie kleine Pflanzenteile (z. B.
Riccia oder Javamoos) und Algen. Die Wasseroberfläche sollte möglichst nicht durch den Filter
bewegt werden, weil sonst die Schaumnester
zerstört werden. Die Jungtiere werden nach dem
Schlüpfen entweder nur von *einem* Elterntier
(und zwar vom Vatertier, das Weibchen wird
dann vertrieben) oder von beiden bewacht und
bis zum endgültigen Freischwimmen auch immer wieder ins Nest zurückgebracht.

♦ *Lebendgebärende Zahnkarpfen (L):*
Die Eizellen der Lebendgebärenden werden im
Mutterleib befruchtet, wozu die Männchen ein
besonderes Befruchtungsorgan (Gonopodium)
ausgebildet haben. Geboren werden vollentwik-
kelte, sofort schwimmfähige Jungfische, die auch
schon etwas größeres Futter aufnehmen können. Zu ihrem Schutz sollte das Becken dicht bepflanzt sein, oder man setzt bereits vorher das
trächtige Weibchen (am dicken Bauch und eventuell am schwarzen Trächtigkeitsfleck am After zu
erkennen) in ein Extrabecken; Ablaichkästen sind
zu eng und sollten deshalb nicht benutzt werden.
Nach dem Gebären fängt man das Weibchen
wieder heraus.

168

Mosaikfadenfisch beim Schaumnestbau. Er ist dabei auf Schwimmpflanzen oder -blätter angewiesen

WICHTIG: Alle frisch geschlüpften oder neugeborenen Jungfische müssen intensiv gefüttert werden, anfangs mit Infusorien (Räder- und Pantoffeltierchen – im Fachhandel nach Zuchtanleitung fragen), später mit Artemia, Mikrowürmchen und feinem Staubfutter.

◆ *In Gefangenschaft nicht züchtbar (–):*
Fischarten, die in der Spalte „Zucht" keine Eintragung haben (–), lassen sich in der Regel auf natürliche Weise nicht nachzüchten, weil wir entweder zuwenig über diese Tiere wissen oder ihnen nicht den geeigneten Lebensraum bieten können. In diese Rubrik fallen vor allem Welse, aber auch Schmerlen sowie einige Salmler- und Barben-

arten. Spezies, die sich nur unter Einsatz von Hormonspritzen vermehren, werden ebenfalls als nicht züchtbar eingestuft. Diese Zwangsbehandlung kann nicht als natürlich gelten, zumal die Elterntiere diese Prozedur selten über längere Zeit hinweg überleben.
Daneben gibt es aber auch einige Arten, bei denen hin und wieder einmal Zufallszuchten gelingen. Sie sind in der Tabelle mit einem ((–)) versehen.

WICHTIG: Verzichten Sie nach Möglichkeit auf den Kauf von unzüchtbaren Arten, denn es handelt sich bei den angebotenen Tieren immer um Naturentnahmen.

Durch Hormongaben erzwungene Vermehrung halten die Fische selten lange durch

169

Lebendgebärender Zahnkarpfen beim Gebären

Biotop: Diese Spalte gibt zusammen mit den Biotopbeschreibungen auf Seite 142 ff. eine sehr genaue Vorstellung von den Ansprüchen unserer Pfleglinge an Einrichtung und Strukturierung des Aquariums. Der Besitzer hat die Möglichkeit, seine Fische artgerecht zu halten, ohne seine Phantasie bei der Gestaltung zu sehr einschränken zu müssen. Es können auch durchaus zwei oder sogar drei verschiedene Biotope in einem Becken verwirklicht werden. Die Spalte enthält außerdem einige zusätzliche sehr nützliche Hinweise, z. B. ob die Art wühlt, ob sie sehr empfindlich oder rauflustig ist und vieles mehr.

Übersicht über die in den Tabellen verwendeten Abkürzungen

Wasserbereich:

o = oben
m = mitte
u = unten

Futter:

L = Lebendfutter
V = vegetarische Kost
P = Pflanzen
T = Trocken-, Frost-, gefriergetr. Futter

Licht:

(+) = dunkles, schummriges Licht
+ = normale Aquarienbeleuchtung (0,3 – 0,5 Watt/l)
++ = helles Licht ohne Schwimmpflanzenabdeckung

Strömung:

– = stehendes Wasser, keine Strömung
+ = wenig Strömung
++ = viel Strömung

Sozialverhalten:

S = Schwarmfisch
H = Haremsbildung (ein Männchen/ mehrere Weibchen)
G = Gruppenbildung
P = Paarbildung
E = Einzelgänger

Zucht:

F = Freilaicher
S = Substratlaicher
Haft = Haftlaicher (eierlegende Zahnkarpfen, Killifische)
B = Bodenlaicher (eierlegende Zahnkarpfen, Killifische)
O = Offenbrüter
H = Höhlenbrüter
M = Maulbrüter
Sch = Schaumnestbauer
L = Lebendgebärend
E = Elternfamilie
V–M = Vater-Mutter-Familie
M–M = Mann-Mutter-Familie
M bzw. V = Mutter- bzw. Vater-Familie
E–G = Eltern-Geschwister-Familie
– = in Gefangenschaft nicht züchtbar
(–) = nur Zufallszuchten gelungen

SALMLER AUS AMERIKA

Carnegiella strigata *Marmorierter Beilbauch*	**Gymnocorymbus ternetzi** *Trauermantelsalmler*	**Hasemania nana** *Kupfersalmler*	**Hemigrammus erythrozonus** *Glühlichtsalmler*	Art
nördl. Südamerika	Bolivien Südbrasilien	Brasilien	Guayana	**Herkunft**
4	6	5	4	**Größe in cm**
o	m	m	m	**Wasserbereich**
24–28°C	23–28°C	24–28°C	22–26°C	**Temperatur in °C**
(v.a. Drosophila), (T)	T, V, L	T, L	T, L	**Futter**
(+)	(+)	+	(+)	**Licht**
+	–, +	+, ++	–	**Strömung**
S	S	S	S	**Sozialverhalten**
(–)	F	F	F	**Zucht**
Uferzone; Schwimmpflanzen, Torfwasser; sehr empfindlich, ruhiger Fisch, springt	**Uferzone;** sehr ruhiger Fisch, bildet Kleinreviere, im Alter grau	**Quellbäche** (O_2↑); Randbepflanzung; etwas hektische Fische	**Wurzelbiotop;** Torfwasser, Schwimmpflanzen; ruhiger Fisch	**Biotop/ Besonderes/ Haltung**

Hemigrammus rhodostomus *Rotmaulsalmler*	**Hyphessobrycon callistus** *Blutsalmler*	**Hyphessobrycon flammeus** *Roter von Rio*	**Hyphessobrycon herbertaxelrodi** *Schwarzer Neon*	Art
Nordbrasilien	südliches Amazonasbecken	um Rio de Janeiro	Brasilien	**Herkunft**
4,5	4	4	4	**Größe in cm**
m	m	m	m, o	**Wasserbereich**
23–26°C	22–28°C	22–28°C	24–27°C	**Temperatur in °C**
T, L	T, L, V	T, L, V	L, T	**Futter**
+	+, –	(+)	(+)	**Licht**
–	–	–	+	**Strömung**
S	S	S	S	**Sozialverhalten**
F	F	F	F	**Zucht**
Wurzelbiotop; Nitrat unter 30 mg/l; empfindlicher Fisch	**Wurzelbiotop oder verkrautete Gewässer;** oft aggressiv, lebhaft	**Uferzone;** friedlich, robust	**Uferzone;** Torfwasser; ruhige Mitbewohner	**Biotop/ Besonderes/ Haltung**

Art	**Impaichthys kerri** *Königssalmler*	**Megalamphodus megalopterus** *Schwarzer Phantomsalmler*	**Megalamphodus sweglesi** *Roter Phantomsalmler*	**Moenkhausia sanctaefilomenae** *Rotaugen-Moenkhausia*
Herkunft	Westbrasilien	Zentralbrasilien	Kolumbien	zentrales Südamerika
Größe in cm	4	4,5	4	7
Wasserbereich	m	m	m	m
Temperatur in °C	24–27 °C	23–28 °C	20–25 °C!	22–26 °C
Futter	T, L	T, L	T, L	T, L, V
Licht	+	+	(+)	+
Strömung	–	+	–	+
Sozialverhalten	S	S	S	S
Zucht	F	F	F	F
Biotop/ Besonderes/ Haltung	**Uferzone;** bildet Kleinreviere	**verkrautet mit Schwimm- raum;** ♂ revierbildend, nur zus. mit ruhigen Arten	**verkrautet mit Schwimm- raum;** empfindliche, ruhige Art, ♂ revierbildend	**Uferzone;** Verstecke; lebhafter Fisch, friedlich

♂ = männlich, ♀ = weiblich

Art	**Nannostomus beckfordi** *Längsbandziersalmler*	**Nannostomus marginatus** *Zwergziersalmler*	**Nannostomus trifasciatus** *Dreibinden-Ziersalmler*	**Nematobrycon palmeri** *Kaisertetra*
Herkunft	Guyana-Länder, mittlerer Amazonas	Südamerika	Brasilien	Kolumbien
Größe in cm	6,5	5,5	5,5	5
Wasserbereich	m, o	m, o	m, o	m, u
Temperatur in °C	24–26 °C	24–26 °C	24–26 °C	24–26 °C
Futter	L (v.a. Drosophila), T	L, T	L (v.a. Drosophila), T	L, T
Licht	(+)	(+)	(+)	(+)
Strömung	+	–	+	+
Sozialverhalten	S	S	S	S, G
Zucht	F	F	F	F
Biotop/ Besonderes/ Haltung	**Uferzone oder verkrautet;** kurzlebig, ♂ bildet Kleinreviere, lebhaft	**Uferzone oder verkrautet;** zarter, friedlicher Fisch	**Uferzone oder verkrautet;** ♂ revierbildend	**Uferzone;** ♂ stark revierbildend, anderen Arten gegenüber friedlich

Paracheirodon axelrodi *Roter Neon*	**Paracheirodon innesi** *Neon-Tetra*	**Pristella maxillaris** *Sternflecksalmler*	**Thayeria boehlkei** *Schrägschwimmer*	**Art**
oberer Amazonas	Ostperu	Südamerika	Brasilien Peru	**Herkunft**
5	4	4,5	6	**Größe in cm**
m, u	m, u	m	m, o	**Wasserbereich**
23–27 °C	20–24 °C	24–28 °C	24–28 °C	**Temperatur in °C**
T, L	T, L	T, V, L	T, V, L	**Futter**
(+)	+	–	+	**Licht**
+	+	+	–	**Strömung**
S	S	S	S	**Sozialverhalten**
F (schwierig)	F (schwierig)	F	F	**Zucht**
Wurzelbiotop; Torfwasser; empfindlicher als *P. innesi,* nicht zus. m. größeren Arten	**Uferzone;** Torfwasser; nicht mit größeren Arten zusammen, wird 10 J. alt	**verkrautet mit Schwimmraum;** mit ruhigen Arten zusammen	**verkrautet mit Schwimmraum;** lebhaft, nicht zus. mit ruheliebenden Arten	**Biotop/ Besonderes/ Haltung**

SALMLER AUS AFRIKA

Anoldichthys spilopterus *Großschuppensalmler*	**Brycinus longipinnis** *Langflossensalmler*	**Neolebias ansorgii** *Ansorges Salmler*	**Phenacogrammus interruptus** *Blauer Kongosalmler*	**Art**
tropisches West-Afrika	West-Afrika	Kamerun Nigeria	Zaire	**Herkunft**
8	13	3,5	9	**Größe in cm**
m	m	u	m	**Wasserbereich**
23–26 °C	22–26 °C	22–26 °C	22–26 °C	**Temperatur in °C**
L, (T)	L, T	L, (T)	L, (T), (P)	**Futter**
+	+	(+)	(+)	**Licht**
++	++	–, +	+	**Strömung**
S	S	G	S	**Sozialverhalten**
F	F	F	F	**Zucht**
Fließgewässer; Torfschicht auf dem Boden, gr. Becken mit viel Schwimmraum	**Fließgewässer;** gr. Becken mit viel Schwimmraum	**Uferzone;** Torfboden; sehr scheu, braucht viele Verstecke	**Uferzone;** gr. Becken mit Schwimmraum, Torfwasser; scheu	**Biotop/ Besonderes/ Haltung**

KARPFENFISCHE AUS ASIEN

Art	**Brachydanio albolineatus** *Schillerbärbling*	**Brachydanio frankei** *Leopardbärbling*	**Brachydanio rerio** *Zebrabärbling*	**Crossocheilus (Epalzeorhynchus) siamensis** *Siamesische Rüsselbarbe*
Herkunft	Südostasien	Vorderindien	Südostasien	Südostasien
Größe in cm	6	6	6	15
Wasserbereich	m, o	o, m	m, o	u
Temperatur in °C	20–25 °C	20–25 °C	20–25 °C	24–26 °C
Futter	T, V, L	T, V, L	T, V, L	V, T, L
Licht	++	++	++	+
Strömung	+	+	+	++
Sozialverhalten	S	S	S	S
Zucht	F	F	F	–
Biotop/ Besonderes/ Haltung	**Flußbiotop;** Randbepflanzung; sehr lebhaft, springt, liebt Sonnenlicht	**Flußbiotop;** braucht Sonnenlicht, springt	**Flußbiotop;** Randbepflanzung; sehr lebhaft, Erwachsene oft aggressiv	**Flußbiotope;** Verstecke, veralgte Steine; im Alter oft zänkisch, Algenfresser

Art	**Epalzeorhynchus (Labeo) bicolor** *Feuerschwanz*	**Epalzeorhynchus frenatus** *Grüner Fransenlipper*	**Puntius (Barbus) conchonius** *Prachtbarbe*	**Puntius (Barbus) nigrofasciatus** *Purpurkopfbarbe*
Herkunft	Thailand	nördliches Thailand	Nord- und Ostindien	Sri Lanka
Größe in cm	15	12	15	6,5
Wasserbereich	u	11	alle	m
Temperatur in °C	22–26 °C	22–26 °C	18–22 °C!	22–26 °C
Futter	T, V, L	L, V, T	T, L, V	T, V, L
Licht	+	+	+	(+)
Strömung	++	++	+, –	+, –
Sozialverhalten	S → E	S → E	S	S
Zucht	(–)	(–)	F	F
Biotop/ Besonderes/ Haltung	**Flußbiotope;** Verstecke, weicher Boden; sehr zänkisch	**Flußbiotope;** Verstecke, weicher Boden; zänkisch	**Uferzone oder verkrautet mit Schwimmraum;** Mulm; lebhaft	**Uferzone oder verkrautet mit Schwimmraum;** Mulm und Verstecke; lebhaft

Puntius (Barbus) oligolepis
Eilandbarbe

Puntius (Barbus) tetrazona
Sumatrabarbe und Moosbarbe

Puntius (Barbus) titteya
Bitterlingsbarbe

Rasbora heteromorpha
Keilfleckbärbling

				Art
Indonesien, Sumatra	Indonesien, Sumatra, Borneo	Sri Lanka	Südostasien	**Herkunft**
5	7	5	4,5	**Größe in cm**
m, u	m	m, u	m, u	**Wasserbereich**
22–24°C	22–26°C	23–26°C	22–26°C	**Temperatur in °C**
T, V, L	T, V, L	T, V, L	T, L	**Futter**
+	+	(+)	(+)	**Licht**
+, –	+, –	–	–	**Strömung**
S	S	S	S	**Sozialverhalten**
F	F	F	S (Pflanzen)	**Zucht**
Uferzone oder verkrautet mit Schwimmraum; Mulm und Verstecke; lebhaft	**Uferzone;** Mulm und Verstecke; lebhaft, Flossenzupfer!	**verkrautet mit Schwimmraum;** Verstecke; ruhiger Fisch	**verkrautete Gewässer** (breitblättrige Pflanzen), Torfwasser, ruhiger Fisch	**Biotop/ Besonderes/ Haltung**

Rasbora kalochroma
Schönflossenbärbling

Rasbora maculata
Zwergbärbling

Rasbora pauciperforata
Glühlichtrasbora

				Art
Südostasien	Südostasien	Malaysien, Sumatra		**Herkunft**
8	2,5	7		**Größe in cm**
m	m, u	o, m		**Wasserbereich**
26–28°C	24–28°C	24–26°C		**Temperatur in °C**
L, T	L, T	L, V, T		**Futter**
(+)	(+)	(+)		**Licht**
+, –	–	+		**Strömung**
G	S	S		**Sozialverhalten**
–	F	F		**Zucht**
Uferzone; Verstecke, Torfwasser; empfindlich, revierbildend	**verkrautete Gewässer;** ruhig, scheu, nur zus. mit kleinen Fischen	**Uferzone mit Schwimmpflanzen;** Torfwasser; lebhaft, aber scheu bei falscher Haltung		**Biotop/ Besonderes/ Haltung**

SCHMERLEN UND DORNGRUNDELN

Art	Botia macracantha Prachtschmerle	Botia sidthimunki Schachbrettschmerle	Gyrinocheilus aymonieri Siamesische Saugschmerle	Pangio (Acanthophthalmus) spec. Dornaugen-Arten
Herkunft	Sumatra, Borneo	Hinterindien, Nordthailand	Hinterindien, Thailand	Südostasien
Größe in cm	15–30	6	25	8–12
Wasserbereich	u, m	u, m	alle	u
Temperatur in °C	24–30°C	26–28°C	22–26°C	24–30°C
Futter	L, T, V	T, L, V	V, T, L	L, V, T
Licht	+	+	+	(+)
Strömung	+	+	++	+
Sozialverhalten	S	S	E	S → E
Zucht	–	–	–	(–)
Biotop/ Besonderes/ Haltung	**verkrautet mit Schwimm- raum;** Verstecke (Röhren); lebhaft, wühlt, empfindlich	**verkrautet mit freiem Schwimmraum;** Mulm, Ver- stecke (Höhlen); lebhaft, wühlt	**Stromschnellen** mit Verstecken belästigt andere Fische	**verkrautete Gewässer;** viele Verstecke, Mulm; scheu, nachtaktiv

WELSE AUS SÜDAMERIKA

Art	Ancistrus dolichopterus Blauer Antennenwels	Corydoras aneus* Metallpanzerwels	Corydoras paleatus Marmorierter Panzerwels (auch als albinotische Form)	Corydoras panda Panda-Panzerwels
Herkunft	Amazonas	Südamerika	Südamerika	Peru
Größe in cm	14	7	7	5
Wasserbereich	u	11	11	11
Temperatur in °C	23–27°C	25–28°C	24–28°C	23–26°C
Futter	V (Gurke, Spinat u.a.), L, T	T, V, L	T, V, L	T, V, L
Licht	(+)	+	+	+
Strömung	+	+	+	+
Sozialverhalten	G, E, P	S	S	S
Zucht	H/V	S (Scheibe, Blätter, Steine)	S (Scheibe, Blätter, Steine)	S (Scheibe, Pflanzen)
Biotop/ Besonderes/ Haltung	**Uferzone,** Wurzeln (!), Röhre zum Laichen; friedlich, ♂ betreibt Brutpflege	**Uferzone;** Sand oder feiner Kies, Verstecke; sehr lebhaft	**Uferzone;** feiner Kies, Verstecke; lebhaft, robust	**Flußbiotop;** grobsandiger Boden; lebhaft, nicht mit zu großen Fischen zus.

*Es gibt sehr viele Corydoras-Arten. Hier sind als Beispiel die fünf häufigsten Vertreter genannt

Corydoras pygmaeus *Zwergpanzerwels*	**Corydoras trilineatus** *Leopard-Panzerwels*	**Farlowella spec.** *Nadelwels-Arten*	**Hypostomus punctatus** *Punktierter Schilderwels*	**Art**
Brasilien	Brasilien	Amazonas	Brasilien	**Herkunft**
2,5	6	20	30–50!	**Größe in cm**
u, m	u	m, u	u	**Wasserbereich**
24–28°C	24–26° (28°) C	22–26°C	22–28°C	**Temperatur in °C**
T, V, L	T, V, L	V, L, T	V, L, T	**Futter**
+	+	(+)	(+)	**Licht**
+	+ (+)	+	+	**Strömung**
S	S (Scheibe, Blätter, Steine)	E o.P	E	**Sozialverhalten**
S (u.a. Javamoos)	S	–	–	**Zucht**
Uferzone; feiner Kies, Verstecke, lebhaft, kleinste Art	**Flußbiotop;** feiner, runder Kies oder Sand, Wurzelverstecke	**Uferzone;** langgestreckte Wurzeln; wühlt, frißt nachts; Artenbecken, nur f. Kenner	**Uferzone;** Wurzeln als Verstecke, für große Becken; dämmerungsaktiv, wühlt	**Biotop/ Besonderes/ Haltung**

Otocinclus affinis *Gestreifter Otocinclus*	**Peckoltia vittata** *Zierbinden- Zwergschilderwels*	**Platydoras costatus** *Liniendornwels*	**Sturisoma aureum** *Langflossen-Harnischwels*	**Art**
Südostbrasilien	zentrales Amazonien	Amazonas, Peru	Kolumbien	**Herkunft**
4	14	22!	30!	**Größe in cm**
u, m	u	u	u	**Wasserbereich**
20–24°C	23–26°C	22–26°C	22–26°C	**Temperatur in °C**
V, L, T	Algen! (P, T)	T, V, L	V, L	**Futter**
+	(+)	(+)	+	**Licht**
++	+	+	++	**Strömung**
S	E, P	S	E	**Sozialverhalten**
S (Pflanzen)	–	–	S (Scheibe)	**Zucht**
Fließgewässer; veralgte Wurzeln u. Steine, nur zus. mit zarten Fischen	**Uferzone;** Wurzeln, Höhlen; benötigt unbedingt Algen!, nachtaktiv	**Uferzone,** Sand, Torfwasser, gr. Becken; wühlt sich in den Boden	**Fließgewässer,** lange, flache Wurzeln, freier, sandiger Mittelgrund	**Biotop/ Besonderes/ Haltung**

WELSE AUS AFRIKA

Art	**Synodontis nigriventris** *Rückenschwimmender Kongowels*	**Synodontis notatus** *Einpunkt-Fiederbartwels*	**Synodontis schoutedeni** *Marmorierter Fiederbartwels*
Herkunft	Zaire-Becken	Zaire	Kongo
Größe in cm	10	14	14
Wasserbereich	alle	u	u
Temperatur in °C	22–26°C	22–26°C	22–26°C
Futter	L (v.a. schw. Mückenlarven), T	L, V, T	L, V, T
Licht	+	+	+
Strömung	+	+	+
Sozialverhalten	G	E	E
Zucht	(–)	–	–
Biotop/ Besonderes/ Haltung	**Uferzone;** Wurzeln, Verstecke; breitblättrige Pflanzen	**Uferzone;** große Becken mit Sand, Wurzeln und Steinen; wühlt, nur f. Kenner	**Uferzone;** Sand und Mulm, Wurzeln, senkrecht stehende Verstecke; ruhelos, wühlt

LABYRINTHFISCHE AUS SÜDOSTASIEN

Art	**Betta imbellis** *Kleiner Kampffisch*	**Betta splendens** *Siamesischer Kampffisch*	**Colisa chuna** *Honiggurami*	**Colisa lalia** *Zwergfadenfisch*
Herkunft	Thailand, Malaysien	Kambodscha, Thailand	Nordostindien	Indien
Größe in cm	5	6	5	5
Wasserbereich	m, o	m, o	m, o	o, m
Temperatur in °C	26–28°C	26–30°C	22–28°C	22–28°C
Futter	L, T	L, T	L, T	L, T, V
Licht	+	+	+	(+)
Strömung	–	–	–	–
Sozialverhalten	H	H	P, G	P, G
Zucht	Sch, V	Sch, V	Sch, V	Sch, V
Biotop/ Besonderes Haltung	**verkrautete Gewässer;** Verstecke, Schwimmpflanzen; friedlicher Betta	**verkrautete Gewässer;** Verstecke, Schwimmpflanzen; nie 2 Männchen zusammen!	**verkrautete Gewässer;** Schwimmpflanzen; empfindlich, ruhige Art	**verkrautet;** Schwimmpflanzen; empfindlich, nur zus. mit ruhigen Arten

Helostoma temminckii *Küssender Gurami*	**Trichogaster leeri** *Mosaikfadenfisch*	**Trichogaster trichopterus** *Blauer Fadenfisch*	**Trichopsis vittatus** *Knurrender Gurami*	**Art**
Südostasien	Borneo, Sumatra, Malaysia	Indonesien, Malaysien	Südostasien	**Herkunft**
20–30 !	12	12	6,5	**Größe in cm**
m, o	m, o	m, o	m	**Wasserbereich**
24–28°C	24–28°C	24–28°C	24–28°C	**Temperatur in °C**
T, V, L, P	T, L, V	T, L, V	T, L	**Futter**
+	+	+	+	**Licht**
–	–	–	–	**Strömung**
P, G	P, G	P, G	P, G	**Sozialverhalten**
F	Sch, V	Sch, V	Sch, V	**Zucht**
verkrautete Gewässer; harte Pflanzen, feiner Bodengrund; wühlt	verkrautete Gewässer, Schwimmpflanzen; scheu, zus. mit ruhigen Fischen	verkrautete Gewässer; Schwimmpflanzen; ♂ oft aggressiv, versch. Zuchtformen	verkrautete Gewässer; Schwimmpflanzen; scheu, braucht Ruhe	**Biotop/ Besonderes/ Haltung**

BUNTBARSCHE AUS SÜDAMERIKA

Aequidens curviceps* *Tüpfelbuntbarsch*	**Aequidens maroni** *Maroni-Buntbarsch*	**Apistogramma agassizii** *Agassiz' Zwergbuntbarsch*	**Apistogramma borelli** *Borellis Zwergbuntbarsch*	**Art**
Südamerika	Südamerika	Südamerika	Südamerika	**Herkunft**
8	15	8	8	**Größe in cm**
m, u	m, u	u	u	**Wasserbereich**
22–26°C	22–25°C	24–26°C	24–26°C	**Temperatur in °C**
L, T	L, T, (P)	L, (T)	L, H	**Futter**
+	+	(+)	(+)	**Licht**
+	+	+	+	**Strömung**
P	P	H	H	**Sozialverhalten**
O (Steine)/E	O (Steine)/E	H/M-M	H/M-M	**Zucht**
Uferzone; Wurzeln, feiner Kies, Steine, Verstecke; in der Laichzeit aggressiv	**Uferzone;** harte Pflanzen einsetzen, feiner Kies, Steine, Verstecke	**Uferzone;** Höhlen, Fallaub; empfindlich (Wasser und Medikamente)	**Uferzone;** Höhlen, Fallaub, empfindlich (schlechtes Wasser und Medikamente)	**Biotop/ Besonderes/ Haltung**

* neuer Name nach Revision: *Laetacara* curviceps

Art	**Apistogramma cacatuoides** *Kakadu-Zwergbuntbarsch*	**Microgeophagus (Papiliochromis) ramirezi** Schmetterlingsbuntbarsch	**Pterophyllum scalare** *Skalar*	**Symphysodon aequifasciatus** *Diskus (Zuchtform)*
Herkunft	Guayana	Venezuela, Kolumbien	mittlerer Amazonas	Amazonien
Größe in cm	9	6	15	18
Wasserbereich	u	m, u	m	m
Temperatur in °C	24–26°C	25–28°C	24–28°C	26–28°C
Futter	L, (T)	L, T	L, T, V	L, (T), Spezialfutter
Licht	(+)	+	(+)	(+)
Strömung	+	–	–	–
Sozialverhalten	H	P	S → P	S
Zucht	H/M-M	O (Steine oder Kiesgruben)/E	O (Pflanzen)/E	O (Steine, Pflanzen)/E
Biotop/ Besonderes/ Haltung	**Uferzone**; Höhlen, Fallaub; ist auch in leicht alkal. Wasser gefangen worden	**verkrautete Gewässer**; Verstecke und Steine; empfindlich und kurzlebig	**Wurzelbiotop, Uferzone**; großblättrige Pflanzen am Rand; Paarbildung schwierig	**Wurzelbiotop**; großblättrige Pflanzen; Fisch für Kenner

BUNTBARSCHE AUS AFRIKA

Art	**Anomalochromis thomasi** *Afrikanischer Schmetterlingsbuntbarsch*	**Hemichromis bimaculatus-Gruppe** *Roter Buntbarsch*	**Nanochromis parilus** *Blauer Kongocichlide*	**Pelvicachromis pulcher** *Purpur-Prachtbarsch*
Herkunft	Liberia, Sierra Leone	Guinea bis Zentralliberia	Kongo	Nigeria
Größe in cm	7–10	10–15	8	8–10
Wasserbereich	u	alle	u	u, m
Temperatur in °C	24–26°C	22-26°C	23–26°C	24–26°C
Futter	L, T, V	T, T	L	T, L
Licht	+	+	(+)	(+)
Strömung	+	+	+	+
Sozialverhalten	P	P	P	P
Zucht	O (Pflanzen, Steine)/E	O/E	H/E	H/V-M
Biotop/ Besonderes/ Haltung	**Uferzone**; Fallaub, Höhlen, flache Steine als Laichsubstrat	**Flußbiotop**; wühlt, in Laichzeit sehr aggressiv	**Uferzone**; Steine, Höhlen; wühlt, ♂ bissig	**Uferzone**; grober Kies, Höhlen; wühlt, revierbildend

Pelvicachromis taeniatus *Smaragd-Prachtbarsch*	Pseudocrenilabrus **multicolor*** *Vielfarbiger Maulbrüter*	Steatocranus casuarius* *Buckelkopfcichlide*		**Art**
Nigeria, Kamerun	nordöstliches Afrika	Zaire		**Herkunft**
7–9	8	8–12		**Größe in cm**
u, m	alle	u		**Wasserbereich**
24–26 °C	22–24 °C	24–26 °C		**Temperatur in °C**
T, L	L, T	T, L		**Futter**
(+)	+	+		**Licht**
+	+	++		**Strömung**
P	H	P		**Sozialverhalten**
H/V-M	M	H/V-M		**Zucht**
Uferzone; Höhlen, grober Kies; wühlt, revierbildend	**Uferzone;** Sand, Verstecke; laicht in Gruben	**Stromschnellen;** Höhlen, harte Pflanzen; wühlt, in der Laichzeit aggressiv		**Biotop/ Besonderes/ Haltung**

* auch in mittelhartem, leicht alkalischem Wasser zu halten

KILLIFISCHE

Aphyosemion australe *Prachtkärpfling „Kap Lopez"*	Aphyosemion gardneri *Stahlblauer Prachtkärpfling*	Aphyosemion striatum *Gestreifter Prachtkärpfling*	Aplocheilus panchax *Gemeiner Hechtling*	**Art**
westliches Afrika	Westafrika	Gabun	Südostasien	**Herkunft**
6	6	5	8	**Größe in cm**
alle	alle	alle	o	**Wasserbereich**
21–23 °C	22–25 °C	21–23 °C	24–28 °C	**Temperatur in °C**
L, (T)	L, (T)	L	L, T	**Futter**
(+)	(+)	(+)	+	**Licht**
–	–	–	–	**Strömung**
H	H	H	H, P	**Sozialverhalten**
Haft (feinfiedrige Pflanzen)	Haft (feinfiedrige Pflanzen)	Haft (feinfiedrige Pflanzen)	Haft (feinfiedrige Pflanzen)	**Zucht**
verkrautete Gewässer; Torf oder Mulm, Verstecke, Deckscheibe	**verkrautete Gewässer;** Mulm, Verstecke, Deckscheibe; recht aggressive Saisonfische	**verkrautete Gewässer;** Mulm, Verstecke, Deckscheibe	**verkrautet mit Schwimm- raum;** Verstecke, Deckscheibe! nicht zus. mit kleinen Fischen	**Biotop/ Besonderes/ Haltung**

Art	**Epiplatys dageti** *Querbandhechtling*	**Rivulus xiphidius** *Blauer Streifenbachling*		
Herkunft	Westafrika	Guyana-Länder		
Größe in cm	7	4		
Wasserbereich	m, o	m, o		
Temperatur in °C	21-25°C	23–25°C		
Futter	L, T	L		
Licht	+	(+)		
Strömung	+	+		
Sozialverhalten	H	H		
Zucht	Haft (feinfiedrige Pflanzen)	Haft (feinfiedrige Pflanzen)		
Biotop/ Besonderes/ Haltung	**verkrautet mit Schwimm-raum;** Wurzeln; im Alter aggressiv, nicht zus. mit kleinen Fischen	**Uferzone;** Verstecke, Mulm; empfindlich u. sehr scheu, Artenbecken!		

REGENBOGENFISCHE UND BLAUAUGEN

Art	**Glossolepis incisus*** *Lachsroter Regenbogenfisch*	**Iriatherina werneri** *Werner's Regenbogenfisch*	**Melanotaenia boesemani*** *Boeseman's Regenbogenfisch*	**Melanotaenia herbertaxelrodi***
Herkunft	nördliches Neuguinea	Neuguinea, Nordaustralien	Neuguinea	Neuguinea
Größe in cm	15	5	10	9
Wasserbereich	m, o	m	m, o	m, o
Temperatur in °C	22–25°C	24–26°C	24–26°C	20–26°C
Futter	L, (T)	L, (T)	L, (T)	L, T
Licht	+	+	+	++
Strömung	–	–	–	+
Sozialverhalten	S	S	S	S
Zucht	F	F	F	F
Biotop/ Besonderes/ Haltung	**verkrautet mit viel Schwimmraum;** sehr schwimmfreudig	**verkrautet mit Schwimm-raum;** nur zus. mit zarten Fischen, sehr kleines Maul, scheu	**verkrautet mit Schwimm-raum;** Becken abdecken; lebhaft, liebt Morgensonne	**verkrautet mit Schwimm-raum;** Sandboden; liebt Morgensonne

Melanotaenia maccullochi*	Pseudomugil gertrudae	Pseudomugil signifer	Art
Zwergregenbogenfisch	*Gepunktetes Blauauge*	*Schmetterlingsblauauge*	
Australien	Australien Neuguinea	Nordaustralien	**Herkunft**
7	3	4	**Größe in cm**
m, o	m, o	m, o	**Wasserbereich**
20–25°C	24–28°C	23–26°C	**Temperatur in °C**
L, T	L, T	L, T	**Futter**
++	+	+	**Licht**
+	+	++	**Strömung**
S	S	S, H	**Sozialverhalten**
F	F	F	**Zucht**
Flußbiotop; feinfiedrige Pflanzen, viel Schwimmraum, Morgensonne	**verkrautet mit Schwimm- raum;** lebhaft, nur mit zarten Fischen zus. o. Artenbecken	**Fließgewässer;** sehr schwimmfreudig, ♂ revierbildend	**Biotop/ Besonderes/ Haltung**

*können auch in mittelhartem, leicht alkalischem Wasser gehalten und nachgezüchtet werden

Brachydanio frankei
(Leopardbärbling),
Schleierform

GRUPPE 2
ALKALISCHES, MITTELHARTES BIS HARTES WASSER

LEBENDGEBÄRENDE ZAHNKARPFEN ●

Art	**Heterandria formosa** *Zwergkärpfling*	**Phallocerus caudimaculatus** *Gefleckter Kaudi*	**Poecilia reticulata** *Guppy*	**Poecilia sphenops** *Spitzmaulkärpfling* *„Black Molly"*
Herkunft	Florida, South Carolina	Paraguay, Uruguay	nördliches Südamerika, Mittelamerikanische Karibik	Mexiko bis Kolumbien
Größe in cm	♂ 2 ♀ 3,5	♂ 4, ♀ 7	♂ 4 ♀ 6	♂ 6 ♀ 10
Wasserbereich	o, m	o, m	o, m	o, m
Temperatur in °C	18–26 °C	18–24 °C	18–25 °C	24–28 °C
Futter	L, T	T, L, V	T, V, L	V, T, L
Licht	+	+	+	+
Strömung	–	+	+	+
Sozialverhalten	S, G	S, G	S, G	S, G
Zucht	L	L	L	L
Biotop/ Besonderes/ Haltung	**verkrautete Gewässer;** nur mit kleinen Fischen zusammen	**verkrautet mit Schwimm-** **raum;** liebt kühleres Wasser	**verkrautete Gewässer;** mit Schwimmraum; viele versch. Zuchtformen	**verkrautete Gewässer;** mit Schwimmraum; guter Algen- fresser, Zuchtformen kränkeln

Art	**Xiphophorus helleri*** *Schwertträger*	**Xiphophorus maculatus*** *Platy*	**Xiphophorus maculatus** *Platy-Zuchtform*	**Xiphophorus variatus** *Papageienplaty*
Herkunft	Mexiko, Guatemala	zentrales Mittelamerika	zentrales Mittelamerika	südliches Mexiko
Größe in cm	♂ 7 ♀ 10	6	6	6
Wasserbereich	m, o	alle	alle	m, o
Temperatur in °C	22–25 °C	21–25 °C	21–25 °C	20–24 °C
Futter	T, L, V	V, T, L	V, T, L	V, T, L
Licht	+	+	+	+
Strömung	+	+	+	–
Sozialverhalten	S, G	S, G	S, G	S, G
Zucht	L	L	L	L
Biotop/ Besonderes/ Haltung	**Flußbiotop** mit Randbe- pflanzung; viele versch. Zuchtformen, Deckscheibe!	**Flußbiotop** mit dichter Randbepflanzung; guter Algenfresser	**Flußbiotop** mit dichter Randbepflanzung; guter Algenfresser	**verkrautet mit Schwimm-** **raum,** guter Algenfresser, nicht zu warm halten

* Viele verschiedene Zuchtformen erhältlich ● Immer mehr Weibchen als Männchen einsetzen!

BARBE AUS ASIEN

ÄHRENFISCHE

Tanichthys albonubes *Kardinalfisch*	**Bedotia geayi** *Madagaskar-Ährenfisch*	**Telmatherina ladigesi** *Celebes-Ährenfisch*	**Art**
Südchina	Madagaskar	Indonesien	**Herkunft**
4	15	7	**Größe in cm**
alle	m, o	m	**Wasserbereich**
15–23 °C	21–24 °C	24–28 °C	**Temperatur in °C**
T, L, V	V, L, T	L, (T)	**Futter**
+	++	++	**Licht**
+	++	+	**Strömung**
S	S	S	**Sozialverhalten**
F	F	F	**Zucht**
verkrautet mit Schwimmraum, Temperatur beachten!	**Fließgewässer;** Randbepflanzung mit feinfiedrigen Pflanzen, häufig Wasserwechsel	**verkrautet mit Schwimmraum;** häufig Wasserwechsel; laicht bei Morgensonne	**Biotop/ Besonderes/ Haltung**

BARSCHE AUS MITTELAMERIKA

Cichlasoma nicaraguense * *Nicaragua-Buntbarsch*	**Cichlasoma nigrofasciatum** * *Zebrabuntbarsch*	**Cichlasoma octofasciatum** * *Achtbindenbuntbarsch*	**Cichlasoma sajica** * *Sajica-Buntbarsch*	**Art**
Mittelamerika	Mittelamerika	Mittelamerika	Costa Rica	**Herkunft**
25	15	20	17	**Größe in cm**
u	m, u	u, m	u, m	**Wasserbereich**
23–27 °C	22–26 °C	22–26 °C	22–26 °C	**Temperatur in °C**
Schnecken, L, (P), T	L, P, T	L, P	L, T, V	**Futter**
+	+	+	+	**Licht**
+	+	+	+	**Strömung**
P	P	P	P	**Sozialverhalten**
H/V-M	O (Steine) + H/V-M	O/V-M	O (Steine), H/E	**Zucht**
Flußbiotop; Steine, Höhlen, Wurzeln, Sandboden; relativ friedlich, wühlt in der Laichzeit	**Flußbiotop;** Sandboden, viele Verstecke! Sehr bissig, frißt Pflanzen, Artenbecken!	**Flußbiotop;** Sandboden, Verstecke; wühlt, sehr bissig	**Flußbiotop;** Steine, Verstecke, Sandboden; revierbildend, aber relativ friedlich, wühlt	**Biotop/ Besonderes/ Haltung**

* jeweils neuer Name nach Revision: *Copora* nicaraguenne, *Archocentrus* nigrofasciatum, *Parapetenia* octofasciatum, *Archocentrus* sajica

Art	Cichlasoma salvini * Salvin's Buntbarsch	Theraps coeruleus Blauer Buntbarsch	Thorichthys meeki Feuermaulbuntbarsch	
Herkunft	Mittelamerika	Südmexiko	Mittelamerika	
Größe in cm	15	12	15	
Wasserbereich	m, u	u	u, m	
Temperatur in °C	22–26 °C	20–26 °C	21–26 °C	
Futter	L, T	L, T	L, T, V	
Licht	+	+	+	
Strömung	+	++	+	
Sozialverhalten	P	P	P	
Zucht	O (Steine), V-M	H/V-M	O (Steine)/E	
Biotop/ Besonderes/ Haltung	**Flußbiotop;** Sandboden, viele Verstecke; bissig, nur mit robusten Barschen zusammen	**schnelle Fließgewässer;** Steinhöhlen; zus. mit lebend-gebärenden Zahnkarpfen	**Flußbiotop;** Steine, Verstecke, Sandboden, robuste Pflanzen; wühlt stark, oft aggressiv	

* neuer Name nach Revision: *Parapetenia* salvini

Xiphophorus helleri (Schwertträger), Männchen

TANGANJIKASEE-FISCHE

Cyprichromis leptosoma *Blauer Heringscichlide*	**Julidochromis ornatus** *Gelber Schlankcichlide*	**Lamprologus ocellatus** *Schneckenbuntbarsch*	**Neolamprologus brichardi** *Feenbuntbarsch*	**Art**
Tanganjikasee, Afrika	Tanganjikasee, Afrika	Tanganjikasee, Afrika	Tanganjikasee, Afrika	**Herkunft**
14	8	♂ 6! ♀ 3,5	10	**Größe in cm**
m, o	m, u	u	m, u	**Wasserbereich**
25–27 °C	25–27 °C	25–27 °C	25–27 °C	**Temperatur in °C**
L, T	L, T	L, T	L, T	**Futter**
+	+	+	+	**Licht**
+	+	+	+	**Strömung**
S	P	P	G, P	**Sozialverhalten**
M/M	H/E	H, E	H/Brutpflegehelfer	**Zucht**
Sandboden mit Felsbrocken; freier Schwimmraum; empfindlich, friedlich, braucht gr. Becken	**Geröllzone;** Höhlen, Sandboden, robuste Pflanzen; stark revierbildend	**Sandboden;** leere Gehäuse der Weinbergschnecke (mind. 1 pro Fisch)	**Geröllzone** mit höhlenbildenden Steinaufbauten im Hintergrund	**Biotop/ Besonderes/ Haltung**

Neolamprologus leleupi *Tanganjika-Goldcichlide*	**Synodontis petricola*** *Kuckucks Fiederbartwels*	**Tropheus duboisi** *Weißpunkt-Brabantbuntbarsch*	**Tropheus moorii ●** *Brabantbuntbarsch*	**Art**
Tanganjikasee, Afrika	Tanganjikasee, Afrika	Tanganjikasee, Afrika	Tanganjikasee, Afrika	**Herkunft**
10	15	12	12	**Größe in cm**
u, m	u	m, u	m, u	**Wasserbereich**
25–27 °C	22–25 °C	25–27 °C	25–27 °C	**Temperatur in °C**
L, (T)	L, T	L, V	L, V	**Futter**
+	++	++	++	**Licht**
+	+	+	+	**Strömung**
P	G	H	H	**Sozialverhalten**
H/V-M	*	M/M	M/M	**Zucht**
Felslitoral mit Felsaufbauten; Höhlen, heller Sand	**Geröllzone** mit Sandflächen, Verstecke	**Felslitoral;** Aufwuchsfresser, friedlicher als T. moorii	**Geröllzone;** viele Höhlen; aggressiv, hektisch	**Biotop/ Besonderes/ Haltung**

* Kuckucksverhalten: Eier werden maulbrütenden Barschen untergemogelt   ● versch. gefärbte Rassen im Handel

GRUPPE 4
ALKALISCHES, ABER WEICHES WASSER

MALAWISEE-FISCHE

Art	**Aulonocara jocobfreibergi** *Feenbuntbarsch*	**Aulonocara nyassae** *Kaiserbuntbarsch*	**Cytocara morii** *Beulenkopfmaulbrüter*	**Dimidiochromis compressiceps** *Messerbuntbarsch*
Herkunft	Malawisee, Afrika	Malawisee, Afrika	Malawisee, Afrika	Malawisee, Afrika
Größe in cm	12	18	20–25	25
Wasserbereich	u, m	u, m	m, u	m, u
Temperatur in °C	25–27 °C	25–27 °C	25–27 °C	25–27 °C
Futter	L, T	L, T	L, T, V	L (T, V)
Licht	++	++	++	++
Strömung	+	+	+	+
Sozialverhalten	H	H	H	H
Zucht	M/M	M/M	M/M	M/M
Biotop/ Besonderes/ Haltung	**Felslitoral** mit großen durchgängigen Höhlen, Sandflächen; nur mit ruhigen Fischen	**Felslitoral** mit vielen Spalten und Höhlen; friedlich	**Felslitoral** mit Sandflächen; viel Schwimmraum; friedlich, wühlt kaum	**Sandfläche mit Felsbrocken;** viele langblättrige Pflanzen (Vallisnerien)

Art	**Labeotropheus fuelleborni*** *Schabenmundbuntbarsch*	**Labidochromis spec. „yellow"*** *Gelber Labidochromis*	**Melanochromis auratus*** *Türkisgoldbarsch*	**Melanochromis johannii*** *Kobaltorangebarsch*
Herkunft	Malawisee, Afrika	Malawisee, Afrika	Malawisee, Afrika	Malawisee, Afrika
Größe in cm	15	10	11	12
Wasserbereich	alle	alle	alle	alle
Temperatur in °C	25–27 °C	25–27 °C	25–27 °C	25–27 °C
Futter	L, V, T	L, V, T	L, V (T)	L, V, (T)
Licht	++	++	++	++
Strömung	+	+	+	+
Sozialverhalten	H	H	H	H
Zucht	M/M	M/M	M/M	M/M
Biotop/ Besonderes/ Haltung	**Felslitoral** mit vielen Höhlen u. Verstecken, viel Licht wegen Algenwuchs; aggressiv	**Felslitoral** mit freier Sandfläche; sehr friedlich	**Felslitoral** mit vielen Verstecken; sehr unverträgliche Art, frißt Blaualgen	**Felslitoral** mit vielen Höhlen u. Spalten; untereinander aggressiv

Pseudotropheus lanisticola* *Kleiner Schneckenbuntbarsch*	**Pseudotropheus lombardoi*** *Lombardo's Maulbrüter*	**Pseudotropheus zebra*** *Zebrabuntbarsch*	**Synodontis njassae** *Njassa Fiederbartwels*	**Art**
Malawisee, Afrika	Malawisee, Afrika	Malawisee, Afrika	Malawisee, Afrika	**Herkunft**
7	15	12	12	**Größe in cm**
u, m	alle	alle	u	**Wasserbereich**
25–27 °C	25–27 °C	25–27 °C	25–27 °C	**Temperatur in °C**
L, V, T	L, P, T	L, P, T	L, T, V	**Futter**
++	++	++	++	**Licht**
+	+	+	+	**Strömung**
H	H	H	E, P	**Sozialverhalten**
M/M	M/M	M/M	–	**Zucht**
Sandboden mit leeren Schneckenhäusern; Felsaufbauten im Hintergrund; recht friedlich	**Felslitoral** mit vielen Verstecken, aggressiv	**Felslitoral** mit durchgängigen Höhlen; sehr aggressiv, viele Farbrassen	**Felslitoral** mit Sandflächen; in überbesetzten Becken aggressiv	**Biotop/ Besonderes/ Haltung**

* Aufwuchsfresser

Pseudotropheus zebra (Zebrabuntbarsch), „Red blotched"

GRUPPE 5
B R A C K W A S S E R

Art	**Brachygobius xanthozona** *Goldringelgrundel*	**Chanda ranga** *Indischer Glasbarsch*	**Monodactylus argenteus** *Silberflossenblatt*	**Poecilia velifera** *Segelkärpfling*
Herkunft	Südostasien	Südostasien	Afrika und Asien	Mexiko
Größe in cm	4,5	8	25	15
Wasserbereich	u	m	alle	m, o
Temperatur in °C	26–30°C	22–26°C	24–28°C	25–28°C
Futter	nur L	L, (T)	L, T, V	V, L, T
Licht	(+)	(+)	+	+
Strömung	–	–	+	+
Sozialverhalten	S	S	S	P, G
Zucht	H/V	F	–	L
Biotop/ Besonderes/ Haltung	**Uferzone;** viele Verstecke; revierbildend, am besten Artenbecken	**verkrautete Gewässer;** dunkler Boden, Verstecke; empfindlich, scheu	**Seewasserbecken** mit Korallensand und entsprechenden Pflanzen; lebhaft, aber scheu	**Flußbiotop;** brauchen viel Platz, fressen v.a. Algen

Art	**Scatophagus argus** *Grüner Argusfisch*	**Tetraodon nigroviridis** *Grüner Kugelfisch*	**Toxotes jaculatrix** *Schützenfisch*	
Herkunft	tropischer Indopazifischer Raum	Südostasien	Asien und Australien	
Größe in cm	30	20	24	
Wasserbereich	m	alle	O	
Temperatur in °C	20–26°C	24–28°C	25–30°C	
Futter	L, T, P (Wasserpfl.)	L, (V, T) (Wasserpfl.) *	L (Insekten)	
Licht	+	+	+	
Strömung	+	+	+	
Sozialverhalten	S	E	S	
Zucht	–	(–)	–	
Biotop/ Besonderes/ Haltung	**Seewasserbecken** mit Steinen und entsprechenden Pflanzen; viel Schwimmraum; friedlich	**verkrautet mit Schwimmraum;** Verstecke; nicht im Seewasseraquarium halten! aggressiv	**Flußbiotop** mit viel Schwimmraum; sehr wärmebedürftig. frißt nur von der Oberfläche!	

* Muschelfleisch, Schnecken, Mückenlarven

190

SPEZIALISTEN-
FISCHE

Balantiocheilus melanopterus
Haibarbe

**Gnathonemus petersi +
tamandua**
Elefanten-Rüsselfisch

Hemirhamphidae-Arten
*Halbschnäbler-Arten,
z. B. Dermogenys
pusillus, Nomorhamphus
liemi und celebensis*

Monocirrhus polyacanthus
Blattfisch

Notopteridae-Arten
*Messerfisch-Arten,
z. B. Eigenmannia nigri,
Apteronotus albifrons*

Pangasius sutchi
Haiwels

Pantodon buchholzi
Schmetterlingsfisch

Paratrygonidae-Arten
*Süßwasserrochen,
z. B. Paratrygon laticeps*

Pimelodus pictus
Engelwels

Sorubim lima
Spatelwels

**Sphaerichtys
osphromenoides**
Schokoladengurami

Syngnathidae-Arten u.a.
Süßwassernadeln

Große Synodontis-Arten
*Große Fiederbartwels-
Arten, z. B. Synodontis
decorus, Synodontis
angelicus (Perlhuhnwels)*

Xenentodon cancila
Süßwasser-Hornhecht

191

Fischkrankheiten

Gesund wie ein Fisch im Wasser – nicht umsonst hat sich der Volksmund gerade dieses Tier als Beispiel genommen. Fische gehören zu den gesündesten Tieren überhaupt, vorausgesetzt, man schafft ihnen die entsprechenden Grundlagen. Fische, die art- und tierschutzgerecht gehalten und gesund ernährt werden, werden nicht krank!
Bei allen anderen können Sie aus den folgenden Erläuterungen ersehen, woran Sie einen kranken Fisch erkennen, welche Krankheitserreger es gibt und welche Veränderungen diese hervorrufen können.

Fische sind von Natur aus sehr gesunde Tiere. Werden sie krank, liegt das meist an Pflegefehlern ihres Besitzers

Das Erkennen kranker Fische

Verhalten

Kranke Fische verhalten sich anders als gesunde. Sie sondern sich ab, stehen oft in einer Ecke direkt unter der Wasseroberfläche oder liegen regungslos auf Pflanzenblättern oder auf dem Boden. Meist fressen sie auch nicht mehr.

Beobachtet werden außerdem auch schaukelnde Schwimmbewegungen, heftiges Atmen – erkennbar an der schnellen Bewegung der Kiemendeckel. Bei Parasitenbefall scheuern sich die Tiere an harten Blättern oder an Steinen.

Farbe

Meist haben kranke Fische eine vom Normalen abweichende Färbung (blasser oder dunkler). Kurz vor dem Tod wird oft eine außergewöhnlich intensive Färbung beobachtet.

WICHTIG: Die genannten Farbveränderungen kommen auch bei paarungswilligen Fischen sowie als Unterwerfungsgeste vor und sind hier physiologisch, also ganz normal. Solche Tiere sind im Vergleich zu kranken aber sehr aktiv und fressen auch.

Haut

Kranke Fische können weiße Pünktchen, einen samtigen oder wattebauschartigen weißen Belag (gut sichtbar, wenn man das Tier von vorn betrachtet), zerfranste Flossen, blutunterlaufene Stellen, Geschwüre, Knoten und Löcher in oder auf der Haut aufweisen. Solche Veränderungen können durch Viren, Bakterien, Parasiten und Schimmelpilze verursacht werden (siehe Übersicht Seite 198/199).

Kiemen

Die Atmungsorgane der Fische sind bei schlechter Haltung anfällig für Parasiten und Bakterien. Bei genauerer Betrachtung sind sie dann rot statt rosa, und die Kiemendeckel stehen weiter auf; die Fische atmen schneller und scheuern mit den Kiemen über Blätter und Steine.

Sondert sich ein Schwarmfisch wie dieser Schwarze Neon von seinen Artgenossen ab, ohne weiter auf sie zu reagieren, besteht begründeter Verdacht auf eine Erkrankung

Der kranke Diskus in der Bildmitte unterscheidet sich durch seine dunkle Färbung von seinem gesunden Mitbewohner rechts unten

Die zerfransten Brustflossen dieses Tieres sind auf der linken Seite schon von Pilz befallen (watteartiger Belag)

Bakteriell bedingte Flossenfäule hat zur vollständigen Zerstörung der Schwanzflosse geführt. Auch die Haut zeigt Spuren eines Bakterienbefalls

Die Lochkrankheit der Diskusfische, vorwiegend im Kopfbereich lokalisiert, wird auf Fehlernährung zurückgeführt

Kot

Darmprobleme können durch gefrorenes Futter verursacht werden

Während sich der Kot gesunder Fische als dunkel gefärbter, fester Strang darstellt, sehen Kotfäden bei einer Darmentzündung hell und schleimig aus. Sie lösen sich auch schlecht vom Tier. Hervorgerufen werden Entzündungen der Verdauungswege durch Frostfutter, wenn es vor dem Verfüttern nicht richtig aufgetaut wurde, oder durch verdorbenes Futter (z. B. ranzig gewordenes Fett bei altem Flockenfutter), aber auch durch Vergiftungen (beispielsweise durch belastete rote Mückenlarven), ebenso durch Parasiten und Bakterien und laut einigen Literaturstellen außerdem durch Tubifex.

Äußere Gestalt

Einen krankhaft aufgetriebenen Bauch sieht man bei der Bauchwassersucht. Er ist oft gekoppelt mit Schuppensträube (Tannenzapfenform der Fische) und Glotzaugen. Die Ansammlung von Flüssigkeit im Bauch wird meist durch Leber- und Nierenversagen hervorgerufen, das bakterielle (z. B. Tb) oder toxische Ursachen hat (Vergiftungen, schlechtes Futter oder Wasser).
Eine weiße Verfärbung der Augen (der Hornhaut oder der Linse) kommt bei nicht der Fischart entsprechenden Wasserwerten, chronischen Vergiftungen und Stoffwechselstörungen, schlechter Ernährung und Parasitenbefall vor.

Die entzündeten Kiemen heben sich deutlich von der Dunkelfärbung des Diskus ab. Verursacht wird die Entzündung durch Kiemenwürmer, schlechtes Wasser u. a.

Platy mit Bauchwassersucht. Die Schuppen des prall aufgetriebenen Leibes stehen ab (ergibt von oben betrachtet die sogenannte Tannenzapfenform). Mögliche Ursachen: Tuberkulose, Fehlernährung

Glotzaugen werden vor allem bei Tuberkulose beobachtet, können aber auch z. B. durch schlechte Wasserqualität, Parasiten oder Stoffwechselstörungen verursacht sein

Bei Augentrübungen muß man unterscheiden, ob die Linse im Augeninneren oder die Hornhaut getrübt ist (Ursachen siehe Seite 194)

Unterernährung tritt auf bei zuwenig oder falscher Nahrung, entzündetem Darm, starkem Parasitenbefall und längerer Nahrungsverweigerung. Zu beurteilen ist der Ernährungszustand am besten am Bauch (eingezogen bei Unterernährung, aber auch bei Fischtuberkulose) und am Rückgrad (eine eingefallene Rückenmuskulatur zeugt von starker Abmagerung).

Die Abbildung auf Seite 198/199 gibt einen Überblick über die wichtigsten Zierfischkrankheiten, deren Symptome und Erreger. Aquarianer, die sich ernsthaft und ausführlich mit diesem Thema beschäftigen möchten, seien auf die Spezialliteratur verwiesen.

Therapievorschläge

Leider sind die wenigsten Zierfischhalter in der Lage, eine Krankheit richtig zu diagnostizieren und die Tiere auch dementsprechend zu behandeln (eventuell einzige Ausnahme: *Ichtyophthirius* = Pünktchenkrankheit). Neben dem Wissen um physiologische und pathologische Zusammenhänge braucht man dafür nämlich vor allem eine gewisse Laborausrüstung. Da meist beides fehlt, beschränkt sich die übliche Therapie auf ein Ausprobieren verschiedener Mittel auf eine Verdachtsdiagnose hin, womit sich aber höchstens Zufallserfolge erzielen lassen. Mit falschen Dosie-

Für die richtige Diagnose von Zierfischkrankheiten braucht man eine Laborausrüstung

Ein Fisch mit eingezogenem Bauch und hochgekrümmtem Rücken (sogenanntem Messerrücken) ist immer krank

Die Pünktchenkrankheit ist eine der wenigen Erkrankungen, die ein Laie ohne Hilfe selbst diagnostizieren kann

rungen und mit Kombinationen, deren Wirkungsweise und Verstoffwechselung nicht bekannt sind, werden denn auch die meisten Zierfische zu Tode behandelt.

Solche Mißerfolge sind unter anderem darin begründet, daß wir es in der Aquaristik mit sehr vielen verschiedenen Arten zu tun haben und was für die eine Spezies heilsam ist, bringt die andere um. Über Verstoffwechselung, Wirkspiegelhöhen, biologische Halbwertzeiten und bevorzugte Ausscheidungsorgane der Medikamente ist überhaupt nichts zu erfahren.

Die Behandlung durch Laien erfolgt fast immer über das Wasser, das durch seine chemische und biologische Zusammensetzung das Medikament verändern kann; hier einige Beispiele:

✦ Behandlungen mit Kupfer sind im weichen Wasser extrem gefährlicher als im harten

✦ Kaliumpermanganat kann bei alkalischem oder leicht saurem pH-Wert ausfallen und die Kiemen der Fische schädigen

✦ Malachitgrün darf in keinem Fall mit Zink oder galvanisiertem Material zusammenkommen

✦ Haben wir ein Wasseraufbereitungsmittel verwendet, werden manche Arzneimittel gebunden und verlieren ihre Wirksamkeit

Umgekehrt haben die Medikamente einen negativen Einfluß auf das Wasser und das gesamte Aquarium. Viele wirken keimtötend und führen somit zum Absterben der für das Aquarium lebensnotwendigen Bakterien in Wasser und Filter. Viele Therapeutika wirken sauerstoffzehrend und können ein Ersticken der Fische verursachen. Immunsuppression (= Unterdrückung der Abwehrkräfte), Nieren- und Lebervergiftungen sind als weitere Nebenwirkungen festzustellen.

BEHANDLUNG VON FISCHKRANKHEITEN

Mittel	Dosis	Dauer	Bemerkung
Bakterien			
Ampicillin	2–3 g/100 l	5 Tage	
Chloramphenicol	3 g/kg Futter 1,4–4 g/100 l	7 Tage 12–48 Stunden	gut belüften
Oxytetracyclin	3–7 g/kg F. 3–4 g/100 l	7 Tage 2–4 Tage	täglich Wasserwechsel und Neudosierung
Ektoparasiten			
Malachitgrün oxalat	0,15–0,2 mg/l 0,04 mg/l	4–6 Stunden 7–10 Tage	v. a. gegen Ichthyo., jeden 3. Tag Wasserwechsel mit Nachdosierung
Methylenblau	3–5 g/l 10–30 mg/l	3–5 Tage 30 Minuten	wirkt gegen Einzeller, Pilze
NaCl	10–15 g/l 0,1–0,5 g/l	20 Minuten 3–5 Tage	wirkt gegen Einzeller, Pilze, Hydra, Egel, Krebse
Kaliumpermanganat	10 mg/l 2–4 mg/l	10–30 Minuten 1 Stunde	wirkt gegen Einzeller, Kleinkrebse Fische beobachten!
Masoten®	0,25–0,5 mg/l	7–10 Tage	wirkt gegen Haut- und Kiemenwürmer
Flubenol® 5 %	200 mg/100 l in 5–10 ml DMSO lösen	5–8 Tage	wirkt gegen Haut- und Kiemenwürmer
Endoparasiten			
Clont® **(Metronidazol)**	4–7 mg/l	4 Tage	wirkt gegen Darmflagellaten (v. a. Hexamita)
Droncit® **(Praziquantel)**	4 g/kg Futter 500 mg/100 l	7 Tage 4–7 Tage	wirkt gegen Bandwürmer, Cercarien und Metacercarien
Concurat® **(Levamisol)**	4 g/kg Futter 0,5–0,8 g/100 l	3x füttern 3 Tage	wirkt gegen Nematoden und Kratzer

Nach jeder Behandlung mehrmals Wasserwechsel (1/3–1/4) durchführen und über Aktivkohle filtern.

Zum Wohle der Tiere kann ich deshalb nur jedem Zierfischfreund raten, sich bei Problemen mit Fischkrankheiten an das nächstgelegene Veterinäruntersuchungsamt zu wenden und nach Adressen von Ämtern und Institutionen mit einem Fischgesundheitsdienst zu fragen. Dort können die Tiere fachmännisch untersucht werden. Beim VDA (Verband Deutscher Vereine für Aquarien- und Terrarienhaltung) gibt es einen Fachreferenten für Fischkrankheiten, den man um Rat bitten kann (Adresse siehe Anhang Seite 210). Ganz vereinzelt gibt es auch versierte (und labormäßig ausgerüstete) Zoohändler und Tierärzte. Die nebenstehende Tabelle gibt eine Übersicht über verschiedene Behandlungsmöglichkeiten, die **nach** dem Erstellen einer gesicherten Diagnose mit aller Vorsicht (Quarantänebecken, einzelne Fische „vortesten", ständiges Beobachten) zum Einsatz kommen können.

WICHTIG: Es muß an dieser Stelle auch ausdrücklich darauf hingewiesen werden, daß viele gängige Fischmedikamente rezeptpflichtig sind und vom Tierarzt verschrieben werden müssen. Beispiele: Clont®, Masoten®, Neguvon®, Mansonil®, Flubenol®, Furazolidon, Nitrofurane, alle Antibiotika. Wer sich die Mittel auf anderem Wege besorgt, macht sich strafbar!

AUS DER PRAXIS
Die verlustreichste Zierfischkrankheit ist nach wie vor die Fischtuberkulose, die bei einer bereits geschwächten Abwehr der Tiere (z. B. durch schlechtes Wasser, einseitige Ernährung, ständige Streßfaktoren wie Vergesellschaftungsfehler) zu Massensterben führen kann. Nach Ausbruch der Krankheit sind die Tiere nicht mehr zu retten und müssen getötet werden. Für überlebende Fische müssen die Haltungsbedingungen sofort optimiert werden.
Kranke Fische behandelt man in einem Quarantänebecken, um das restliche Aquarium vor Medikamenten zu schützen. Nimmt man alle Fische aus dem Aquarium heraus,

sterben auch die Schwärmerstadien von Parasiten, weil sie innerhalb ihrer Lebenszeit von 2–7 Tagen keinen Wirt mehr finden (Ausnahme: Sporenbildner).
Wichtig ist, daß eine Krankheit frühzeitig erkannt wird (tägliche Kontrolle). Sie kann im Anfangsstadium manchmal allein durch Verbesserung der Haltungsbedingungen und vor allem durch Steigerung der Abwehr (durch Verfüttern von Lebendfutter und Vitaminen) ohne Medikamenteneinsatz geheilt werden.

Fische aus Massenzucht (z. B. Lebendgebärende) kommen oft schon krank ins Geschäft

Medikamente, die ins eingerichtete Becken gegeben werden, können Pflanzen und Filterbakterien schädigen

AUF EINEN BLICK
- *Bei richtiger Haltung und Pflege werden Fische nicht krank*
- *Kranke Fische sind an ihrem veränderten Verhalten und Aussehen zu erkennen*
- *Eine exakte Diagnose kann mit wenigen Ausnahmen nur nach eingehender Untersuchung (Kiemen- und Schleimhautabstrich, Sektion, Bakterienkultur usw.) gestellt werden und ist Grundvoraussetzung für die richtige Therapie*
- *Behandlungen nach dem „Rundumschlagprinzip" töten mehr Fische, als sie heilen*

VIREN

Lymphocystis-Infektion

himbeerartige Wucherungen an Haut und Flossen
Behandlung: nicht möglich, Haltung verbessern

Fischpocken (Herpesvirus)

an Haut und Flossen Wucherungen, die oft wie geschmolzenes Wachs aussehen; u. a. in Kaltwasserbecken
Behandlung: keine möglich, aber kaum Verluste

BAKTERIEN

Flexibacter columnaris Infektion

Maulfäule, ausgefranste Flossen; tritt bei schlechter Haltung auf
Behandlung: Haltung verbessern (Wasser, Futter), nur in schweren Fällen Antibiotika

Aeromonas- und Pseudomonas-Infektion

Geschwüre, Rötungen der Haut und der Flossenansätze; nur bei schlechter Haltung
Behandlung: Haltung verbessern (Wasser, Vitamine, Lebendfutter), nur im Notfall Antibiotika

Mycobacterium sp. (TBC.) Fischtuberkulose – Zoonose!

Abmagerung (→ Messerrücken), Geschwüre, Bauchwassersucht und Schuppensträube; nur bei schlechter Haltung
Behandlung: nicht möglich, befallene Fische entfernen

MYKOSEN

Saprolegnia-Arten (Schimmel)

watteähnliche Beläge auf der Haut, später auch auf den Kiemen; bei schlechter Haltung und nach Verletzungen
Behandlung: Kaliumpermanganat

PROTOZOA
(Einzeller)

A   B   C

FLAGELLATEN
(Geißeltierchen)

Costia (Ichtyobodo)

milchig-bläuliche Trübung von Haut und Flossen, Flossenklemmen, scheuern
Behandlung: Malachitgrünoxalat; Schwärmer leben 1 Std. ohne Fisch

Hexamita

sekundär bei Lochkrankheit, sonst im Darm, bei Massenvermehrung in allen Organen; weißlich-schleimiger Kot, Abmagerung; nur bei schlechter Haltung
Behandlung: Metronidazol (Hexamita ®)

Oodinium (Samtkrankheit)

gelblich-grauer Überzug der Haut, später wie Puderzucker, Tiere scheuern sich; meist durch Neubesatz eingeschleppt
Behandlung: Malachitgrünoxalat, Temperatur ↑, Schwärmer leben 24 Std. ohne Fisch

CILIATEN
(Wimperntierchen)

Ichthyophthirius (Pünktchenkrankheit)

weiße Punkte bis 1 mm Ø auf dem ganzen Körper
Behandlung: Malachitgrünoxalat, Temperatur ↑, Schwärmer leben 48 Std. ohne Fisch

Chilodonella

trüber Belag auf Kiemen und Haut, Tiere v.a. an der Oberfläche, schnappen nach Luft, Apathie
Behandlung: Malachitgrünoxalat, können Ruhezysten bilden

Trichodina (Hauttrüber)

Fische scheuern sich, Flossenklemmen, evtl. milchig-weißer Hautbelag und schnelles Atmen, v.a. bei schlechter Haltung
Behandlung: Malachitgrünoxalat, leben bis zu 36 Std. ohne Wirt

Heteropolaria-Arten (Glockentierchen)

an Maul, Augen und Flossenspitzen bis 1 cm große watteartige Gebilde (falscher Schimmel); Fische atmen schnell
Behandlung: Malachitgrünoxalat

Tetrahymena

Schäden an Kiemen und Haut mit starker Schleimhauttrübung, scheuern, nur auf geschwächten Fischen
Behandlung: Malachitgrünoxalat

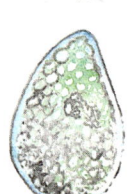
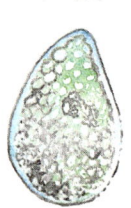

SPOROZOA
(Sporentierchen)

Pleistophora (Neonkrankheit)

Farbverluste, bei Neon u.a. der rote Streifen, aber auch bei anderen Arten, Haut- und Muskelnekrosen, Abmagerung
Behandlung: Sporen sind resistent, deshalb Totalausräumung, Fische töten

Nocardia (falsche Neonkrankheit)

sieht genauso aus, ist aber bakteriell bedingt; verblassende Farben, Abmagerung, aber dicker Bauch, Glotzaugen
Behandlung: Antibiotika, bessere Haltung

Andere Sporozoa-Infektionen

z. B. Ayxosporia (Knötchenkrankheit), weißliche Zysten bis 1 cm Ø in Haut, Flossen, Kiemen, Muskulatur und Organen
Behandlung: durch Medikamente nicht möglich; befallenen Fisch töten oder einzeln setzen und UV-Lampe anschließen

METAZOA
(Vielzeller)

A

B

CRUSTACEA
(Krebstiere)

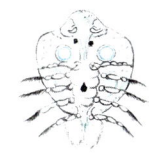

Fischläuse (Argulus)
5 mm, auf der Haut, durch Importe oder Tümpelfutter eingeschleppt
Behandlung: NaCl Bad

Fischasseln (Isopoda)
3–15 mm, auf der Haut und im Maul-Kiemen-Bereich
Behandlung: auf der Haut: absammeln; im Maul: Masoten®, tote Asseln entfernen (*)

Ankerwurm (Lernea)
3–10 mm, Kopf in der Haut, selten im Aquarium
Behandlung: Masoten® (*) oder vorsichtig herauszuziehen versuchen

(*) Vorsicht: Masoten ist giftig! Nur im Quarantänebecken einsetzen und zuerst beim Fisch Verträglichkeitstest durchführen. Reste des Medikaments sind Sondermüll!

HELMINTHES
(Würmer)

Hautwürmer (Gyrodactylus)
lebendgebärend; Schleimfetzen auf der Haut, scheuern, Abmagerung
Behandlung: Masoten® (*)

Kiemenwürmer (Dactylogyrus)
eierlegend; abstehende rote Kiemen, erhöhte Atemfrequenz, scheuern
Behandlung: Masoten®, hilft aber nicht gegen Eier (→ Aquarium desinfizieren)

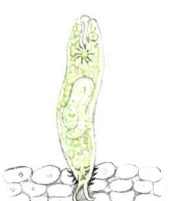

Bandwürmer (Cestoda) und deren Larven
benötigen 1–2 Zwischenwirte, deshalb nur bei Importfischen oder durch infiziertes Lebendfutter eingeschleppt; erwachsene Würmer im Darm → Abmagerung; Larven in allen Organen; Symptome nur bei Massenbefall (je nach Organ)
Behandlung: Würmer: Droncit® (= Niclosamid)
Quarantänebecken, Kot sofort absaugen
Larven: keine Behandlung, sie kann den Fisch töten

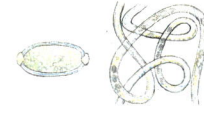

Fadenwürmer (Nematoden)
benötigen nicht immer einen Zwischenwirt, Fische magern ab; z.B.:
– Capillaria-Arten
– Camallanus-Arten (Fräskopfwurm), hängt teilweise aus dem After heraus
Behandlung: Levamisol (Concurat®), Becken ausräumen und desinfizieren

Hakenwürmer (Acanthocephala)
(= „Kratzer")
eingeschleppt durch Lebendfutter aus fischhaltigen Gewässern; bei Importfischen, Abmagerung trotz Fressen, Darmentzündung, Bauchwassersucht
Behandlung: Levamisol (Concurat®)

Saugwürmer (Trematoden) und deren Larven (Metacercarien)
(nur bei Importen)
Würmer: kaum Symptome
Behandlung: Concurat®
Larven: gelbe und schwarze Flecken, bis einige mm ∅ auf Körper und Flossen, grauer Star, auch in Organen
Behandlung: keine möglich, sie kann den Fisch töten

EINRICHTUNG

Dieses Kapitel habe ich bewußt an das Ende des Buches gestellt. Ohne das entsprechende Fachwissen werden bei Kauf und Einrichtung eines Aquariums Fehler begangen, die sich hinterher gar nicht oder nur sehr schwer wieder korrigieren lassen. Die vorherigen Kapitel bilden also Grundlage und Entscheidungshilfe zugleich, wenn es darum geht, ein Aquarium aufzustellen, das schnell zu einem stabilen Gleichgewicht findet und eine artgerechte Haltung der Fische ermöglicht. Die wichtigsten Tips sind im Folgenden stichwortartig für Sie zusammengefaßt.

Mit dem Wissen aus den vorangegangenen Kapiteln werden Aquarien wie dieses hoffentlich bald der Vergangenheit angehören

Das Becken

◆ Am gebräuchlichsten sind silikongeklebte Glasaquarien mit und ohne Rahmen, die bei richtiger Verklebung jahrelang halten (fragen Sie nach der Garantie). Das Silicon sollte dunkel sein, damit keine Algen einwachsen können

Bei einem größeren Beckenvolumen ist leichter ein biologisches Gleichgewicht zu erreichen

◆ Je größer das Volumen des Beckens, desto stabiler sind später die Wasserverhältnisse und desto einfacher ist es, ein biologisches Gleichgewicht zu erzielen. Hier macht vor allem der Anfänger aus Sparsamkeitsgründen den ersten Fehler

◆ Ein Aquarium wiegt mindestens 1 Kilo pro Liter + 20 % des Gesamtvolumens für die Einrichtung. Erkundigen Sie sich bei großen Becken nach der Bodenbelastbarkeit Ihres Zimmers (bei Hauseigentümer oder Hausverwaltung nachfragen)

◆ Ob Sie ein Aquarium abdecken oder es lieber offen betreiben wollen, bleibt Ihrem Geschmack überlassen. Die Übersicht auf Seite 208/209 zeigt Ihnen die jeweiligen Vor- und Nachteile

Die Technik

◆ Da man wegen der vermehrten Algenbildung ein Aquarium nicht am Fenster aufstellen sollte, benötigen Sie auf jeden Fall künstliches Licht (siehe hierzu das Kapitel „Aquarienbeleuchtung" Seite 49 ff.)

◆ Leuchtstoffröhren sind in der Anschaffung und im Betrieb am preiswertesten. Ihre Länge sollte möglichst der Beckenlänge entsprechen

◆ Alle heute auf dem Markt befindlichen Filtertypen arbeiten nach demselben Prinzip (biologische Reinigung), ganz gleich, ob sie unter dem Aquarium (Topffilter), außen (sogenannte Huckepackfilter) oder im Becken selbst (Innenfilter und sogenannte Biofilter) angebracht sind. Es steht Ihnen also frei, welchen Typ Sie wählen, sofern Sie die im Kapitel „Aquarienfilter" auf Seite 67 genannten Kriterien berücksichtigen. Gleiches gilt für die Filtermaterialien

◆ Zu große Filter schaden den Pflanzen, zu kleine den Fischen. Beachten Sie deshalb die Angaben im Kapitel „Aquarienfilter" (siehe Seite 63 ff.)

✦ Ob Sie nur einen Stabheizer oder auch eine Bodenheizung kaufen, hängt von Ihrem Geldbeutel ab. Eine Bodenheizung hat sehr viele Vorteile, aber natürlich läßt sich ein Aquarium auch ohne betreiben. Denken Sie daran, daß überdimensionierte Heizer bei Defekten zur Katastrophe führen können. Die Tabelle auf Seite 74 gibt wertvolle Hinweise zum Kauf

✦ Eine CO_2-Anlage – wenn auch nicht ganz billig – bringt große Vorteile für die Pflanzen und die pH-Wert-Regulierung mit sich. Es lohnt sich also, auf ihre Anschaffung zu sparen.

Der Bodengrund

✦ Bodengrundmaterial sollte kalkfrei und dunkel sein und eine Körnung von 1–3 mm haben

✦ Die Schichthöhe richtet sich etwas nach der Größe des Beckens, sollte aber 5 cm nicht unterschreiten. Für ein 100-Liter-Becken benötigt man 15 l Kies (1 ½ 10-Liter-Eimer), für ein 200-Liter-Becken 35 l und für ein 350-Liter-Becken 70 l

✦ Bei der Einrichtung können Sie die unterste Schicht des Bodengrundes mit spezieller Nährerde vermischen, die von verschiedenen Firmen angeboten wird

✦ Heizkabel müssen vor dem Einbringen des Kieses am Bodenglas befestigt werden

Vor dem Einpflanzen müssen Pflanztöpfe und -watte entfernt werden

Die Pflanzen

✦ Pflanzen sind unerläßlich für eine gesunde Unterwasserwelt. Wer hier spart, wird es bald bereuen.

✦ Die meisten Zoogeschäfte bieten eine große Auswahl an Pflanzen an. Zusätzlich können die nicht geführten Arten in einer Wasserpflanzengärtnerei bestellt werden (Ihr Zoofachgeschäft ist Ihnen hierbei gern behilflich)

✦ Wählen Sie die Pflanzenarten sehr sorgfältig nach den Bedingungen aus, die Sie ihnen zum Leben geben können (siehe Pflanzenporträts ab Seite 101)

✦ Verwenden Sie am Anfang nur preiswerte, schnellwüchsige Sorten, mit denen Sie das Aquarium *dicht* bepflanzen. Wenn sich das Becken später stabilisiert hat, können Sie sie gegen dekorativere Arten austauschen

Aufstellen und Einrichten des Aquariums

✦ Beachten Sie bei der Wahl des Platzes die Tragkraft des Bodens, den Lichteinfall vom Fenster und die Anschlußmöglichkeiten für die technischen Geräte

✦ Aquarien müssen waagerecht (Wasserwaage) und eben stehen. Legen Sie bei rahmenlosen Becken eine Styropor- oder Hartschaumstoffplatte unter

✦ Säubern Sie die Scheiben mit klarem Wasser, und überprüfen Sie das Becken eventuell auf seine Dichtigkeit hin (nur bei Billigbecken noch nötig)

✦ Befestigen Sie ein eventuell gekauftes Heizkabel an der Bodenscheibe

✦ Vor dem Einbringen von Dekorationsgegenständen (Steine, Holz, Keramik usw.) und Pflanzen müssen Sie wissen, welche Fischarten Sie pflegen möchten, denn daraus folgt die Art der Beckeneinrichtung. Angaben zur Biotopgestaltung finden Sie ab Seite 142.

✦ Dekorationsgegenstände werden vor dem Einbringen in das Becken zur Desinfektion abgebürstet und überbrüht

✦ Nur Steine verwenden, die keinen Kalk und keine Giftstoffe abgeben, wie etwa Granit

Bei der Standortwahl auf den Lichteinfall vom Fenster her achten

Am Fenster aufgestellte Becken unterliegen je nach Sonneneinstrahlung großen Temperaturschwankungen und veralgen schnell

Aufpassen bei Steinen – sie dürfen nicht kalk- oder giftstoffhaltig sein

Schiefer, Quarz, Lavalit, Basalt und Gneis. Dagegen sind Marmor, Dolomit, Sandstein, Loch- und Tuffgestein kalkhaltig (im Zweifelsfall die Säureprobe machen, siehe Seite 83)

◆ Als Holz sind nur Moorkien- und Moorwurzeln zu gebrauchen. Andere Holzsorten faulen unter Wasser und geben zuviel Gerbsäure ab. Ausgetrocknetes Holz schwimmt und muß deshalb mit Steinen beschwert oder an eine Schieferplatte angeschraubt werden, die dann durch Kies im Boden gehalten wird.

◆ Alle Einrichtungsgegenstände müssen einsturzsicher angebracht werden (Steinaufbauten mit Silicon verkleben und direkt auf die Bodenplatte stellen)

◆ Falls Sie Bodengrunddünger oder Aquarienerde verwenden, mischen Sie dieses Material mit einem Teil des Kieses, und versehen Sie es mit einer mindestens 2 cm hohen Deckschicht aus sauberem, gewaschenem Kies

◆ Mittels Steinen lassen sich Terrassen bilden

◆ Als nächstes Filter, Heizung, Thermometer und eine eventuell gekaufte CO_2-Anlage installieren. Die technischen Geräte werden praktischerweise so montiert, daß man sie hinterher kaum mehr sieht

Mit Holz lassen sich schöne Dekorationseffekte erzielen (achten Sie darauf, daß es nicht fault)

Artgerechte Einrichtung eines Beckens für Schneckenbuntbarsche

Aufeinandergeschichtete Steinplatten bieten Schmerlen und Welsen Unterschlupf

◆ Das Becken zur Hälfte mit Wasser füllen (mit einem dünnen Schlauch oder das Wasser auf einen am Aquarienboden stehenden Teller gießen). Mindesttemperatur: 20°C. Vorsicht vor kupferhaltigen Warmwasserboilern (siehe Seite 37)!

◆ Vor dem Einsetzen der Pflanzen eventuell vorhandene Bleidrähte, Schaumstoff- oder Steinwollbandagen (enthalten zuviel Dünger) entfernen, die Wurzeln der Pflanzen auf ca. 2 cm kürzen und alle abgestorbenen Blatt- und Wurzelteile entfernen; die Pflanzen mit lauwarmem Wasser abduschen

◆ Danach jede Pflanze *einzeln* einsetzen, indem man sie tief in den Boden steckt und dann bis zum Wurzelhals wieder herauszieht. So verhindert man, daß die Wurzeln im Boden umgeknickt werden. Stengelpflanzen kann man leicht schräg in den Boden stecken – sie halten so besser. Beim Einsetzen den späteren Platz-

Beim Einsetzen der Pflanzen dürfen die Wurzeln nicht beschädigt werden

Richtiges Einsetzen von Pflanzen

1. Die Wurzeln werden mit der Schere auf ca. 2 cm gekürzt

2. Um die feinen Wurzelhärchen zu schonen, bohrt man mit den Fingern ein Loch vor

3. Beim Einsetzen darauf achten, daß die Wurzelenden nicht umgebogen werden

Schrittweise Einrichtung eines Aquariums

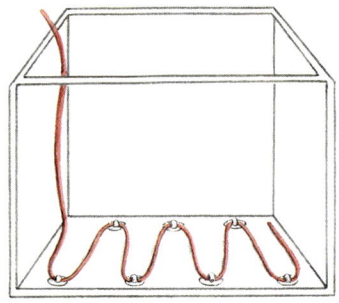

a) Nachdem das Becken ausgespült und auf Dichtigkeit überprüft wurde, legt man ein eventuell gekauftes Heizkabel direkt auf die Bodenscheibe

e) Mit Hilfe eines Schlauches füllt man Wasser ins Becken. Eine Untertasse fängt den Strahl auf und verhindert ein Aufwühlen des Bodens

b) Nun füllt man gewaschenen Kies ins Becken (die untere Schicht evtl. mit Bodengrunddünger versetzen) und gestaltet Terrassen mittels Steinen

f) Das Becken wird so weit mit Wasser gefüllt, daß Filter und Heizer in Betrieb genommen werden können

c) Als nächstes wird die Technik installiert. Dabei ist es wichtig, die Gebrauchsanweisung vorher genau durchzulesen

g) Nun setzt man die Pflanzen ein. Ein vorher anhand der Bedürfnisse der Pflanzen angefertigter Pflanzplan ist hilfreich

d) Die Oberfläche des Bodens gestaltet man mit Steinen, Wurzeln, Kokosnußschalen usw. entsprechend den Bedürfnissen der gewünschten Fische

h) Nach einer Einlaufzeit von 3-4 Wochen kann man nach und nach Fische ins Aquarium einsetzen. Überbesatz unbedingt vermeiden!

bedarf der Pflanze beachten! Javamoos oder Javafarn kann mit Zwirn an Steinen und Holz befestigt werden

- Nun wird das Becken vollständig gefüllt. Bei Leitungswasser ist es sinnvoll, gleich zu Anfang ein Wasseraufbereitungsmittel zuzugeben. Pflanzendünger sollte man bis zum Anwachsen der Pflanzen vorsichtig verwenden.

- Jetzt schließt man Filter, Heizung und – wenn vorhanden – die CO_2-Anlage an und überprüft die Funktionen. Wenn aus Sichtgründen nicht schon vorher geschehen, wird nun die Beleuchtung installiert. Bevor man das Becken abdeckt, sollte man die wichtigsten Wasserparameter (pH-Wert, GH, KH, Ammonium, Nitrit und Nitrat) messen und die Werte für spätere Vergleiche notieren.

Einsetzen der Fische

- Am nächsten Tag werden Pflanzen, die sich gelöst haben, wieder eingesetzt und lose Pflanzenteile abgesammelt. Dann wischt man die Innenscheiben mit einem dafür vorgesehenen Aquarienschwamm ab. Zur Algenprophylaxe kann man schon einige Schnecken einsetzen

- Nach 2 Wochen beginnt man, jeden Tag eine kleine Menge Flockenfutter in einem Glas Wasser aufzulösen und diese Mischung dann ins Becken zu kippen, um die Vermehrung der Filterbakterien anzukurbeln

Ein neu eingerichtetes Becken braucht einige Zeit, bis es zu einem stabilen Gleichgewicht findet

- Nach 3–4 Wochen werden alle Wasserwerte erneut überprüft. Wenn der Nitritwert 3 Tage hintereinander unter 0,05 mg/l liegt, kann man die ersten Fische ins Aquarium setzen (Tips zum Kauf siehe Kapitel „Aquarienfische" Seite 138 ff.). Nicht alle auf einmal hineingeben – ihre Zahl sollte langsam über mehrere Tage hinweg gesteigert werden.

Das fachgerechte Einsetzen von Fischen erfordert, daß man sie langsam an die neue Temperatur und vor allem an die zum Becken im Geschäft meist differierenden Wasserwerte gewöhnt. Dazu legt man den Beutel mit den gekauften Fischen zuerst für ca. 10 Minuten auf die Wasseroberfläche des Aquariums, damit sich die Temperatur im Beutel angleicht. Dann öffnet man ihn so, daß kein Wasser aus dem Becken hineinrinnen kann (eventuell den Rand des Beutels mit einer Klammer am Beckenrand befestigen). Nun gibt man langsam eßlöffelweise Aquarienwasser in den Beutel, bis sich die anfängliche Wassermenge etwa verdreifacht hat (unter Umständen vorher etwas Wasser aus dem Beutel abgießen, aber nicht ins Aquarium!). Jetzt können die Fische mit einem kleinen Netz oder je nach Größe auch mit einem Kaffeesieb herausgefangen und ins Becken entlassen werden. Um den Streß für die Tiere möglichst gering zu halten, sollte man dabei die Beleuchtung ausgeschaltet lassen.

- Laufende Pflege
  täglich: Fütterung (1 Hungertag/Woche), Gesundheitskontrolle bei Fischen und Pflanzen, Kontrolle der technischen Geräte und der Temperatur
  wöchentlich: Kontrolle der Wasserwerte, bei Stabilität auch nur nach jedem Wasserwechsel
  zweiwöchentlich: Wasserwechsel verbunden mit Düngerzugabe und Deckscheibenreinigung
  bei Bedarf: kürzen und später eventuell ersetzen schnellwüchsiger Pflanzen, Filterwechsel

Denken Sie daran, daß Überbesatz jede Hoffnung auf ein biologisches Gleichgewicht im Becken zunichte macht!

207

Offene Aquarien erlauben den Pflanzen, über die Oberfläche hinauszuwachsen und Blüten anzusetzen

Das offene Aquarium

Vorteile:

+ Pflanzen wachsen über die Oberfläche hinaus und beginnen dort zu blühen
+ Die Pflege von Schwimmpflanzen wird wesentlich erleichtert
+ Pflegearbeiten (füttern, düngen, Wasser wechseln) werden durch den besseren Zugang erleichtert
+ Der zusätzliche freie Blick auf die Wasseroberfläche verstärkt den naturnahen Charakter der Aquarienwelt
+ Die höhere Wasserverdunstung beeinflußt das Raumklima günstig

Nachteile:

+ Das Aquarium muß mit teuren Hängeleuchten bestückt werden, die zudem durch ihr blendendes Licht oft störend wirken
+ Je nach Raumtemperatur ist der Wärmeverlust der ungeschützten Oberfläche enorm (Stromkosten steigen)
+ Das ständige Verdunsten von Wasser führt zu einer Aufsalzung des restlichen Aquarienwassers und oft zu unschönen Kalkrändern
+ Die Gefahr, daß Fische herausspringen, ist enorm groß
+ Die aus dem Wasser herausragenden Pflanzen sind Schadinsekten (Blattläusen, Spinnmilben) ausgesetzt, deren Bekämpfung wegen der Fische nur mit biologischen Methoden erfolgen kann (Sporensuspensionen, Einsatz natürlicher Freßfeinde, Fachhandel fragen)
+ Der Eindruck eines „lebenden Bildes" geht verloren

Komplettbecken der Firma Juwel (Filtersystem, Heizstab und Beleuchtung sind hier integriert)

Das abgedeckte Aquarium

Vorteile:

+ Das ständige Verdunsten von Wasser wird verhindert
+ Der Wärmeverlust des Wassers ist begrenzt (geringere Heizkosten)
+ Zur Beleuchtung lassen sich preiswerte Leuchtstoffröhren mit Standardfassungen verwenden, die man unter einer geeigneten Abdeckung blendfrei verstecken kann
+ Es entsteht der Eindruck eines „lebenden Bildes"
+ Fische können nicht aus dem Becken herausspringen.
+ Der Platzbedarf nach oben hin ist geringer

Nachteile:

+ Die meisten Pflanzen können nicht zum Blühen gebracht werden
+ Pflegearbeiten werden durch Abdeckung und Lampen erschwert
+ Unter der Abdeckung kann sich ein enormer Hitzestau bilden, der die Brenndauer der Lampen verkürzt und das Becken zusätzlich aufheizt; beim Kauf oder Bau einer Abdeckung ist daher darauf zu achten, daß ausreichend Belüftungslöcher vorhanden sind.
+ Schwimmpflanzen können sich aus Platzmangel und wegen des Kondenswassers, das von der Abdeckscheibe tropft, nicht optimal entwickeln

Anhang

Anschriften aquaristischer Vereine

Verband Deutscher Vereine für Aquarien- und Terrarienkunde e.V. (VDA)
Geschäftsstelle: Hans Stiller
Luxemburger Straße
44789 Bochum
Tel.: 02 34 / 38 16 50

Deutsche Cichliden-Gesellschaft e.V. (DCG)
Geschäftsführer Winfried Poesdorf
Parkstraße 21 a
33719 Bielefeld
Tel.: 05 21 / 33 12 13

Deutsche Gesellschaft für Lebendgebärende Zahnkarpfen e.V. (DGLZ)
Geschäftsstelle Hermann Guthahn
Kehdingbruch Nr. 42
21785 Belun

Deutsche Killifisch Gemeinschaft e.V. (DKG)
Adresse: Rüdiger Baus
Berner Straße 50
22145 Hamburg
Tel.: 0 40 / 6 47 57 13

Internationale Gemeinschaft für Labyrinthfische (IGL)
Präsident: Norbert Neugebauer
Neue Gasse 9
96365 Nordhalben
priv.: 0 92 67 / 10 02
gesch.: 0 92 67 / 10 14

Internationale Gesellschaft für Regenbogenfische e.V. (IRG)
Präsident: Harro Hieronimus
Nachtigallenweg 52
42657 Solingen
Tel.: 02 12 / 81 98 78

VDA-Arbeitskreis „Barben-Salmler-Schmerlen-Welse"
Geschäftsstelle Uwe Wolf
Lindenwiese 5
98544 Zella-Mehlis
Tel.: 0 36 82 / 25 57

VDA-Arbeitskreis Wasserpflanzen
Geschäftsführer Gerd Eggers
Flachsbleiche 70
41564 Kaast
Tel.: 0 21 31 / 6 80 63 - 64

VDA-Referent für Fischkrankheiten:
Dieter Untergasser, Schloßstraße 34
64720 Michelstadt

Anschriften von örtlichen Aquarienvereinen sind über den VDA zu erfahren.

Literaturverzeichnis

Fachbücher

Allgemein:

S. Dreyer/R. Keppler, Das Kosmos-Buch der Aquaristik, Franckh-Kosmos 1993

K. Horst/H. Kipper, Das optimale Aquarium, aquadocumenta 1992

K. Horst, Mein erstes Aquarium, aquadocumenta 1992

H. J. Mayland, Süßwasseraquarium, FALKEN 1990[4]

R. Riehl/H. Baensch, Aquarienatlas, Bd. I 1984, Bd. II 1987, Bd. III 1991, Mergus

U. Schliewen, Wasserwelt Aquarium, Gräfe & Unzer 1991

H. Schöpfel, Schöne Aquarien, Urania, 1991

L. Seegers, Das Aquarium, Ulmer 1985

Aquarienfische:

S. Hellner, Killifische, Gräfe & Unzer 1989

H. J. Herrmann, Die Buntbarsche der Alten Welt – Tanganjikasee, Ulmer 1990[2]

H. Hieronimus, Welse, Ulmer 1989

J. Koslowski, Die Buntbarsche der Neuen Welt – Zwergcichliden, Ulmer 1985

H. Linke, Labyrinthfische, Farbe im Aquarium, Tetra 1991[3]

H. Pinter, Handbuch der Aquarienfischzucht, Ulmer 1983[4]

H. Pinter, Salmler, Ulmer 1988

L. Seegers, Killifische, Ulmer 1980

E. Schulze, Der Discus, Discus Limited 1990

W. Staeck, Cichliden. Bd. I: Tanganjikasee, 1985, Bd. II: Malawi-See, 1988, Bd. III: Entdeckungen und Neuimporte. Supplement zu Cichliden – Verbreitung, Verhalten, Arten, Dähne-Verlag 1989[2]

W. Staeck/H. Linke, Afrikanische Cichliden, Bd. I Buntbarsche aus Westafrika, Bd. II Buntbarsche aus Ostafrika, Tetra 1992

W. Staeck/H. Linke, Amerikanische Cichliden, Bd. I Kleine Buntbarsche, Bd. II Große Buntbarsche, Tetra 1992

R. Stawikowski/U. Werner, Die Buntbarsche der Neuen Welt, Bd. II Südamerika, Ulmer 1988

G. Zupanc, Fische und ihr Verhalten, Tetra 1982

Aquarienpflanzen:

G. Brünner/P. Beck, Neue Wasserpflanzenpraxis, Tetra 1990[2]

B. Greger, Aquarienpflanzen, Franckh-Kosmos 1991

K. Horst, Pflanzen im Aquarium, Ulmer 1992[2]

K. Pfaffrath, Bestimmung und Pflege von Aquarienpflanzen, Landbuch 1979[2]

H.C.D. de Wit, Aquariumpflanzen, Ulmer 1990[2]

Aquarientechnik:

H. J. Krause, Handbuch Aquarientechnik; bede 1992

K. Horst/H. Kipper, Die optimale Aquarienkontrolle, aquadocumenta 1989[3]

H. J. Krause: Handbuch Aquarienwasser, bede 1990

Fischkrankheiten:

Ch. Andrews/A. Exell/N. Carrington, Gesunde Zierfische. Aus dem Engl. v. M. Niehaus-Ostseeloh, Tetra 1990

G. Bassleer, Bildatlas der Fischkrankheiten, Naturbuch 1990[2]

R. Bauer, Erkrankungen der Aquarienfische, Blackwell 1991

G. Schubert/D. Untergasser, Krankheiten der Fische, Franckh-Kosmos 1991

D. Untergasser, Krankheiten der Aquarienfische, Franckh-Kosmos 1989

Aquarienzeitschriften

Deutschland

Aquarium heute
aquadocumenta-Verlag Bielefeld
vierteljährlich

Das Aquarium
Schmettkamp-Verlag Bornheim
monatlich

Datz
Ulmer-Verlag Stuttgart
monatlich

TI
Tetra-Verlag Melle
vierteljährlich

AquaPlanta
aus dem Arbeitskreis Wasserpflanzen des VDA
vierteljährlich

DCG-Informationen
Information der Deutschen Cichliden-
Gesellschaft e.V.

DKG-Journal
Information der Deutschen
Killifisch-Gemeinschaft
alle zwei Monate

Aquaristik aktuell
Karl-Heinz Dähne-Verlag Ettlingen
vierteljährlich

Österreich

Du und dein Aquarium
Österreichischer Verband für Vivaristik
und Ökologie, Tulln

Schweiz

Aquaria. Schweizer Fachzeitschrift für Aquaristik
und Terraristik
Birkenhalde Verlag Winterthur

Glossar

aerob
mit Sauerstoff lebend

anaerob
ohne Sauerstoff lebend

Analyse
genaue Untersuchung eines Gegenstandes oder
Sachverhaltes

Aqua dest.
destilliertes (salzfreies) Wasser

Artenbecken
es wird nur eine Fischart in einem Becken gehalten, das optimal auf deren Pflege abgestimmt ist

Assimilation
Aufnahme und Einbau von Nährstoffen in den
Organismus

Barteln
Tastorgane der Fische, die um die Maulregion
wachsen

Biotopaquarium
Aquarium, bei dem das Herkunftsbiotop der
darin lebenden Fische so exakt wie möglich
nachgebildet wird

Chelatoren
Metallkomplexbildner

Chlorophyll
Blattgrün der Pflanzen und Algen

Chlorose
Bleichsucht der Pflanzen durch mangelnde Aus-
bildung von Blattgrün

Ciliaten
Wimperntierchen

dehydrieren
einer chemischen Verbindung Wasserstoff entziehen

Diffusion
ohne äußere Einwirkung eintretender Ausgleich
von Konzentrationsunterschieden

Diffusionshöfe
um jedes einzelne Pflanzenblatt legt sich ein dünner Mantel aus Stoffwechselprodukten

Diffusor
ein Filterstromrückleitungsrohr, das durch eine spezielle Technik Luft mit ins Becken hineinreißt

Fulvosäure
eine Gerbsäure aus Pflanzen

Gesellschaftsaquarium
ein Aquarium, in dem verschiedene Fisch- und Pflanzenarten miteinander vergesellschaftet werden

Glykogen
ein energiereiches Kohlenhydrat, das in fast allen Körperzellen vorkommt

Halbwertszeit
die Zeit, die ein Medikament braucht, um zur Hälfte vom Körper ausgeschieden zu werden

Huminsäuren
eine Gerbsäure aus Pflanzen

Indikator
Stoff, der durch Farbwechsel das Ende einer Reaktion anzeigt

Infusorien
einzellige Tierchen, die man durch einen Aufguß gewinnen kann

Ionen
durch Anlagerung oder Abgabe von Elektronen entstandenes geladenes Teilchen

Ionenaustauscher
ein Gerät, das bestimmte Ionen aus dem Wasser zieht und andere dafür abgibt

Katalysator
ein Stoff, der chemische Reaktionen herbeiführt, ohne sich selbst dabei zu verändern

Kolloide
ein Stoff, der sich in feinster Verteilung in einer Flüssigkeit oder einem Gas befindet

Ladungsform
chemischer Zustand eines Ions (positiv oder negativ geladen)

Laichsubstrat
Gegenstände, an denen Fische ablaichen können, z. B. Pflanzen, Perlongespinst, Steine usw.

Liebig'sches Minimumgesetz
nach dem Chemiker Liebig aus Gießen: die Höhe des Ertrages wird bestimmt durch den Stoff, der am geringsten vorhanden ist

Lignine
farbloser, fester Holzbestandteil

Lux
Einheit der Beleuchtungsstärke, physikalische Abkürzung lx

Morphologie
Wissenschaft von dem Bau und der Gestalt von Mensch, Tier und Pflanze

Nauplien
Larven von Krebstierchen

Neutralaustausch
sämtliche Salze des Wassers werden durch einen Ionenaustauscher gegen Natriumsalze ausgetauscht

Nitrifikation
Stickstoffumbau durch Bakterien

Nitrobacter
Bakterien, die Nitrit zu Nitrat umbauen

Nitrosomonas
Bakterien, die Ammonium zu Nitrit umbauen

Oxidation
chemische Vereinigung eines Stoffes mit Sauerstoff (Entzug von Elektronen)

Oxidatoren
Sauerstoffträger

Pektine
gelierender Pflanzenstoff in Blättern, Früchten und Wurzeln

ph-Wert
Die Konzentration der Wasserstoffionen (H+) im Wasser

Phosphatid
anderer Name für Phospholipide; Sammelbegriff für phosphathaltige Fettstoffe – der bekannteste ist Lecithin

Photosynthese
Aufbau chemischer Verbindungen mit Hilfe von Licht

Prophylaxe
Vorbeugung

Puffersystem
dient der Konstanthaltung, im Aquarium v.a. für's Wasser wichtig

Redoxpotential
ein Reduktions-Oxidations-System

Reduktion
Verminderung, Abgabe von Sauerstoff (Aufnahme von Elektronen)

restistent
widerstandsfähig

Revers-Osmose
Umkehr-Osmose. Durch einen hohen Wasserdruck wird eine Umkehr der normalen osmotischen Diffusionsrichtung erreicht

Rhizom
Wurzelstock

Rhizopoden
Wurzelfüßer (Einzeller)

Rotatorien
Rädertierchen (Einzeller)

Säurekapazität
drückt die Fähigkeit des Wassers aus, Säuren zu binden

Schwarzwasser
durch Gerbsäuren dunkelbraun gefärbtes Wasser

Solitärpflanze
große Pflanze, die einen Einzelstandplatz benötigt

Spurenelemente
Elemente, die im Organismus nur in kleinsten Mengen vorkommen, aber lebenswichtig sind

synthetisieren
eine chemische Verbindung aufbauen

Toxine
Giftstoffe

toxisch
giftig

Wirkspiegel
die Konzentration eines Medikamentes, die einen therapeutischen Effekt hervorruft

Sachwörterverzeichnis

Verzeichnis der deutschen Fisch- und Pflanzennamen

Verzeichnis der wissenschaftlichen Fisch- und Pflanzennamen

Zum gleichen Thema sind im FALKEN Verlag bereits erschienen:
Das Süßwasser-Aquarium (Nr. 0153)
Gesunde Fische im Süßwasseraquarium (Nr. 1013)

ISBN 3 8068 4752 5

© 1995/1996 by Falken-Verlag GmbH, 65527 Niedernhausen/Ts.
Die Verwertung der Texte und Bilder, auch auszugsweise, ist ohne
Zustimmung des Verlags urheberrechtswidrig und strafbar. Dies gilt auch
für Vervielfältigungen, Übersetzungen, Mikroverfilmung und für die
Verarbeitung mit elektronischen Systemen.

Umschlaggestaltung: Andreas Jacobsen
Gestaltung: Horst Bachmann
Redaktion: Dr. Gabriele Schweickhardt
Redaktionsschluß: Februar 1996
Herstellung: Albert Brühl
Titelbild: Klaus Paysan, Stuttgart-Feuerbach
Umschlagrückseite: Burkard Kahl, Oberstenfeld
Fotos: Ad Konings – CICHLID-PRESS, St. Leon-Rot:
Seite 128, 130, 185 (u. Bild 1), 186 (o. Bild 2), 187 (o. Bild 3)
AQUADOCUMENTA Verlag GmbH, Bielefeld/K. Horst: Seite 33 o.,
34, 48, 50 li., 82 li., 93, 101 (Bild 4), 102 (u. Bild 1), 104 (o. Bild 4), 105
(o. Bild 1), 145, 208
AQUADOCUMENTA Verlag GmbH, Bielefeld/M. Prasuhn: Seite 36,
38, 73, 101 (u. Bild 3), 102 (o. Bild 3), 105 (u. Bild 1), 107 (o. Bild 1), 153
Arend van den Nieuwenhuizen, Zevenaar: Seite 184 (o. Bild 2), 187
(u. Bild 2)
Bildagentur ipo, Linsengericht-Altenhaßlau: Seite 25 re., 32, 37, 68,
69, 108 (u. Bild 3), 129 re., 156 li., 161 re., 203
Bildarchiv Paysan, Stuttgart: Seite 12, 43, 104 (o. Bild 2)
Dennerle Natur-Aquaristik, Pirmasens: Seite 8/9, 31 li., 50 re., 51 o.,
52, 60, 63, 65, 95, 140
Dr. Jutta Etscheidt, Neuwied: Seite 10 re., 76 o., 82 re., 83 m., 94 re.,
116 o. re. und u., 117 u., 119 re.
Andreas Fischer-Nagel, Spangenberg-Metzebach: Seite 123 o.
W.P.C. Heijns, Stiphout: Seite 185 (u. Bild 4)

IBIS Bildagentur, Bergisch-Gladbach/B. Kahl: Seite 1, 2/3, 7, 23 re.,
92, 173 (o. Bild 1), 200/201
IBIS Bildagentur, Bergisch Gladbach/U. Werner: Seite 35, 40, 41,
66 re., 77 li., 123 u. li., 129 li., 156 re., 160 re., 164 li., 167, 168 re., 170,
173 (o. Bild 1)
Juwel-Aquaristik GmbH & Co. KG, Rotenburg (Wümme): Seite 209
Burkard Kahl, Oberstenfeld: Seite 5 u., 6, 10 li., 51 u., 62, 78, 80/81,
86/87, 89, 91 o., 97, 100, 101 (Bild 1, 2), 102 (o. Bild 1, 2, 4, u. Bild 2, 3, 4),
103 (o. Bild 1, 2, u. Bild 1–4), 104 (o. Bild 1, 3, u. Bild 1–4), 105
(u. Bild 2–4), 106 (o. Bild 1, 3, 4, u. Bild 2–4), 107 (o. Bild 2, 4, u.
Bild 1–4), 108 (o. Bild 1, u. Bild 1, 4), 109, 112 re., 113, 115, 116 o. li., 118,
124, 126/127, 131, 132, 133, 134 o., 137 u., 138, 151 u., 162, 163, 164 re.,
165 u., 166, 169, 171 (o. Bild 1–4, u. Bild 2, 3), 172, 173 (o. Bild 2–4,
u. Bild 1, 2, 4), 174, 175, 176, 177 (o. Bild 3, 4, u. Bild 2, 3), 178 (o. Bild 1–3,
u. Bild 3, 4), 179, 180 (o. Bild 1–4, u. Bild 1, 2, 4), 181, 182 (o. Bild 1, 2,
u. Bild 1–3), 183 u., 184 (o. Bild 1, 3 u. Bild 1–4), 185 (o. Bild 1, 2,
u. Bild 2), 186 (o. Bild 1, u.), 187 (o. Bild 1, 2, 4, u. Bild 1, 3), 188 (o. Bild 1,
2, 4, u. Bild 1–3), 189 (o. Bild 3, 4, u. 1–4), 190 (o. Bild 1–3, u. Bild 1, 2), 191
(1. r. Bild 1, 3, 4, 2. r. Bild 1–4, 3. r. Bild 1–3, 4. r. Bild 1, 2), 202, 205, 210
Mag. Anton Lamboj, Wien: Seite 66 li., 71, 84, 85, 94 li., 96, 119 li.,
135 o., 177 (u. Bild 1), 191 (1. r. Bild 2, 3. r. Bild 4)
OSRAM GmbH, München: Lampenspektren Seite 55 u. 57
Photo Archiv Dr. A. Peither, München: Seite 5 o., 18, 22, 25 li., 26, 28,
31 re., 33 u., 39, 45, 46/47, 61, 70, 76 u., 77 re., 83 u. li., u. re., 88, 91 u.,
103 (o. Bild 3), 105 (o. Bild 2), 106 (o. Bild 2, u. Bild 1), 107 (o. Bild 3),
108 (o. Bild 2, u. Bild 2), 110/111, 112 li., 114 u., 117 o. li., 134 u., 135 u.,
137 o., 159 u., 161 li., 165 o., 168 li., 177 (o. Bild 1, 2), 180 (u. Bild 3), 185
(o. Bild 3, u. Bild 3), 188 (o. Bild 3), 189 (o. Bild 1, 2), 195 u. re., 204
Reinhardt-Tierfoto, Heiligkreuzsteinach-Eiterbach: Seite 4, 11, 14/15,
19, 27, 72, 83 o., 114 o., 122, 123 u. re., 136, 143, 146, 151 o., 171
(u. Bild 1, 4), 177 (u. Bild 4), 178 (u. Bild 2), 183 (o. Bild 1), 184 (o. Bild 4),
186 (o. Bild 3), 187 (u. Bild 4), 188 (u. Bild 4), 190 (o. Bild 4, u. Bild 3), 192
H.-J. Richter, Aquaprint Archiv: Seite 173 (u. Bild 3), 182 (u. Bild 4),
183 (o. Bild 2, 3)
Hans-Jürgen Rösler, Singen: Seite 178 (u. Bild 1)
G. E. Schmida, Aquaprint-Verlag: Seite 183 (o. Bild 2)
H.-J. Schwarz, Idstein: Seite 154 o. re.
Silvestris Fotoservice, Kastl/M. Wendler: Seite 17, 23 li.
TETRA Werke Dr. rer. nat. Ulrich Barensch GmbH, Melle: Seite 99,
155 u., 207
Tierbildarchiv Angermayer, Holzkirchen/H. Pfletschinger:
Seite 158 li.
Dieter Untergasser, Michelstadt: Seite 117 o. re., 150, 154 li., 155 o.,
157, 159 o. li., 160 li., 193, 194, 195 o., u. li., 197
Dieter Vogt, Schorndorf: Seite 139
Wolfgang Willner, Moosburg: Seite 158 re., 159 o. re.
Zeichnungen: Jan-Roeland Vos, Kronenburg

Die Ratschläge in diesem Buch sind von der Autorin und vom Verlag
sorgfältig erwogen und geprüft, dennoch kann eine Garantie nicht übernommen werden. Eine Haftung der Autorin bzw. des Verlags und seiner
Beauftragten für Personen-, Sach- und Vermögensschäden ist ausge-
schlossen.

Satz: Grunewald Satz & Repro GmbH, Kassel
Druck: Offizin Andersen Nexö Leipzig GmbH

817 2635 4453 62